의료,
미래를 만나다

의료, 미래를 만나다

미래를 만나다

디지털 헬스케어의 모든 것

김치원 지음

Healthcare
Meets
Future

클라우드나인

CLOUD 9

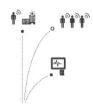

디지털 헬스케어는 상상을 현실로 만든다

-임효근(삼성융합의과학원장, 성균관대학교 의과대학 교수)

최근 구글이 천문학적인 돈을 투자해 개발하고 있는 미래 질병 진단 기술인 '나노알약nanocapsule' 프로젝트와 더불어 2013년에 국내에서 개봉된 「엘리시움」이란 공상과학 영화에 등장하는 모든 질병의 진단과 치료를 동시에 하는 의료기기는 모든 인류의 가슴을 뛰게 하는 신기술이라 할 수 있겠다.

이 두 획기적인 기술이 성공한다면 인류가 질병으로부터 자유로워질 날이 올 수도 있을 것이다. 물론 두 기술 모두 현재는 가능하지 않으며 상용화까지는 갈 길이 멀지만 최근 과학기술의 발전속도를 고려하면 불가능한 상상만이 아닐 것이다. 현존하는 모든 기술들도 과거에는 상상만 했던 것이기 때문이다. 이러한 의료분야의 혁신적인 기술 개발을 가능하게 하는 핵심적인 개념이 디지털 헬스케어로 인식되고 있다.

김치원 선생이 디지털 헬스케어에 관한 책을 썼으니 추천사를 써 달라면서 교정 중인 원고를 보내왔다. 안 그래도 이 친구 뭘 하고 지내나 궁금하던 차였다. 개원했으니 그 성격에 환자는 열심히 보았을 것이고 블로그에 이런저런 글도 쓰는 것 같았다. 원고를 받아보고 나와 함께 일하던 직장을 떠난 후 3년 동안 무엇을 했는지에 대한 답을 가져온 것 같아 반가웠다.

이 책이 다루고 있는 디지털 헬스케어는 아직 의료인들에게도 생소한 주제이다. 이 분야의 구루라 할 수 있는 에릭 토폴 박사가 저술한 『청진기가 사라진다』를 비롯한 최근 출판된 많은 책과 기사들이 어느 정도 방향을 제시하고 있다. 하지만 항상 마음 한구석에 뭔가 부족한 점이 있다는 생각을 해왔다. 이 분야가 아직 초창기이기 때문이겠지만 많은 논의들이 미래의 방향성과 막연한 희망을 이야기할 뿐 구체적인 논의가 부족하다고 느꼈기 때문이다. 특히 '헬스케어' 전문가보다는 '디지털' 전문가들이 이 분야의 논의를 주도하는 경우가 많아서 의료업의 본질에 대한 고민이 부족하다고 보았다.

김치원 선생이 쓴 이 책은 이런 점을 오롯이 채워주고 있다. 다양한 사례를 들어 이미 우리 주위에서 일어나는 미래 의료의 모습을 보여준다. 또 한편 의료의 본질을 다루면서 보건정책 및 비즈니스에 대한 통찰을 함께 담아내고 있다. 독자들은 의료 분야에서 융합이 왜 필요하고 융합한 결과 우리가 무엇을 얻을 것인지를 잘 느낄 수 있을 것이다.

내과 전문의, 다국적 컨설턴트 기업에서의 경력, 보건대학원에서의 보건정책 연구 등과 같은 김치원 선생의 남다른 융합적인 커리어는 디지털 헬스케어의 본질에 대한 성찰이 필요한 이런 종류의 책을 저술하는 데에 매우 도움이 되었다고 본다. 이 책 속에 그 내공들이 녹아 있어 독자들은 저자의 디지털 헬스케어에 관한 다양한 경험과 통찰력을 마음껏 즐길 수 있으리라 생각한다.

디지털 헬스케어가 의료의 모습을 바꾼다

-정우진(연세대학교 보건대학원 교수)

디지털 헬스케어의 급속한 발전이라는 전 세계적 현상은 네 가지 영역에 큰 변혁을 일으킬 것으로 전망된다.

첫째, 건강 관련 정보 플랫폼의 변화다. 그동안 건강 관련 자료는 분절·분산되어 왔으나 점차 통합·축적되어 보건의료서비스 소비자, 보건의료기관, 공·사보험자, 제약회사, 행정 및 규제조직 등의 의사결정에 큰 도움을 줄 것이다.

둘째, 건강부문 생태계의 재조직화가 뒤따를 것이다. 소비자와 보건의료기관 상호작용, 보건의료기관 간 수직·수평 통합, 보험자의 기능·역할이 변하고 이어 보험급여항목, 진료비 지불보상방식, 서비스 제공과정, 보건의료기술 연구·개발이 새롭게 바뀔 것이다.

셋째, 개인 맞춤형 건강 관리를 넘어 개인 맞춤형 웰니스의 예측, 유지, 향상으로 관리영역이 확대될 것이다. 즉 소중량 휴대용 기기, 활동 추적기 발달, 정보기술기반 사회연결망 확대, 빅 데이터 축적과 정밀분석을 통해 신체·정신 건강을 비롯하여 사회·경제·문화 영역의 안녕을 종합·고려하는 시대가 도래할 것이다.

넷째, 시간과 국가의 경계를 넘나드는 자료 송·수신, 축적과 분석으로 세대간·국가간 웰니스 관리체계가 구축될 것이다. 부모 영향을 받은 내 웰니스 자료로 손주의 웰니스 위험이 예측될 뿐 아니라 웰니스가 서울에서 악화되면 뉴욕의 웰니스 관리회사에서 해결방안이 마련되고 취리히 소재 보험회사에서 관련 비용을 지불하게 되는 시대가 다가오고 있다.

그간 보건의료정책 연구자로서 아쉬웠던 점 하나는 선진 각국의 보건의료기술 및 정책 변화에도 우리나라 보건의료 경제주체들이 신속하고 적극 관련 상품과 정책을 개발하지 못하고 있는 부분이었다. 민간의 뜨거운 열정과 지치지 않는 활력 그리고 유연한 정책 지원으로 경이로운 성장을 이룩한 일반 경제영역과 명백히 차별되는 특징이다. 보건의료부문 진보 지체는 우리나라 건강보장제도가 권위주의정권 시절에 만들어져 중앙집권의 경직된 틀을 갖고 있어서가 아닐까 생각된다.

물론 현 제도로 짧은 시간에 국민건강을 크게 향상시키기는 했지만, 서비스 질과 제공자 대응성에 대한 국민의 치솟는 욕구 그리고 사회 경제 계층 간 건강 니즈 격차 확대 등 급변하는 보건의료 환경을 고려할 때 민간 자율성과 선택을 일정 부분 보장하여 창의 성과 책임성을 높이는 개혁이 필요하지 않나 생각하였다.

이 책 저자인 김치원 원장과의 인연은 바로 이런 문제에 대한 강의실에서 열띤 토론으로 시작되었다. 내과 전문의로서, 다국적 컨설팅기업의 경영컨설턴트로서, 병원 CEO로서, 보건학자로서, 누구와도 비견되지 않을 지식과 경험을 갖춘 그가 현실에 안주하지 않고 디지털 헬스케어를 새롭게 조망한 책을 집필한 것은 고마운 일이다.

비즈니스뿐 아니라 보건의료정책 등 다각적 관점에서 디지털 헬스케어를 분석하여 예측했다는 점에서 그 가치가 뚜렷하게 구별된다고 하겠다. 아무쪼록 본 저서로 우리나라가 이제라도 헬스케어의 혁신과정에 능동적으로 참여하여 정보기술 선진국답게 향후 세계 보건의료산업 및 정책부문의 새 시대를 선도하기를 기대해 본다.

지금 오늘의 눈으로 미래의 꿈을 보다

이 책을 마무리할 때쯤 한 기사를 읽게 되었다. '옷이 곧 의사인 시대 온다'라는 제목의 기사는 심장 박동수와 호흡을 측정할 수 있는 첨단 옷을 소개하면서 의사가 진단하지 않아도 데이터를 수집하고 공유하는 것만으로 건강 상태를 체크할 수 있게 되어 의료 행위에 대혁신을 일으킬 것으로 전망했다.[1] 대상 제품은 조금씩 다르지만 최근 신문이나 잡지에서 이와 비슷한 내용의 기사를 어렵지 않게 볼 수 있다. 또한 각종 스타트업 행사에서 관련 업체에 대한 소식을 듣는 일도 어렵지 않다.

그런데 디지털 헬스케어에 대한 글들을 읽어보면 공통점이 눈에 띈다. 미래에 의료가 어떻게 바뀔지에 대해서만 초점을 맞추고 있을 뿐 현재 어느 정도 수준에 와 있는지, 앞으로 어떤 과정을 거쳐서 어떻게 발전할 것인지, 성공하기 위해서는 어떤 요인을 갖추어야 하며 어떤 위험과 한계가 있는지 등 디지털 헬스케어가 성장하고 자리를 잡는 데 중요한 요인은 다루지 않는다는 점이다. 보다 구체적인 논의를 하는 경우에도 디지털에만 초점을 맞출 뿐 또 다른 축인 헬스케어에 대한 이해가 없어 업의 핵심에 접근하지 못하는 경우가 많다. 디지털 헬스케어를 비롯한 미래 산업이 꿈을 먹고

자라는 것은 당연하지만 어떤 사업도 꿈만 먹으며 자랄 수는 없다. 현실에 대한 냉정한 이해를 바탕으로 미래를 내다보고 준비할 때 세상을 바꿀 수 있지 않겠는가.

2014년 4월부터 개인 블로그에 디지털 헬스케어에 관한 글을 쓰기 시작했고 이후 업계의 다양한 분들과 교류하게 되면서 이런 종류의 논의가 필요할 것이라는 생각이 틀리지 않았음을 알게 되었다. 디지털 헬스케어의 다양한 측면에 대해 생각하고 써온 글들을 정리하면 보다 많은 분들에게 도움이 될 수 있으리라 판단해 이렇게 책으로까지 엮게 되었다.

내가 하는 고민의 깊이가 현업에서 치열하게 하루하루를 보내는 분들을 결코 넘어설 수는 없을 것이다. 그럼에도 블로그에 글을 쓰고 이렇게 책을 내게 된 것은 객관적으로 업계 전반을 보는 나름의 관점이 도움이 됐다는 주위 분들의 격려 덕분이다. 이렇게 책을 냄으로써 기존에 블로그를 통해 만나지 못한 더 많은 분들과 교류할 수 있는 기회가 열렸으면 한다.

이 책을 관통하는 핵심 내용은 헬스케어와 비즈니스로서의 특성이 디지털 헬스케어에 미치는 영향이라고 할 수 있다. 의료제도의 일반적인 속성 및 디지털 헬스케어가 가장 빠르게 성장하고 있는 미국 의료제도에 바탕을 두고 썼지만 다양한 회사와 제품의 사례를 들어서 익숙하지 않은 독자들도 어렵지 않게 읽을 수 있도록 하기 위해 노력했다. 이에 더해 사례 가운데 국내 회사를 포함시켜서 국내 디지털 헬스케어 업계의 현황을 파악할 수 있도록 하였다.

서문인 '왜 지금 디지털 헬스케어인가'에서는 디지털 헬스케어가 성장하는 요인에 대해 분석했고 향후 어느 국가에서 성장할 수 있을지를 논의했다. '1장 전략'에서는 제품, 고객, 차별화 등 마케팅적 요소와 비즈니스 모델 및 성장 방향 등 비즈니스로서의 특성을 분석한다. '2장 트렌드'에서는 여러 업체들에서 공통적으로 나타나는 트렌드를 이야기 했고, '3장 새로운 도전'에서는 병원, 제약회사, 보험자, 규제기관 등 디지털 헬스케어 업계의 주요 관계자들이 어떤 움직임을 보이고 있는지를 다루었다. '4장 흔한 오해들'과 '5장 주요 이슈들'에서는 업계 관계자들이 빠질 수 있는 함정과 중요성에 비해 간과하기 쉬운 이슈들을 살펴본다. 그리고 '6장 선결조건'에서는 업계가 현재 머물고 있는 초기 단계를 넘어서기 위해 필요한 요인들을 정리했고, '7장 향후 전망'에서는 아직 본격화되지는 않았지만 큰 잠재력을 가진 제품들의 현실과 미래를 짚어보고 업계 전체와 보험회사 그리고 병원 및 의사의 미래에 대해 다루었다.

이 책에서는 기술적인 부분과 보안에 대한 내용은 다루지 않는다. 중요하지 않아서가 아니라 전문성이 없는 내가 뻔한 수준의 이야기를 하는 것은 적절하지 않다고 판단했기 때문이다. 나의 부족함에 대한 독자들의 넓은 이해를 구한다. 또한 몇몇 회사들의 사례가 반복적으로 등장하는데 아직 이 분야의 사례가 많지 않기 때문이기도 하지만 같은 회사의 사례도 서로 다른 각도에서 볼 수 있다는 점을 보여주는 것도 의미가 있다고 판단했기 때문이다.

나는 이 책의 마지막 교정작업을 하고 있던 2015년 6월 체중감량 앱을 만드는 눔의 전략 및 의학자문을 맡게 되었다. 공교롭게도 이 책에서는 눔의 사례를 반복적으로 다루고 있다. 이 책의 핵심

부분, 특히 눔에 대한 내용은 자문을 맡기 전에 집필했다는 점을 밝힌다.

많은 분들의 도움이 없었다면 이 책이 세상으로 나오지 못했을 것이다. 삼성서울병원의 장동경 교수님과 차원철 교수님이 디지털 헬스케어에 대한 강의를 하도록 초청해주셨는데 강의를 준비하는 과정에서 그전까지 명료하게 정리되지 못하고 파편화되어 있던 생각을 일관된 흐름하에 꿰어낼 수 있었다. 강의를 맡지 못했다면 아직도 책으로 정리할 엄두를 내지 못하고 있었을 것이다. 또한 클라우드나인 출판사의 안현주 대표님께 도움받은 바가 크다. 이 책의 초기 원고에 대한 안 대표님의 피드백을 바탕으로 산만했던 초기 원고를 정리할 수 있었다.

책의 내용을 정리하는 과정에서도 많은 분의 도움을 받았다. 은사로 보건제도 및 정책에 대해 많은 가르침을 주셨던 연세대학교 보건대학원 정우진 교수님은 보험을 비롯한 여러 자문에 친절히 응해주셨고 훌륭한 추천사를 써주셨다. 맥킨지에서 부파트너로 근무했고 삼성전자에서 상무로 근무중인 송인숙 박사님과 맥킨지의 서제희 부파트너는 의료기기 산업 및 보험에 대한 이해에 도움을 주셨다. 베인의 진상욱 파트너는 보험과 관련한 자문에 친절히 응해주셨다. 맥킨지에서 함께 근무했던 퀄컴 벤처스 권일환 총괄은 업계 전반에 대한 통찰을 바탕으로 저자의 잦은 문의를 물리치지 않고 자문에 응해주었으며 추천사도 써주셨다. 조선비즈 임솔 기자님은 의료에 대한 애정과 전문성을 바탕으로 많은 도움을 주셨다.

현업에 계신 분들께도 많은 빚을 졌다. 체중 감량 앱의 대표 브랜드로 자리 잡은 눔의 정세주 대표님은 업계 밖의 사람이 알기 힘든 업계 내부에 대한 통찰을 전해주셨고 바쁜 일정 속에서도 추천사 요청을 뿌리치지 않으셨다. 국내 패션 기업에서 선행개발을 담당하고 계신 송태근 차장님, 삼성전자에서 국내외 규제와 관련된 일을 하고 계신 앤드류안 차장님과 박정제 과장님께서 나의 부족함을 많이 채워주셨다. 삼성서울병원의 최재혁 변호사님과 법무법인 세승의 김선욱 대표 변호사님은 법률 이슈에 대해서 조언해주셨다. 자문받은 내용에 대해서 다시 점검을 받지는 않았기 때문에 잘못된 부분이 있다면 모두 나의 불찰이다.

이외에도 내가 한 명의 의사로 설 수 있도록 가르쳐주신 서울의대 교수님들, 특히 신장내과의 이정상, 김성권, 한진석, 안규리, 김연수, 주권욱 오국환 선생님께 감사드린다. 맥킨지에서 함께 일했던 훌륭한 동료들 덕분에 이 책의 중요한 축이라고 할 수 있는 비즈니스 전략에 대해 배울 수 있었다. 그중에서도 헬스케어에 대한 관심을 공유했던 김용아 디렉터와 김민영 파트너는 헬스케어 산업에서의 전략에 대해 많은 가르침을 주셨다.

삼성서울병원 이종철 전 원장님, 최한용 의무부총장님, 송재훈 원장님, 윤순봉 사장님, 주인욱 교수님, 오하영 전 진료부원장님, 김성 전 진료부원장님, 임효근 삼성융합의과학원 원장님, 권오정 전 기획실장님, 고광철 기획실장님, 방사익 교수님, 이우용 건강의학본부장님, 이상철 국제진료센터장님 및 과의 막내에게 항상 애정을 보여주신 의료관리학과 박철우 교수님, 문지웅 교수님들 밑에서 일하면서 의료 공급자로서 헬스케어를 바라보는 관점을 배울 수 있었다. 특히 임효근 원장님은 부족한 책에 과분한 추천사를 써주셨는데 다시 한 번 감사의 인사를 올린다.

연세대학교 보건대학원 석사 과정에서 박은철 교수님으로부터 보건 제도 및 정책 전반에 대해 많은 것을 배우지 않았더라면 이 책의 내용은 한참 부족했을 것이다. 서울와이즈요양병원을 함께 이끌고 있는 배지수 원장님, 김종명 행정부원장님, 그외 병원 식구들이 있었기 때문에 이 책을 무사히 쓸 수 있었다. 또한 나의 글을 영문 블로그에 올리기 위한 번역 작업을 해주고 있으며 이 책의 원고를 읽고 귀중한 피드백을 준 서울의대 본과 4학년 한민정 학생에게 감사를 전한다. 『헬스케어 이노베이션』이라는 좋은 책으로 국내에서 디지털 헬스케어에 대한 전도사로 활약 중인 최윤섭 박사님으로부터 영감과 자극을 받아 이 책을 쓸 수 있었다. 나의 청탁에 책을 읽고 추천사를 쓰는 번거로움을 감내해주신 오병희 서울대 병원장님, 이민화 디지털 병원수출조합 이사장님, 임정욱 스타트업 얼라이언스 대표님, 김우성 방배 gf 소아 청소년과 원장님께도 감사드린다. 특히 김우성 원장님은 이 책을 시작하는 데 큰 도움을 주셨다.

이 책이 조금이라도 읽을 만하다면 이는 항상 책을 가까이하면서 글 쓰는 모범을 보여주신 외할아버지와 외할머니께 힘입은 바가 클 것이다. 먼 곳에 사시지만 항상 아들을 걱정하시는 아버지와 어머니, 가까운 곳에서 애들을 봐주고 집안일을 살펴주시는 장인어른과 장모님 덕분에 책을 쓸 엄두를 낼 수 있었다. 책 쓴다는 핑계에 집안일에 소홀해도 너그럽게 봐준 아내 김연주와 자주 놀아주지 못한 딸 김지은과 아들 김정욱에게 감사와 사랑을 전한다.

왜 지금 디지털 헬스케어인가

미국을 중심으로 많은 업체들이 디지털 헬스케어에 뛰어들고 있다. 현재 디지털 헬스케어 제품 중에서 가장 널리 이용되고 있으며 디지털 만보계라고 할 수 있는 활동량 측정계Activity Tracker 시장의 경우, 핏비트Fitbit, 조본Jawbone과 같은 회사들이 팔찌처럼 손목에 찰 수 있는 측정계를 시장에 내놓아 큰 매출을 올리고 있다. 손목에 차고 다니면 본인이 얼마나 움직였는지, 얼마나 많은 칼로리를 소모했는지를 알려주어 더 많이 활동할 수 있도록 도와주는 제품이다. 스마트폰 앱과 연동해 그 정보를 저장하고 관리할 수 있으며 친구들과 손쉽게 공유함으로써 서로간의 경쟁을 부추기기도 한다. 또한 눔Noom과 같은 서비스는 별도의 측정계 장치 없이 휴대폰에 내장된 GPS와 자체 알고리즘을 이용해 활동량 정보를 제공해주면서 다이어트를 위한 개인별 맞춤 정보를 제시해 체중 감량을 도와주기도 한다.

이들 장비와 서비스가 아직 피트니스 영역에 머물고 있다면 보다 본격적인 헬스케어 장비와 서비스들도 속속 출시되고 있다. 얼라이브코AliveCor는 아이폰 케이스 형태의 심전도 측정계를 내놓았다. 양 손가락을 올려놓으면 심전도를 측정해준다. FDA 승인을 받은 자체 알고리즘을 통해 진단 서비스를 제공하며 의료보험과도 연계되어 사용자들의 편의를 극대화하고 있다. 웰닥WellDoc은 의사의 처방에 따른 모바일 당뇨 관리 서비스를 제공하는데 임상시험을 거쳐 효용을 증명했고 FDA 승인을 받았으며 의료보험 적용도 받고 있다.

이와 같이 지금까지 디지털 헬스케어 세계를 이끌고 있는 것은 주로 스타트업들이다. 하지만 많은 대기업들도 차기 성장 동력으로 헬스케어 산업에 관심을 기울이고 있다. 2014년부터 본격적으로 디지털 헬스케어 사업의 추진전략을 밝히고 있다. 애플은 헬스킷Healthkit이라는 헬스케어 플랫폼과 헬스라는 건강 앱 그리고 건강 관련 센서를 탑재한 스마트워치 애플워치AppleWathch 제품을 출시했다.

구글이 내놓은 구글글래스Google Glass는 헬스케어를 염두에 두고 만든 것은 아니지만 수술실 혹은 응급실과 같은 의료 현장에서 다양한 용도로 시범 사용되고 있다. 또한 구글은 구글핏이라는 헬스케어 플랫폼을 발표해 애플과의 경쟁을 이어나가고 있다. 삼성전자 역시 삼성 디지털 헬스 플랫폼이라고 하는 헬스케어 플랫폼을 발표했고 심밴드Simband라는 헬스케어 웨어러블 프로토타입을 발표하는 등 헬스케어 시장으로 뛰어들기 위한 채비를 하는 중이다.

이렇듯 많은 회사들이 디지털 헬스케어가 차세대 큰 시장이 될 것이라고 생각하는 이유는 무엇일까? 디지털 헬스케어의 성장 요인에 대해 살펴보자.

첫 번째 요인은 스마트폰의 대중화다. KT경제경영연구소가 발표한 「2015년 모바일 트렌드 전망」 보고서에 따르면, 2014년 세

계 스마트폰 보급률은 24.5퍼센트로 PC 보급률 20퍼센트를 넘어
선 것으로 나타났다. 스마트폰 보급으로 사람들이 일상생활 속에
서 늘 컴퓨터를 들고 다니는 시대가 열린 것이다. 이로써 디지털
헬스케어 장비를 만드는 회사 입장에서는 스마트폰과 연동만 시키
면 굳이 복잡한 프로세서를 장비에 탑재시킬 필요가 없어졌다.

　장비 크기가 작아져서 소비자가 편리하게 이용할 수 있고 가격
도 싸져서 누구나 편하게 사서 쓸 수 있게 된 것이다. 이렇게 소비
자들이 스마트폰 및 이와 연동된 작은 장비를 늘 지니고 다니게 되
면서 실시간으로 사용자의 건강정보를 수집할 수 있게 되었다. 예
전에는 건강에 문제가 있을 때 혹은 일 년에 한 번 병원에 가서 건
강검진 때 받던 검사를 하루 종일 받을 수 있게 된 것이다.

　우리가 늘 지니고 다니는 스마트폰은 이렇게 수집한 정보를 실
시간으로 분석하고 그 의미를 해석해 사용자가 일상생활 속에서
건강을 향상시키도록 도울 수 있다. 사용자는 이를 이용해 일상생
활 속에서 건강을 관리함으로써 병원과 의사에게 의존하지 않고
스스로 건강을 관리할 수 있는 가능성이 열리는 것이다.

　디지털 헬스케어의 두 번째 성장 요인은 늘어나는 의료비를 절
감해줄 수 있는 가능성이다. 세계 최대 의료시장인 미국의 경우,
GDP 대비 의료비 비율이 16.9퍼센트에 달해 OECD 국가 중 2위
인 네덜란드의 12.1퍼센트를 크게 뛰어넘는다. 참고로 우리나라는
7.6퍼센트로 OECD 평균인 9.3퍼센트보다 낮다. 현재의 지출 규모
보다 더 큰 문제는 인구의 고령화로 인해 의료비가 빠르게 증가한
다는 사실이다. 특히 중국과 같이 경제 수준에 비해 의료 인프라가
열악한 국가의 경우, 고령화 문제까지 겹친다면 의료비가 증가하

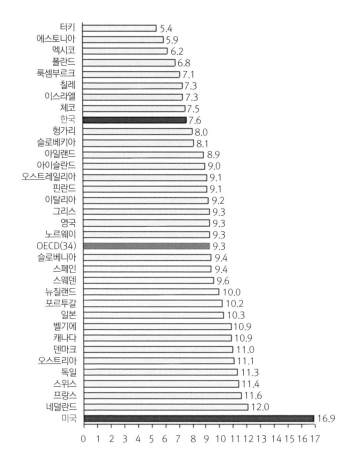

〈그림 0 - 1〉 OECD 국가들의 GDP 대비 의료비 규모(단위, 퍼센트. 출처: OECD 헬스 데이터 2014. 보건복지부, 보건사회연구원)

는 속도를 감당하기 힘들 수도 있다.

이때 디지털 헬스케어는 저렴하고 편리하게 이용할 수 있는 제품 혹은 서비스를 제공함으로써 병원에서 의사가 값비싼 장비를 이용해 진료하는 것을 대체하고 한 발 더 나아가 평소에 건강을 유지해 병원에 갈 일을 줄여줄 것을 약속한다. 따라서 의료비를 부담

하는 보험자 혹은 국가는 디지털 헬스케어를 도입해 의료비를 절감할 유인을 가지게 된다. 나라마다 처한 상황이 다르기 때문에 디지털 헬스케어가 성공적으로 도입되어 향후 의료비를 절감하게 되었을 때의 모습도 차이를 보일 것이다. 이를 추정해보면 대략 〈그림 0-2〉와 같은 형태가 될 것으로 생각한다.

미국의 경우, 현재의 의료비 규모가 워낙 크기 때문에 향후 늘어나는 의료비는 물론 현재 병원, 의료기기, 제약회사 등에 지출하는 의료비의 일부까지도 디지털 헬스케어로 넘어가야 절감했다고 할 수 있을 것이다. 하지만 중국은 이와는 달리 아직 의료비 규모가 작은 편이고 현재 부족한 의료 인프라를 키워야 할 필요성이 크기 때문에 기존 의료 분야가 차지하는 부분을 건드리지 않고 늘어나는 의료비의 일부를 디지털 헬스케어로 대체하는 방향으로 가지 않을까 생각한다.

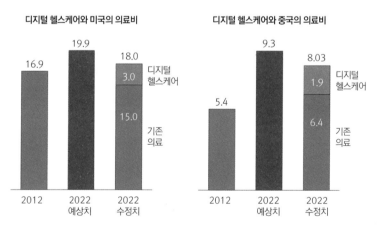

〈그림 0 - 2〉 미국과 중국에서 디지털 헬스케어에 의한 의료비 변화 전망(출처: 미국 2012년 자료는 OECD 헬스데이터, 2022년 예상치는 Center for Medicare & Medicare Services. 중국 2012년 자료는 월드뱅크, 2022년 예상치는 2012년 OECD 평균을 임의로 적용함)

디지털 헬스케어의 마지막 성장 요인은 의료 이용의 불편함이다. 크게 두 가지로 나누어 생각할 수 있다. 병원에서 진료받기가 얼마나 수월한지를 의미하는 의료의 접근성과 병원에 가서 직접 진료받는 경험이 그것이다. 의료의 접근성은 아프리카와 같은 후진국에서 주로 문제가 된다. 기본적인 의료 인프라가 부족하기 때문에 에이즈와 같은 질병 진료에서부터 출산 관리에 이르기까지 모든 종류의 진료가 제대로 이루어지지 않는다. 하지만 이런 아프리카 국가에서도 아직 스마트폰은 아니지만 휴대폰이 잘 보급되어 있기 때문에 문자 메시지를 이용해서 각종 건강 관련 정보를 전달하는 등 주민들의 건강을 관리하려는 노력을 하고 있다.

그런데 의료의 접근성은 후진국에서만 문제가 되는 것은 아니다. 전 세계에서 가장 많은 의료비를 지출한다는 미국도 의료의 접근성에 제약이 있다. 의료보험료가 비싸서 보험 미가입자가 많기 때문이기도 하지만 평소에 편하게 진료를 받을 수 있는 1차 진료망이 잘 구축되어 있지 않기 때문이기도 하다. 큰 불편 없이 손쉽게 전문의의 진료를 받을 수 있는 우리나라와는 달리 미국에서는 외래 진료를 받기 위해서는 1~2주 전에 미리 예약해야 한다. 예약 없이 의사의 진료를 받기 위해서는 응급치료클리닉Urgent care clinic*이나 응급실을 방문해야 한다. 이들 시설은 한번에 몇 백 달러 정도의 비용이 들기 때문에 손쉽게 이용하기가 힘들다. 따라서 미국에서는 디지털 헬스케어를 이용해 1차 진료 이용의 불편을 해소할 유인이 충분히 존재한다. 디지털 헬스케어 장비를 이용함으로써 환자가 병원

---

* 응급 상황은 아니지만 가급적 빨리 진료를 받아야 하는 상황에 대해 바로 진료를 받을 수 있는 의료기관

을 방문할 필요성을 줄이는 등의 방법으로 의료의 접근성을 개선할 수 있을 것이다.

그런데 의료의 접근성이 좋다고 해도 환자가 병원을 방문해서 의사의 진료를 받는 혹은 치료를 받는 과정에서 불편을 느끼는 경우도 많다. 어떤 사람은 요즘 세상에 자기 돈 내고 서비스 받으러 가는 곳 중에서 불편 혹은 불쾌함을 느끼는 몇 안 되는 곳 중 하나가 병원이라고 이야기하기도 한다. 이는 미국처럼 의료비가 비싼 나라나 우리나라처럼 의료비가 저렴한 국가 어디를 막론하고 공통적으로 일어나는 일이다. 이때 디지털 헬스케어는 환자가 의사를 만나는 과정을 더 쾌적하게 만들어주거나 의사를 만날 필요 자체를 줄여주는 가능성을 제시한다.

지금까지 살펴본 것처럼 스마트폰의 보급, 의료비 증가, 의료 이용의 불편함이 디지털 헬스케어의 성장을 이끄는 가장 중요한 요인이라고 할 수 있다. 디지털 헬스케어가 가장 빠르게 성장하고 있는 나라가 미국인 이유도 바로 여기에 있다. 스마트폰의 보급은 선진국 및 중진국에서 공통적인 현상이지만 의료비 증가와 의료의 접근성 문제는 미국에서 가장 두드러지기 때문이다. 의료비의 경우 GDP에서 차지하는 비율 및 절대적인 액수 모두 미국이 가장 크기 때문에 디지털 헬스케어가 의료비를 절감해줄 수 있다면 미국이 가장 큰 수혜를 누릴 수 있어 그만큼 큰 시장이 생겨날 여지가 있다. 따라서 디지털 헬스케어 업체 입장에서는 미국 시장에서 가장 먼저 사업을 벌일 유인이 존재하게 된다. 결국 미국의 의료 시스템이 그만큼 개선될 여지가 크기 때문에 디지털 헬스케어가 성장할 여지도 그만큼 크다고 할 수 있겠다.

다른 국가들 중에도 의료 접근성이 낮은 경우에는 디지털 헬스케어가 발전할 가능성이 있다. 영토가 크고 인구밀도가 낮은 호주나 캐나다의 경우 인구가 몰려 있는 도시에 거주하지 않는 사람들은 의료서비스를 제공받기가 힘들다. 이 경우, 원격진료의 필요성이 높으며 원격진료를 하는 과정에서 다양한 디지털 헬스케어 장비와 서비스를 이용할 가능성이 높아진다. 경제력에 비해 의료 인프라가 부족한 중국 역시 의료 접근성이 낮은 경우에 해당한다.

지금까지 살펴본 중요 요인을 갖춘 국가들을 중심으로 디지털 헬스케어 시장이 빠르게 성장할 것이다. 그러한 요인이 부족하더라도 부가적인 상황 요인이 갖추어진 국가들의 경우, 디지털 헬스케어가 확산될 여지가 있다. 그런 상황 요인으로는 의료보험의 특성과 의료 전달 체계를 들 수 있다. 디지털 헬스케어와 관련해 의미 있는 의료보험의 특성은 가입자가 얼마나 오랫동안 같은 보험에 가입하느냐 하는 것이다. 미국의 경우, 회사가 보험회사를 결정하기 때문에 이직을 하면 보험회사가 바뀌는 경우가 흔하다. 평균 5년에 한 번 보험회사가 바뀐다는 이야기가 있다. 이런 상황에서 보험회사가 보험 가입자의 건강을 향상시킬 수 있는 투자를 하는 경우, 그 결실은 다른 보험회사가 가져갈 가능성이 있다.

따라서 미국의 민간 의료보험 회사들은 디지털 헬스케어를 포함한 예방 의료서비스에 투자할 유인이 적은 편이라 할 수 있다. 반면 우리나라나 일본 혹은 유럽처럼 국가 차원에서 의료보험을 운영해서 보험을 옮길 수가 없거나 옮긴다고 해도 회사에서 보험을 가입해주는 것이 아니라 개인이 알아서 보험에 가입하는 경우에는 보험을 자주 옮기지 않기 때문에 보험회사들이 디지털 헬스케어를 적극적으로 도입할 유인이 생긴다고 할 수 있다.

그런데 이것만으로는 충분하지가 않다. 의료 전달 체계가 잘 갖추어져 있지 않으면 디지털 헬스케어를 도입한다고 해도 좋은 성과를 거두기 어렵기 때문이다. 의료 전달 체계는 효율적인 진료를 위해 환자의 중증도에 따라서 그에 걸맞은 의료기관에서 진료받을 수 있도록 하는 제도를 의미한다. 1차 의료기관에서 평소의 건강을 관리받고 심각한 질병이 발생하는 경우 1차 진료 의사의 의뢰를 받아 대형병원에서 진료받도록 하는 것이 이에 해당한다. 아직 디지털 헬스케어는 의사를 만날 필요 없이 환자들이 스스로 건강을 관리할 수 있는 정도로 발전하지는 않았기 때문에 의사의 진료와 효율적으로 연계되는 것이 필요하다. 따라서 의료 전달 체계가 잘 갖추어져 있어 주치의를 통해 지속적으로 건강을 관리할 수 있는 나라에서 디지털 헬스케어가 성장할 여지가 있다고 할 수 있다. 부가적인 상황요인과 관련해서 디지털 헬스케어가 확산되기 위해서는 두 가지 요인이 모두 갖추어져야 한다. 여기에 해당하는 국가로는 독일, 영국 등 유럽의 여러 나라들이 있다.

정리하자면, 디지털 헬스케어의 성장을 이끄는 핵심 요인은 스마트폰의 대중화, 의료비의 절감 가능성, 의료 이용의 불편함이다. 그리고 이와 관련한 부가적인 상황 요인에는 의료보험의 특성과 의료 전달 체계가 있다. 이들 요인을 놓고 생각해볼 때 향후 가장 큰 성장이 기대되는 국가는 미국이며 미국에서의 발전이 디지털 헬스케어 업계의 성장을 이끌 것이다. 아울러 캐나다, 호주, 중국과 같이 의료비 문제는 미국만큼 심각하지 않지만 의료의 접근성이 낮은 국가에서도 어느 정도 발전할 수 있으리라 예상된다. 또한 독일과 영국 등 유럽 일부 국가들에서도 이들의 의료 시스템을 도울 수 있는 범위 내에서 디지털 헬스케어가 성장할 것으로 예상된다.

지금부터는 이렇게 성장의 계기를 맞이하게 된 디지털 헬스케어 업계 속으로 들어가 어떤 목표를 가지고 어떻게 성장하고 있는지 살펴보도록 하자.

차 례

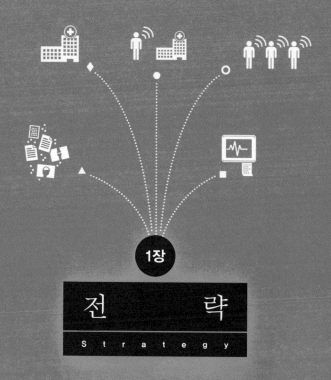

1장

전   략
Strategy

Strategy

어떤 분야로 진출할 것인가

모든 사업이 그렇듯이 전략 수립의 첫 단추는 어떤 분야로 진출할 것인지를 결정하는 것이다. 디지털 헬스케어 역시 마찬가지다. 이를 위해서는 디지털 헬스케어에 어떤 분야가 있는지를 먼저 확인해야 할 것이다. 쉽게 생각하면 피트니스와 본격적인 의료 두 가지로 나눌 수 있다. 이 분류는 직관적이라는 장점이 있지만 너무 단순해 전략을 세우는 데는 큰 도움이 되지 않는다. 이보다는 예방의학에서 예방 의료 활동을 분류하는 기준을 사용하면 복잡하지 않으면서도 디지털 헬스케어의 여러 분야를 이해하고 전략을 수립하는 데 도움을 받을 수 있다.

예방의학에서는 의료에서의 예방 활동을 1, 2, 3차 예방으로 분류한다. 일반적인 의미의 예방뿐만 아니라 치료까지 포함하기 때문에 의료의 제반 활동을 분류하기에 좋은 개념이다. 1차 예방은 평소에 건강을 유지하고 질병이 생기는 것을 막는 것을 의미한다. 2차 예방은 질병에 걸린 것을 최대한 빨리 알아내서 치료에 들어가는 것을 의미한다. 질병이 발생하기 얼마 전에 미리 예측하는 것 역시 2차 예방에 포함시켜 생각할 수 있다. 3차 예방은 기존에 있는 질병을 잘 치료해서 문제가 커지는 것을 막는 것을 의미한다. 당뇨병이나 고혈압이 있는 과체중 환자가 체중 감량을 하는 것은 3차 예방으로 보아야 하지만 비즈니스의 특성으로 보았을 때는 1차 예방으로 간주하는 것이 더 좋아 그렇게 분류하겠다. 그럼 이제 분야별로 주요 업체들의 전략에 대해 살펴보고 고려해야 하는 점들을 알아보겠다.

– 손쉬워 보이지만 절대 쉽지 않은 1차 예방 영역

디지털 헬스케어에서 1차 예방에 해당하는 것은 활동량 측정계나 피트니스 혹은 체중 감량 서비스 등이라고 할 수 있다. 일반적으로 웰니스라고 부르는 영역이다. 이 분야는 상대적으로 복잡한 기술을 필요로 하지 않기 때문에 이미 많은 기업들이 들어와서 경쟁하고 있다. 1차 예방 영역 가운데 비교적 쉽게 성과를 거둘 수 있는 부분은 이미 선두 업체들이 시장을 차지하고 있다고 할 수 있다. 활동량 측정계 시장을 압도하고 있는 핏비트나 체중 감량 서비스의 선두주자인 눔이 여기에 해당한다.

우선 활동량 측정계에 대해 살펴보겠다. 활동량 측정계는 일종의 디지털 만보계라고 할 수 있다. 주로 손목이나 몸에 차는 장비의 형태이며 하루에 몇 걸음이나 걸었고 얼마나 움직였는지를 알려주는데 장비에 따라서는 몇 계단을 걸었고 칼로리를 얼마나 소모했는지까지 알려준다. 활동량 측정계는 순수하게 디지털 만보계 역할을 하는 피트니스 밴드와 스마트폰의 여러 기능을 포함하는 스마트워치로 나눌 수 있다. 스마트워치는 활동량 측정이 주된 목적이라기보다는 손목시계 형태로 만들어진 또 다른 스마트 장비라고 보는 것이 정확하다. 하지만 다수의 스마트워치가 활동량 측정 기능을 핵심 기능으로 넣고 있기 때문에 디지털 헬스케어 영역에서는 활동량 측정계의 범주에 들어간다고 할 수 있다.

피트니스 밴드의 대표적인 제품은 핏비트다. 핏비트는 50퍼센트 이상의 시장 점유율을 차지하고 있는데, 보도에 따르면 2014년 3분기에는 69퍼센트의 점유율을 달성했다고 한다.[2] 다음으로는 조본이 2위이며 이외에 미스핏Misfit, 위딩스Withings 등이 유명하다.

업계 1위를 달리고 있는 핏비트는 2009년에 처음 출시되었는데 이후 지속적으로 다양한 제품군을 내놓고 있으며 현재의 주력 제품군으로는 클립 형태인 울트라Ultra, 팔찌 형태인 플렉스Flex, 차지Charge, 서지Surge 그리고 와이파이 체중계인 아이라Aira가 있다.

〈그림 1 - 1〉 핏비트 전 제품(출처: 핏비트www.fitbit.com)

핏비트의 행보에서 중요한 것은 출시 초기부터 장비 제조회사에 머무르기를 거부하고 있다는 점이다. 핏비트는 제품 출시 초기부터 측정한 정보를 소비자가 활용할 수 있는 시스템을 구축하기 위해 노력했다. 클라우드로 활동량 정보를 저장하고 앱이나 웹을 통해 그 정보를 확인할 수 있도록 했다. 사용자가 더 열심히 운동하도록 동기를 부여해준 것이다. 핏비트는 단순히 활동량을 측정해주는 것만으로는 소비사에게 줄 수 있는 가치가 적다는 것을 이해하고 활동량 정보를 적절한 방식으로 전달해 사용자의 생활 습관을 바꾸는 것이 중요하다는 생각 하에 움직여왔다고 할 수 있다. 이로써 활동량 측정계의 핵심 가치는 기기를 이용해서 운동량을 측정하는 것이 아니라 이렇게 얻은 정보를 바탕으로 사용자가 더 열심히 운동할 수 있도록 도와서 건강을 향상시키는 데 있다는 통찰력을 보여주고 있다.

활동량 측정계의 또 다른 축이라고 할 수 있는 스마트워치의 경우 2015년 초까지는 삼성전자가 생산한 것을 비롯해서 안드로이드 탑재 제품들이 시장을 주도하였다. 하지만 안드로이드 탑재 스마트워치의 2014년 하반기 판매량이 72만 대밖에 되지 않을 정도로 피트니스 밴드에 비해서는 시장 규모가 작았다. 그 원인으로 지적되는 것은 안드로이드 스마트워치 앱이 수만 개에 불과해서 100만 개가 넘는 안드로이드 스마트폰 앱에 비해 부족하다는 점, 아직 소비자들이 굳이 스마트워치를 사야 할 이유를 찾지 못했다는 점, 애플이 스마트워치를 출시해서 업계의 기준을 내놓을 때까지 사람들이 기다리고 있다는 점 등이 지적되었다.[3] 특히 세 번째 지적이 설득력을 얻었는데 스마트폰 시장에서는 아이폰이, 태블릿 시장에서는 아이패드가 시장의 표준을 설정한 적이 있기 때문이다. 따라서 스마트워치 시장에서도 애플이 스마트워치를 출시한 후에야 본격적으로 시장이 형성될 것으로 내다보고 있다. 스마트워치에 대해서는 애플 워치에 대한 내용을 중심으로 살펴보겠다.

2014년 9월 애플은 소문만 무성하던 애플워치를 드디어 발표했으며 2015년 4월 출시했다. 탑재되는 센서는 몸의 전체적인 움직임을 측정할 수 있는 가속도계Accelerometer, 심박 측정계Heart Rate monitor, 자이로스코프 등이며 아이폰에 내장된 GPS와 와이파이를 사용해 총 이동 거리를 측정한다고 한다. 산소 포화도를 비롯해서 본격적인 의료용 센서가 다수 탑재될 것이라는 예상이 많았던 것에 비해 피트니스에 꼭 필요한 센서 위주로 탑재했다고 볼 수 있다. 의료용 센서를 탑재했을 때 배터리가 더 빨리 소모될 수 있고 의료용 센서 기술이 불완전하며 FDA 승인이 부담스럽기 때문일 것이라 짐작된다. 즉 애플워치와 관련해서 헬스케어와 연관된 측면을 보면 본격적인 의료 장비라기보다는 피트니스용 기기라고 볼 수 있겠다.

애플워치에는 피트니스 관련 앱이 설치되어 있다. 일상생활 중 활동을 관리하는 액티비티Activity 앱과 본격적인 운동 관리를 위한 워크아웃Workout 앱 두 가지다. 이 중 액티비티 앱은 일상 활동을 일어서기Stand, 운동하기Exercise, 칼로리 소모Move 세 가지로 나누어 관리하도록 했다.

일어서기는 종일 앉아서 생활하기 쉬운 현대인들이 매 시간마다 1분 이상 서 있도록 알려주고 실제 지켰는지를 추적한다. 운동하기는 하루 30분 이상 운동하도록 유도하고 칼로리 소모는 칼로리 소

〈그림 1 - 2〉 애플워치의 액티비티 앱. 3개의 원형 그래프가 하루의 활동량을 보여준다. 안에서부터 일어서기, 운동하기, 칼로리 소모를 의미한다.(출처: 임정욱 님 블로그http://estimastory.com/)

〈그림 1 - 3〉 애플워치의 워크아웃 앱(출처: 임정욱 님 블로그)

모량을 계산해 하루 동안 목표를 달성했는지를 알려준다. 헬스케어 관련 기능을 이런 식으로 구분한 것은 활동량 측정계들이 무엇을 관리해야 하는지를 놓고 갈피를 잡지 못했던 것에 비해 애플 나름의 답을 제시한 것이라 생각한다. 이들 앱은 직관적이고 완성도가 높다. 이것저것 복잡한 것이 싫고 단순하게 건강 증진을 하고 싶은 일반 사용자가 사용하기에 좋다. 애플은 핏비트와 마찬가지로 단순히 활동량을 측정하는 것을 넘어 사용자에게 중요한 활동이 무엇이고 어떻게 하면 이런 활동을 더 이끌어낼 수 있을지에 대해 많은 고민을 했고 그 결과를 애플워치에 담아냈다고 할 수 있다.

핏비트와 애플이 하드웨어로 시작해 사용자의 행동을 바꾸기 위해 노력하고 있다면 체중 감량 앱으로 유명한 눔은 개인별로 조

〈그림 1 - 4〉 눔 다이어트 코치 앱. 좌측은 매일의 활동을 기록하는 화면이고 우측은 체중 감량을 위한 미션을 제시하는 화면(출처: 눔www.noom.co.kr)

언을 제공하는 서비스를 통해 사용자의 활동량을 늘리고 식이 습관을 개선하는 효용을 제공하고 있다. 눔은 누적 다운로드 수가 3,200만 건에 달하며 구글 플레이의 건강 분야 1위를 차지하고 있는 체중 관리 서비스다.

눔은 눔 다이어트 코치라는 앱을 내놓았는데 매일매일 또 시간대에 따라서 지속적으로 피드백을 제공해 사용자가 지속적으로 식이와 활동에 신경을 쓰도록 하여 체중 감량을 돕는다. 회사에 따르면 눔 다이어트 코치 앱의 유료 버전 사용자들은 평균 2주에 4.5킬로그램을 감량했다고 한다. 주목할 만한 성과이다. 눔은 매일의 행동에 효과적으로 영향을 미칠 수 있는 시스템을 만들어냈다고 할 수 있다. 건강해지고 싶다는 생각은 하면서도 건강해지기 위해서 노력하는 사람은 많지 않은 것이 현실이다. 눔의 코치 시스템은 피트니스를 넘어서서 질병을 예방하고 관리하는 활동 전반에 적용할 수 있는 매우 중요한 역량이다.

현재 1차 예방 분야는 사실상 피트니스 밴드 회사들이 주도하고 있다. 이들 대부분은 신기술에 관심 많은 초기 사용자는 사로잡았지만 일반 소비자로 시장을 확대하지 못하고 있다. 컨설팅 회사인 인데버 파트너스Endeavour Partners가 발표한 보고서에 따르면 피트니스 밴드와 같은 웨어러블 사용자의 3분의 1은 6개월만 지나도 더 이상 사용하지 않으며 시간이 지남에 따라 점점 더 많은 사람들이 사용하지 않는 것으로 나타나고 있다.[4] 신기술 제품에 익숙한 초기 사용자에게도 지속적으로 사용할 만한 가치를 제공하지 못하는 셈이다. 핏비트와 같은 회사들이 단순히 활동량을 측정하는 것을 넘어서 더 열심히 운동하게 만들기 위해 노력하고는 있지만 아직은

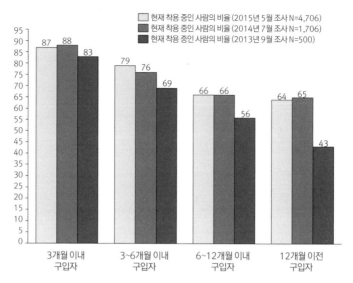

〈그림 1 - 5〉 구입 시기에 따라 활동량 측정계와 스마트 워치를 지속적으로 사용하는 사람들의 비율(단위: 퍼센트. 출처: 인데버 파트너스www.endeavourpartners.net)

만족스러운 결과물을 내놓지 못하고 있다고 볼 수 있다.

1차 예방 분야에 진입하고자 하는 회사는 단순히 좋은 센서를 장착한 멋진 기기를 만드는 데 머물러서는 안 된다. 눔처럼 사용자 개개인에 맞추어 지속적으로 건강 행동을 독려할 수 있는 시스템을 만들어낼 수 없다면 성공을 거두기는 어려울 것이다.

– 디지털 헬스의 미래 모습이지만 아직 준비가 안 된 2차 예방 영역

2차 예방은 질병에 걸린 것을 최대한 빨리 알아내거나 질병이 발생하기 전에 미리 예측하여 질병으로 인한 후유증을 줄이는 것을 목표로 한다. 2차 예방에는 다양한 분야가 포함될 수 있다. 쉽게 생각할 수 있는 것은 평소에 혈압계 혹은 혈당 측정계를 사용해 고혈압이나 당뇨병이 발병하지는 않았는지, 또는 이들 질환으로 진행할 위험이 크지는 않은지를 측정하는 것을 들 수 있다. 집에서 심장 통증이 발생했을 때 간단한 장비를 이용해서 심근경색은 아닌지 검사하고 더 나아가 중풍이나 심근경색이 발생하기 수십 분에서 수 시간 전에 위험을 미리 알려주어 빨리 병원을 방문하는 등의 대비가 가능해질 수도 있을 것이다. 진정한 예방의학은 병이 생길 가능성을 줄이는 1차 예방이겠지만 사람들이 실감할 수 있는 예방의학은 질병 발생 직전에 위험을 감지해주는 2차 예방이 될 것이다. 많은 사람들은 2차 예방이 실현되고 나서야 디지털 헬스케어를 통해서 예방의학의 시대가 왔다고 실감하게 될 것이다.

그런데 문제는 혈압이나 혈당처럼 몇몇 간단한 영역을 제외하고는 이 분야에 대한 지식이나 기술이 축적되지 않았다는 사실이다. 기존의 의학 지식은 일단 질병이 발생한 다음을 다루고 있기 때문에 그전에 어떤 일이 생기는지에 대한 이해가 부족하다. 또한 이미 발생한 질병을 빠르게 진단하는 것과 관련해서도 기존의 의학 지식 및 기술에 한계가 있는 경우가 많다. 디지털 헬스케어가 기존 의학을 뛰어넘겠다고는 하지만 아직까지는 기존 의학에서 나온 지식에 기반을 두기 때문에 의학 지식의 발전 없이는 2차 예방 영역에서 할 수 있는 것이 매우 적다.

중풍이나 심근경색이 발생하기 전에 예측하는 것이 어렵다는 것은 당연해 보인다. 하지만 발생한 후에 빠르게 진단하는 것도 어려울 수 있다는 말은 선뜻 이해가 가지 않을 수 있다. 심근경색에 대한 사례를 살펴보자. 한 보도에 따르면 국내 연구진이 심근경색을 진단할 수 있는 단백질 트로포닌I를 5분 만에 검출할 수 있는 기술을 개발했다고 한다.5) 이 기술로 검사 키트를 만들어서 가정에서도 사용할 수 있게 되면 부모님께 하나 사드려서 집에서 심장 통증이 있을 때 심근경색 여부를 손쉽게 진단할 수 있을 것 같다.

그런데 현실은 그렇게 간단하지 않다. 트로포닌I는 심근경색 발생 후 수 시간이 지나야 나오기 시작하기 때문이다. 심근경색 진단에 사용하는 또 다른 단백질인 CK-MB 역시 마찬가지다. 또한 심근경색을 의심할 정도의 심장 통증이라면 심근경색이 아니라고 해도 안심하고 집에 있어서는 안 된다. 급성 대동맥 박리와 같이 생명이 위험한 응급질환일 수도 있기 때문이다. 즉 심한 가슴 통증이 있으면 트로포닌I 검사 결과와 상관없이 무조건 응급실로 가는 것이 안전하다. 따라서 심근경색 발생 직후에 검출할 수 있는 새로운 물질이 발견되고 심근경색과 증상이 비슷한 다른 응급질환을 함께 진단할 수 있는 방법이 개발된 후에야 심근경색의 조기 진단이 가능해진다고 할 수 있다.

결국 2차 예방 분야가 의미 있는 성과를 내기 위해서는 의학 지식 축적이 선행되어야 한다. 이와 관련해서는 애플워치와 같은 스마트워치가 크게 이바지할 수 있다. 2015년에 나온 1세대 애플워치는 피트니스 센서만을 탑재했지만 추후 세대 제품은 의료용 센서를 탑재할 것이라고 예상하고 있다. 사실 그렇다고 해도 앞서 언급한 이유 때문에 일부 환자를 제외하고는 기대만큼 큰 도움이 되지는 않을 것이다. 중요한 것은 굳이 평소에 의료용 센서를 이용할 필요가 없고 그럴 의도도 없는 사람들이 그저 애플 제품이 좋아서 애플워치를 사서 쓰게 되면 자연스럽게 이런 센서를 차고 다니게 되고 이를 통해서 질병이 발생하기 전에 몸에서 어떤 일이 일어나는지를 이해할 수 있다는 것이다.

애플워치는 전 세계적으로 수천만 대가 팔릴 것으로 예상된다. 이렇게 많은 사람들이 차고 다니다 보면 심장마비가 오기 직전에 어떤 신호가 나타나는지 등 아직까지 의료계에서 알고 있지 못한 수많은 지식을 축적할 수도 있다. 즉 현재 의학 수준으로는 헬스케어가 스마트워치의 킬러 콘텐츠가 되기는 어려우며 오히려 의료용 센서가 탑재된 스마트워치가 축적하는 정보를 통해 의학 지식수준이 높아질 수 있을 것으로 본다. 이렇게 의학 지식이 축적될 때 스마트워치를 통한 2차 예방이 가능해질 것이다.

2015년 3월 애플워치와 맥북을 공개하는 자리에서 리서치킷이라는 연구 플랫폼을 발표한 것을 보면 아마 애플은 애플워치와 같은 웨어러블 장비들이 사람들의 건강 증진에 도움을 주기 위해서는 우선 의학 지식을 축적해야 한다는 점을 이미 이해하고 있는 것 같다. 리서치킷은 애플워치로 측정한 정보 및 헬스킷 플랫폼에 축적된 정보를 활용해 의학 연구를 할 수 있는 의학 연구 플랫폼이다. 애플워치 혹은 헬스킷 플랫폼과 연결된 각종 디지털 헬스케어 장비 및 서비스들이 엄청난 양의 건강 관련 정보를 축적할 수 있을 것으로 예상된다. 그 정보를 의학 연구에 활용할 길이 열리는 것이다. 애플은 연구자들이 이 데이터를 활용해 자유롭게 연구해서 결과를 내놓게 되면 애플워치가 사람들의 건강을 실질적으로 향상시킬 수 있는 방법이 생겨날 것이며 궁극적으로 더 많은 사람들이 애플워치를 구매하게 될 것이라고 계산한 것으로 보인다.

애플의 맞수인 구글은 이와는 달리 자체적으로 의학 지식 축적에 나섰다. 구글은 2014년 여름에 베이스라인 스터디Baseline Study

라는 이름의 프로젝트를 시작했는데 건강한 사람의 몸에서 나타나는 변화를 연구하는 것이다. 뒤에서 더 자세히 소개하겠지만 궁극적으로는 아직 질병이 없는 수천 명을 장기간 연구해 2차 예방에 필요한 지식을 축적하는 것을 목표로 하고 있다. 아무리 구글이라고 해도 한 개 기업이 나서서 하기에는 엄청난 일이라고 할 수 있다. 엄청난 현금을 보유하고 있고 강력한 오너십이 있기 때문에 의미 있는 성과를 낼 수 있을 것으로 생각한다.

그런데 이렇게 2차 예방을 위한 충분한 의학 지식이 축적되어서 이와 관련된 제품이 만들어진다고 해도 여전히 문제는 있다. 아직 건강한 사람으로 하여금 미래에 질병이 발생할 가능성에 대비하기 위해 현재 제품을 사용하게 하는 것이 과연 쉬울 것인가 하는 점이다. 질병의 원인을 가지고 있다고 해도 실제로 질병이 발생할 가능성은 높아도 30~40퍼센트를 넘어서지 않고, 발생한다고 해도 수년에서 수십 년이 걸리는 경우가 많다. 평소에 사용하지 않는 형태의 제품을 이렇게 오랜 기간 사용할 사람은 없다. 또 평소에 사용하는 형태의 제품이라 해도 가격이 비싸다면 사서 쓰기가 쉽지 않을 것이다. 예를 들어 뇌졸중을 조기에 진단해주는 모자가 출시되었다고 해보자. 중풍 위험이 크지 않고 평소에 모자를 쓰고 다닌 적이 없는 사람이 이 제품을 사용할 가능성은 높지 않아 보인다. 즉 아무런 번거로움 없이 평소에 사용할 수 있는 형태의 제품이 아니라면 다수의 사람들이 지속적으로 사용하는 것은 쉽지 않을 것이다.

2차 예방 분야는 의료용 센서가 탑재된 스마트워치 혹은 구글의 베이스라인 스터디를 통해 의학 지식이 축적되고, 사람들이 평상시에 의식하지 않고 사용할 수 있는 형태의 제품으로 만들어진 후에야 본격적인 성장이 이루어질 것이다. 따라서 그 시대가 오는 데 오랜 시간이 걸릴 것이다. 하지만 질병이 생기기 전에 이를 막거나 대처할 수 있다는 것은 모든 사람의 꿈이라고 할 수 있기 때문에 실현된다면 의료 판도를 바꿀 만한 엄청난 파급력을 갖게 될 것이다.

– 많은 기업들이 활발하게 진출하고 있는 3차 예방 영역

마지막으로 3차 예방은 일반적인 의미의 치료 의학이라고 할 수 있다. 당뇨병이나 천식과 같은 만성질환에서부터 암에 이르기까지 다양한 질병에 걸린 환자들이 질병을 잘 관리하고 더 좋은 치료를 받을 수 있도록 돕는 분야라고 할 수 있다. 2차 예방과는 다르게 의학적 지식이 충분히 축적된 분야이기 때문에 많은 기업들이 이에 바탕을 둔 3차 예방 제품을 내놓기 위해 노력하고 있다. 당뇨병 관리 서비스인 블루스타BlueStar와 천식 관리 제품인 마이스피루MySpiroo나 에어소니아AirSonea 그리고 원격진료 서비스가 여기에 해당한다. 인공지능 시스템인 IBM 왓슨을 이용해서 최적의 암 치료 방침을 제시하는 것도 마찬가지다. 1차 예방 분야의 제품들은 비교적 정형화되어 있는 반면 3차 예방 분야는 질병의 종류 및 질병을 관리하는 방법에 따라서 다양한 제품들이 나와 있다. 그럼 대표적인 제품들에 대해 살펴보겠다.

블루스타는 웰닥이라는 회사가 내놓은 당뇨병 관리 서비스다. 환자가 스스로 당뇨병을 잘 관리하도록 돕고 환자의 관리 정보를 담당 의사에게 제공해 더욱 좋은 진료를 제공할 수 있도록 돕는 것을 목표로 한다. 성인에서 많은 제2형 당뇨병을 대상으로 하는 당

<그림 1 - 6〉 웰닥의 블루스타(출처: 웰닥 홈페이지 미디어센터의 이미지 갤러리)

뇨병 관리서비스로 FDA 승인을 받은 최초의 제품이다. 또한 메릴랜드 대학과의 공동 연구를 통해 성과를 입증하기도 했다. 일반적인 건강 관련 앱과는 달리 앱스토어에서 아무나 구매할 수 없으며 의사의 처방을 받은 사람만이 구매해서 사용할 수 있다.

블루스타의 핵심은 환자가 당뇨병을 관리할 수 있도록 돕는 알고리즘이라고 할 수 있다. 혈당을 측정할 시간이 되면 환자에게 혈당 수치를 입력하도록 하고 저혈당이 생겼을 때 어떤 조치를 할지를 알려주며 약 먹을 시간을 알려준다.

예를 들어 환자가 저혈당 증상을 느끼고 블루스타를 켜면 초기 화면에서 현재 어떤 상황인지를(예: 정기 혈당 체크인지 증상을 느껴서 하는 체크인지) 선택하게 한다. 그리고 혈당치를 입력하면 취해야 할 조치를 제시해준다. 예를 들어 혈당이 60으로 나와서 저혈당인 경우 15그램의 당을 먹어야 한다고 하면서 사과 주스 반 컵 정도가 해당된다고 구체적으로 제시해준다. 그리고 15분 후에 다시 혈당을 재야 한다고 알려주고 환자가 'OK'라고 입력하면 15분 후에 혈당 잴 시간임을 알려준다. 그리고 다시 혈당을 재고 입력하면 잘했다는 격려의 메시지가 나온다.

의료진이 이 내용에 쉽게 접근하기 위해서는 블루스타 서비스를 병원에서 사용하는 전자의무기록과 결합하는 것이 중요한데, 웰닥은 올스크립트Allscripts 전자의무기록과 결합되었다. 또한 보험 적용을 받고 있다. 의사의 처방을 받고 혈당 측정계를 사면 보험 적용을 받아서 싸게 살 수 있는 것과 같다. 의사가 환자에게 블루스타 서비스가 도움된다고 판단하면 이를 처방할 수 있으며 환자는 처방전을 가지고 약국에 가서 서비스 신청을 하게 되고 신청이 처리되면 앱을 다운받아 서비스를 이용할 수 있는 권한을 부여받는다. 개인이 앱스토어에서 1~2달러 주고 사서 신기한 맛에 한두 번 써보고 그만두는 앱들과는 차별화되어 있는 것이다. 일부 보도에 따르면 2군데의 보험회사가 블루스타의 예전 버전인 당뇨 매니저Diabetes Manager를 쓰는 환자에게 한 달에 100달러 이상을 보험 처리해주기도 했다고 한다.[6]

임상시험을 통해 효용을 입증하고 FDA 승인을 받았으며 보험 적용을 받고 전자의무기록과 연결하는 등 본격적인 의료서비스에서 필요한 것들을 차근차근 갖추어온 셈이다. 웰닥은 이를 인정받아 지금까지 3,500만 달러 정도의 외부 투자를 유치했다. 또한 2014년 12월 삼성전자가 헬스케어 플랫폼을 발표할 때 주요 파트너의 하나로 언급되었는데 웰닥과의 협력 내용이 별도로 소개되는 등 삼성전자와도 긴밀하게 협력하고 있는 것으로 보인다.

웰닥은 2005년에 설립되어 매우 오랜 기간에 걸쳐 기존의 의료 시스템에 편입되기 위해 차곡차곡 준비해왔다. 웰닥의 주요 제품인 당뇨병 관리 알고리즘을 만드는 것은 크게 힘든 일이 아닐 것으로 생각한다. 웰닥의 가치를 높여주는 것은 임상시험을 통해 효용을 객관적으로 인정받고 FDA 승인을 받았으며 보험 등재까지 받아냈다는 사실이다. 특히 보험 등재 부분은 높게 평가하고 싶다. 기존에 없던 유형의 서비스이기 때문에 절대 쉽지 않았을 것이다.

디지털 헬스케어에 대한 관심이 높아지면서 국내의 전자, 통신 회사 등 여러 대기업들이 관심을 보이고 있다. 하지만 대부분은 1~2년 내 성과를 낼 수 있는 것에 집중하는 것이 현실이다. 만약 본격적인 의료서비스를 생각한다면 더 긴 시간을 내다보고 준비해야 함을 웰닥은 알려주고 있다.

다음으로 천식 관리 제품인 마이스피루에 대해 살펴보겠다. 천식은 알레르기 때문에 기도가 좁아져서 발생하는 질병이다. 이때 폐활량계를 이용하면 천식이 심해진 정도를 측정할 수 있는데 평소에 손쉽게 사용할 수 있는 간이 폐활량계 제품들이 시중에 나와 있다. 마이스피루는 스마트폰과 연결해서 사용하는 제품이다.

마이스피루는 기존에 나와 있는 폐활량계를 단순히 스마트폰과 연결해주는 것처럼 보여 만드는 것이 기술적으로 어렵지 않을 것 같은데 이 제품이 개발되기까지 무려 5년이 걸렸다고 하며 유사한 장비를 찾기도 어렵다. 그나마 스마트폰과 무선으로 연결되는 것이 아니고 스마트폰 이어폰 잭에 연결해서 사용해야 한다. 그런데 이렇게 스마트폰과 직접 연결하면 기존의 간이 폐활량계를 사용할

〈그림 1 - 7〉 마이스피루(출처: 웰딕http://www.myspiroo.com/)

때보다 오히려 불편해질 수밖에 없다.

그래서 마이스피루는 스마트폰과 연결할 수 있다는 점을 활용해 추가적인 효용을 제공하고 있다. 폐활량 측정에 더해 환자가 기기를 사용한 곳의 GPS 위치 정보를 기록해 환자에게 천식을 주로 유발하는 장소를 알아내도록 도와주는 것이다. 그리고 작은 컴퓨터인 스마트폰과 연결함으로써 간이 폐활량계를 사용할 때에 비해 폐활량 측정을 더 정확하게 할 수 있다. 건강검진 등을 통해 폐활량 측정을 해본 사람은 잘 알겠지만 이걸 정확하게 불기가 쉽지 않은데 스마트폰 속의 알고리즘이 환자가 제대로 불었는지를 감지해 제대로 이용할 수 있도록 도와줄 수 있다.

마이스피루는 기존 의료 시스템에서 사용하던 것을 휴대폰과 연결하도록 한 제품이라고 할 수 있는데 이와는 달리 완전히 새로운 개념의 제품을 내놓는 경우도 있다. 오스트레일리아에 있는 아이소니아iSonea 회사가 개발 중인 에어소니아는 천식 증상이 있을 때 발생하는 소리인 천명음이 심한 정도를 측정해주는 장비다.

앞서 소개한 폐활량계는 의학적으로 의미 있는 데이터를 얻을 수 있는 제품이다. 하지만 정확하게 사용하기가 까다롭다. 치매가 있는 노인이나 소아가 제대로 쓰기는 거의 불가능하다. 그런데 에어소니아는 목에 갖다 대기만 하면 천식으로 말미암은 천명음이 얼마나 심한지를 측정해주어 간편하게 이용할 수 있다. 이렇게 천명음의 심한 정도를 측정하는 것은 의료 현장에서 널리 사용되는 것은 아니지만, 적어도 같은 사람에서 지속적으로 사용해서 그 변화를 찾아내기에는 충분히 유용할 것으로 보인다. 마이스피루를 비롯한 대부분의 디지털 헬스 장비들은 의료 현장에서 사용하는 기기를 휴대폰 연결 버전으로 바꾼 것이 많다. 반면 에어소니아는 기존에 의사들이 사용하던 것은 아니지만 의사와 환자에게 의미를 줄 수 있는 장비라는 점에서 흥미롭다.

위의 사례들을 통해 3차 예방 분야에 진출하는 회사들에 대한 시사점을 생각해볼 수 있다. 우선 블루스타 사례에서 볼 수 있는 것처럼 의사의 역할을 대체하기보다는 보완하는 제품의 성공 가능성이 높다. 의료 장비나 서비스는 환자가 품질 혹은 효용을 정확하게 알기 어려운 신용재Credence good이기 때문이다. 사서 써본 후에야 품질을 평가할 수 있는 경험재experience good나 직접 사용해보지 않아도 시간을 투자해 노력하면 품질을 어느 정도 알 수 있는 탐색재search good와는 구분되는 것이다. 스마트폰을 비롯한 대부분의 디지털 장비들이 탐색재이기 때문에 디지털 헬스케어도 그렇다고 생각하기 쉽다. 하지만 결국 의료의 영역에 속하기 때문에 신용재로 보는 것이 옳다.

신용재는 소비자들이 품질을 평가하기 힘들기 때문에 브랜드 가치를 쌓기가 쉽지 않고 홍보를 해서 소비자의 마음속에 신뢰를 구축하는 데 오랜 시간이 걸린다. 따라서 디지털 헬스케어 제품이 의료기관과 의사라고 하는, 의료 분야에서 신뢰를 받는 존재를 뛰어넘는다는 것은 절대 쉽지 않다.

그래서 향후 상당 기간 디지털 헬스케어는 의료기관 혹은 의사를 대체하기보다는 보완하는 역할을 하게 될 것이다. 따라서 새로운 디지털 헬스케어 기기나 서비스를 개발하는 회사들은 제품에 대한 에코 시스템을 만들 때 가급적 의료기관과 의사를 포함시키고 제품을 잘 활용할 수 있는 환경을 조성하는 것이 필요하다.

또 한 가지 생각해야 할 것은 이들 제품을 개발하는 데 생각보다 긴 시간이 소요될 수 있다는 점이다. 마이스피루의 경우 5년, 블루스타의 경우 6년이 걸렸다. FDA 승인을 받고 임상시험을 통해 효용성을 입증하는 것은 물론이고 보험 적용을 받고 전자의무기록과 연동해 의사가 평소 진료에 쉽게 사용할 수 있게 하는 데 그 정도의 시간이 걸리는 것이다. 즉 3차 예방 분야는 2차 예방에 비해 많은 의학 지식이 축적되어 있다고 하지만 여전히 제대로 된 제품을 시장에 내놓는 데 오랜 시간이 걸리는 것이다. 또한 아직까지 의사, 병원, 보험회사 등 기존 의료 시스템이 디지털 헬스케어를 본격적으로 받아들이지 않고 있다는 점도 간과해서는 안 된다. 제대로 된 제품이 나온다고 해도 향후 수년 간 시장이 열리지 않을 가능성을 염두해 두어야 한다.

대부분의 디지털 헬스 제품들은 1, 2, 3차 예방 가운데 어느 하나에 속하는 경우가 많은데 제품에 따라서는 여러 영역을 함께 다루려고 하는 경우도 있다. 우리나라 벤처기업인 쓰리엘랩스가 내놓은 스마트 깔창과 스마트 방석이 여기에 해당한다. 이들 제품에는 압력 센서가 내장되어 있어 걸음걸이와 앉는 자세를 바로잡는 데 도움을 준다. 이 회사가 내놓은 풋로거라는 이름의 스마트 깔창은 세계 가전 박람회인 CES에서 웨어러블 기술 부문 혁신상을 받기도 했다.[7]

건강한 사람이 평소에 스마트 깔창을 신발에 넣어 신고 다니면 신체 활동량을 측정할 수 있다(1차 예방). 그리고 나이가 들었지만 아직 밖으로 드러나는 질병이 없는 중장년층이 사용하면 신경계 혹은 근골격계 질환이 발생하는 것을 빠르게 진단받을 수도 있다(2차 예방). 또 신경계 질환을 앓는 환자가 사용하면 질환의 진행 정도를 파악하고 약물 혹은 재활 치료가 얼마나 효과가 있는지를 알 수 있어 치료에 도움을 받을 수 있다(3차 예방).

또 다른 우리나라 벤처기업인 직토가 출시한 피트니스 밴드인 아키도 여러 영역을 함께 다룰 수 있는 제품이다. 아키는 피트니스 밴드의 일종인데 활동량뿐 아니라 사용자의 걸음걸이와 자세에 대한 정보를 수집해서 분석해준다. 2014년 11월에 소셜 펀딩 사이트인 킥스타터에서 초기 제품을 제작하기 위한 모금을 해서 16만 5,000달러를 모아 화제가 됐다.[8]

아키 역시 스마트 깔창과 마찬가지로 사용할 수 있다. 건강한 사람에서는 바른 자세로 걷고 뛰는지, 활동량은 얼마나 되는지를 확인할 수 있고(1차 예방), 건강한 청소년이 사용하면 척추 측만증 등

〈그림 1 - 8〉 직토의 아키(출처: 직토http://www.zikto.com/)

자세 이상을 일으킬 수 있는 질병이 발생하는 것을 조기에 진단할 수 있으며(2차 예방), 질병이 있는 환자가 사용하면 치료가 얼마나 효과적인지를 파악해 치료에 도움을 받을 수 있다(3차 예방). 아키나 앞서 살펴본 스마트 깔창 모두 핏비트와 같은 일반적인 피트니스 밴드보다 많은 정보를 수집할 수 있다. 그래서 이렇게 여러 분야에 걸쳐 적용될 수 있다.

그런데 이렇게 하는 것이 가능하다고 해도 실제로 여러 분야를 대상으로 하기는 쉽지 않다. 분야별로 필요로 하는 역량(예: 정보 분석)이나 비즈니스 모델이 제각각이기 때문에 처음부터 모두를 대상으로 한다는 것은 거의 불가능하다. 현실적으로는 가장 큰 가치를 만들어낼 수 있는 영역에 집중하고 이후 점차적으로 대상영역을 확대해야 할 것이다.

Strategy

누구를 고객으로 할 것인가

지금까지 소개한 것들을 포함해 많은 디지털 헬스케어 제품들은 대상 고객군이 정해져 있는 것처럼 보인다. 1차 예방의 경우 건강에 관심이 있거나 과체중인 사람, 3차 예방의 경우 당뇨나 천식 등 해당 질병이 있는 사람 하는 식으로 말이다. 그런데 경우에 따라서는 회사의 전략 때문에 특정 고객군을 대상으로 삼기도 한다.

- 여성을 대상으로 하는 경우

진부하고 당연한 이야기지만 소비자의 절반은 여성이다. 하지만 각종 IT 제품의 경우에는 마치 소비자가 남성밖에 없는 것처럼 여성 친화적이거나 여성을 대상으로 하는 제품이 적다. 이는 IT 업계에 근무하는 사람 중 남성의 비율이 높기 때문이기도 하고, 여성은 IT 제품에 관심이 없다는 편견에서 비롯되는 부분도 있을

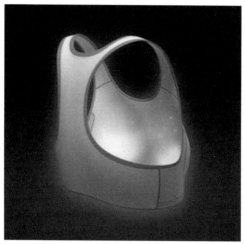

〈그림 1 - 9〉 썰카디아의 스마트 브래지어(출처: 썰카디아 공식 트위터 계정)

것이다. 디지털 헬스케어 역시 첨단 IT 영역에 속하다 보니 여성의 취향을 배려하거나 여성에 초점을 맞춘 제품이 적은 편이다. 제품 디자인이나 대상 질환에서 여성을 대상으로 하는 경우가 적다고 할 수 있다. 일부 회사들이 여성을 대상으로 한 제품을 내놓고 있긴 한데 주로 여성 질환, 생리, 임신과 관련된 것이 많다.

썰카디아헬스Cyrcadia Health 회사는 유방암을 조기 진단할 수 있는 스마트 브래지어를 개발하고 있다. 회사에 따르면 유방암과 세포 조직 변화를 읽어낼 수 있는 기술을 개발했으며 5년여의 개발기간 동안 500명 이상의 피험자에게 시험했다고 한다. 이 기술은 한국과 같은 아시아인에게 많은 치밀 유방에서 기존의 유방 촬영mammography보다 유방암 진단율이 높았다고 한다. 아직 정식으로 임상시험을 시행하지는 않았고 FDA 승인도 받지 못했기 때문에 평가하기는 어렵지만 일상생활 속에서 손쉽게 유방암을 조기 진단할 가능성은 주목할 만하다.[9]

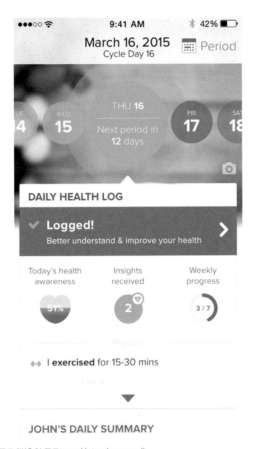

〈그림 1 - 10〉 글로 앱(출처:글로http://glowing.com/)

글로Glow 앱은 여성의 건강 관련 정보를 수집해 배란기 예측을
도와준다. 배란기에 영향을 줄 수 있는 스트레스, 체중, 운동 상태
및 피임 방법 등에 대한 정보를 모아 임신 가능성을 예측해주며 임
신과 관련된 정보를 제공한다. 마이피트니스팰Myfitnesspal과 같은
피트니스 앱과도 연동되어 관련 정보를 자동으로 업데이트할 수
있다. 이 회사는 글로 너처Glow nurture라는 앱을 함께 내놓고 있는
데 임신 기간 중 건강관리를 도와준다.

〈그림 1 - 11〉 클루 앱(출처: 클루http://www.helloclue.com/)

클루Clue 앱은 생리주기 및 관련 증상 관리에 초점을 맞추었다. 생리 전후의 기분, 생리통, 생리량, 성생활 등에 대한 정보를 입력하면 다음 생리 시기와 생리전증후군 발생 시기를 예측해주어 건강한 생활을 누릴 수 있도록 도와준다. 여성 CEO의 주도하에 개발된 것으로 유명한데 재미있는 것은 회사 홈페이지에서 클루 앱을 소개하면서 '낫 핑크not pink'라는 문구를 넣고 있다는 점이다. 여성이 원하는 것은 단순히 핑크색으로 만드는 것이 아니며 여성의 기호에 맞는 제품을 만드는 것이 중요함을 함축적으로 보여준다.

이상 몇몇 제품을 소개했는데 아직 디지털 헬스업계에서 여성에 대한 배려가 부족한 것이 사실이다. 한 매체는 애플이 야심차게 내놓은 헬스케어 플랫폼인 헬스킷이 다양한 건강정보를 수집하고 있지만 정작 여성 건강에서 중요한 생리주기와 관련된 부분이 빠져 있다는 점을 다루기도 했다. 이와 함께 애플의 주요 경영진이 거의 다 백인 남성인 것을 참작하면 놀랄 일이 아니라고 지적했다.[10]

지금까지 살펴본 사례들은 여성 고유의 건강 상태와 관련한 제품들이다. 남성 위주의 IT 기업 문화를 극복하고 여성을 위한 디지털 헬스케어 제품을 내놓는 것은 쉽지 않을 것이다. 하지만 결국 돈을 벌어야 하는 기업들이 더 많은 여성을 소비자로 끌어오기 위해서라도 여성 고유의 문제에 신경을 쓰고 여성 친화적인 제품을 만들기 위해 노력하게 될 가능성은 있다. 그런데 여성을 대상으로 하는 디지털 헬스케어 제품을 내놓을 때 더 근본적인 문제가 있다. 기존 의학이 남녀 간의 차이를 반영하지 않은 경우가 많은 것이다. 남녀 간에 발병률이 다른 경우도 있고 발병률이 비슷해도 발병 연령이나 나타나는 특징들이 다른 경우가 많음에도 이런 부분이 의료 현장에 반영되지 않은 경우가 많다.

예를 들어 폐암, 대장암, 위암 등 남녀 모두에게서 발생할 수 있는 암을 놓고 보면 주로 발생하는 연령, 발병 후 진행 속도, 항암제에 대한 반응이 남녀 간에 차이는 보이는 부분이 있다. 하지만 그런 남녀 간의 차이는 연구 논문에서나 다루어질 뿐 진료 지침으로 정리되어 의료 현장에 반영되는 경우는 흔치 않다. 이런 남녀 간의 차이를 연구하는 의학을 성차의학(Gender-Specific Medicine 혹은

Gender Medicine)이라고 하는데 그 중요성에 비해 의료계의 관심을 끌지 못하고 있다. 결국 디지털 헬스케어도 기존 의학의 지식에 바탕을 두기 때문에 여성에게 맞춤형 건강정보를 제공하고 싶어도 심장혈관질환 등 일부 영역을 제외하고는 쉽지 않은 것이다. 앞서 살펴보았던 애플의 연구 플랫폼 리서치킷을 통해 남성과 여성을 포함하는 대규모 의학 연구를 쉽게 할 수 있게 되거나, 유전자 의학이 발달하게 되면 남녀 간의 차이를 반영하는 의학 지식을 구축하는 데 도움이 될 것이다. 이런 의학지식이 축적된 후에야 진정 여성을 위한 의료서비스를 제공할 수 있을 것이다.

– 영유아를 대상으로 하는 경우

이번에는 특정 연령대를 대상으로 하는 제품에 대해 살펴보겠다. 디지털 헬스케어 시장을 연령대별로 생각하면 환자의 비율이 높고 거동이 부자연스러운 노인을 떠올리기 쉽지만 노인이 자신을 위해 혹은 자녀가 부모를 위해 구매하는 경우에는 지불 의향이 생각보다 높지 않은 경우가 많다. 반대로 자녀를 위해서라면 부모는 기꺼이 돈을 쓰는 경향이 있다. 이렇듯 소비자의 지불 의향이 높기 때문에 영유아와 소아를 대상으로 하는 시장은 일반인을 대상으로 하는 시장에 비해 크기는 작아도 수익성이 높은 틈새시장이 되는 경우가 많다.

센스포베이비Sense4Baby는 병원에서 태아의 건강을 검사하는 방법의 하나인 무자극 검사Non-stress test 장비를 개발했다. 손쉽게 이용할 수 있는 형태의 장비로 처음에는 의료기관에서 사용하는 용도로 승인을 받았으며 2015년 4월에는 가정에서 사용하는 제품

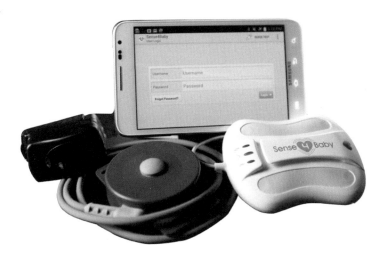

〈그림 1 - 12〉 센스포베이비(출처: 센스포베이비 페이스북 계정)

에 대해 FDA 승인을 받았다. 병원에서 의사의 지시하에 사용하던 장비 그대로 집에서 임신부가 원하는 때에 검사를 할 수 있게 된 것이다.[11] 무자극 검사를 받아야 하는 사람은 임신부 가운데 일부이지만 사람들이 태아의 건강에 큰 신경을 쓴다는 점을 생각하면 의학적으로 필요 없는 사람들도 이 제품을 사서 쓸 가능성이 높아 보인다.

스프라우틀링Sproutling은 영아를 겨냥한 웨어러블 제품이다. 스프라우틀링은 아이의 발목에 채우며 심박 수, 피부 체온, 움직임, 자세를 측정해 부모의 휴대폰에 있는 앱으로 전송해서 아이가 잘 자고 있는지, 어떤 문제가 있지는 않은지를 알려준다. 아이가 일어날 때를 예측해주기도 하며 아이가 일어났을 때 조용한지, 짜증이 나 있는지도 알려준다고 한다. 함께 출시된 전용 무선 충전기는 방 기온, 습도, 소리, 빛의 정도를 측정해 아이가 편히 잠들 수 있도록

〈그림 1 - 13〉 스프라우틀링 웨어러블 제품과 앱(출처: 스프라우틀링 페이스북 계정)

도와줄 수 있다.

이 제품은 회사 홈페이지를 통해 2014년 8월에 249달러에 제한적으로 판매되었는데 전 수량이 매진되었다. 2015년 3월에 정식으로 출시할 계획이며 소매가격은 299달러로 예정하고 있다.[12] 스프라우틀링에는 체온 센서가 더 탑재되어 있고 무선 충전기가 포함되어 있기 때문에 직접 비교는 힘들지만 피트니스 밴드들이 보통 130~150달러인 것을 고려하면 유아를 대상으로 하는 제품이 상당한 프리미엄을 받을 수 있다는 것을 알 수 있다.

영아를 위한 제품 중에는 영아의 특성을 이용한 아이디어가 돋보이는 제품도 있다. 블루 마에스트로Blue Maestro가 제작한 공갈 젖꼭지 패시파이Pacif-i는 아기가 물면 체온을 재어 그 결과를 블루투스를 통해 부모의 휴대폰 앱으로 전송해준다. 또한 거리 감지 센서가 있어 아기와의 거리를 최대 20미터까지 설정해 이를 넘어가면 알려주는 기능도 있다. 현재 사전 주문 예약 중으로 40달러에 판매하고 있다. 이것저것 복잡한 기능 없이 핵심에 집중하고 일반적인 웨어러블 제품들이 피부에 부착하는 방법을 고민하는 동안 아기의 특성을 이용한 새로운 측정 방법을 고안해냈다는 점에서 흥미롭다.[13]

사람들은 자녀의 건강 혹은 안전에 대한 지불 의향이 높다. 출산율이 낮아지면서 아이의 수는 적어지고 있지만 그럴수록 적은 수의 자녀에 대해 아낌없이 돈을 쓴다. 영유아를 대상으로 할 때 또 한 가지 중요한 장점은 본인의 몸에 무엇인가를 채우는 것은 번거로워 하는 경우가 많지만 자녀를 위한 것은 덜 부담스럽게 생각한다는 것이다.

따라서 유아는 웨어러블을 사용할 이상적인 대상이라고 할 수 있다. 최근 국내 통신사들이 아이의 위치를 추적하고 비상시 호출할 수 있는 키즈폰을 출시해서 시장에서 좋은 반응을 얻고 있는 것도 이런 맥락일 것이다. 전자파에 대한 부담감 등 극복해야 할 이슈들이 있기는 하지만 소비자들이 사용하고자 하는 의향이 높기

〈그림 1 - 14〉 블루마에스트로의 패시파이(출처: 블루마에스트로http://bluemaestro.com/)

때문에 유아 혹은 소아를 위한 웨어러블은 의미 있는 시장을 창출할 수 있을 것으로 생각한다.

– 동물 시장으로 진출하는 경우

원래 사람을 대상으로 개발했지만 동물 시장으로 진출하기도 한다. 사람을 대상으로 하는 의료기기는 FDA 승인 등 까다로운 허가 절차를 밟아야 한다. 또한 의료 현장에서 본격적으로 사용되기 위해서는 건강보험 적용을 받아야 하는데 기존에 없던 종류의 제품이라면 쉽지 않다. 따라서 처음에 사람을 대상으로 개발하다가 그 제품을 거의 그대로 이용할 수 있는 동물 시장으로 진출하는 경우가 있다.

국내 회사로 휴대용 초음파를 개발한 힐세리온이 대표적인 사례다. 이 회사의 제품은 스마트폰 혹은 태블릿과 연동해 사용할 수 있는 휴대용 초음파다. 보통 초음파는 전용 모니터와 함께 나오는데 이 제품은 스마트폰이나 태블릿의 디스플레이를 이용하기 때문에 모니터가 따로 없다. 따라서 경쟁 제품보다 가격이 저렴하다는 장점이 있다. 또한 3G와 LTE 통신망을 사용하기 때문에 간단하게 원격진료에 이용할 수 있다.[14]

전 세계 3대 의료기기 제조업체에 속하는 제너럴 일렉트릭이 2009년에 출시한 브이스캔Vscan과 비교해보면 이 제품의 장점이 두드러진다. 브이스캔은 휴대용 초음파의 1세대 제품인데 (일반 초음파가 아닌) 심장 초음파에 특화되어 있고 이동통신이나 와이파이를 지원하지 않아 원격진료에 이용하기 힘들다.

힐세리온은 많은 장점을 갖춘 제품으로 소프트뱅크벤처스 등 유

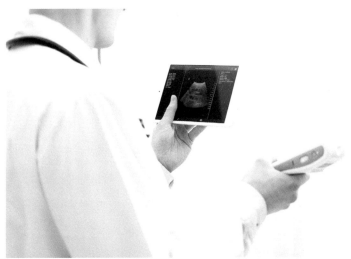

〈그림 1 - 15〉 힐세리온의 휴대용 초음파(출처: 힐세리온http://www.healcerion.com/)

명한 벤처캐피털로부터 지금까지 60억 원에 이르는 투자를 유치하기도 했다.[15]

　이 제품은 미국의 의료 시장을 겨냥해서 개발되었으며 한국에서는 식약처 승인을 받고 병원에 판매하고 있다. 하지만 미국에서는 FDA 승인을 받아야 되는 등 의료 시장에 출시하는 데 많은 시간과 비용이 소요될 수 있다. 그래서 우선 이런 규제가 덜한 동물 시장을 겨냥하고 있다. 동물 시장도 규모가 크고 의료 시장처럼 보험 적용 등 시장 구조가 복잡하지 않기 때문에 성과를 거두기 용이할 것으로 보인다. 동물 시장에서 업력을 쌓고 자금을 축적한 다음 의료기기 시장에서 본격적인 성장을 도모하는 것도 가능할 것이다.

– 니치마켓을 대상으로 확실한 효용을 제공하는 경우

이외에도 특정 집단을 대상으로 뚜렷한 효용을 주기 위한 제품들이 개발되고 있다. 스위모베이트Swimovate라는 회사에서 만든 풀메이트poolmate 제품은 수영을 좋아하는 사람을 위한 시계를 표방하고 있는데 수영할 때의 스트로크 및 턴 횟수를 측정해주는 기능이 있다. 레바논에 있는 인스타비트Instabeat라는 회사가 개발 중인 웨어러블은 수영 고글에 부착하는 형태로 실시간으로 고글 렌즈를

〈그림 1 - 16〉 스위모베이트의 풀메이트(출처: 스위모베이트http://www.swimovate.com/)

〈그림 1 - 17〉 인스타비트의 웨어러블(출처: 인스타비트http://www.instabeat.me)

통해서 심박수를 알려주고 호흡 및 플립 턴 패턴 양상과 턴 횟수를 측정할 수 있다. 두 제품은 운동 가운데 수영에만 초점을 맞추어 수영을 좋아하는 사람에게 분명한 효용을 제공한다.

이렇게 니치마켓을 대상으로 하는 제품 가운데 압권인 것은 케이골KGoal이라는 제품이다. 모양만 봐서는 감이 안 잡히는데 골반 기저 근육pelvic floor muscle을 단련시키는 케겔운동을 모니터링하는 장비다. 제조사의 구호는 '당신의 질을 위한 핏비트Fitbit for your vagina'로서 스마트폰의 전용앱과 연동해 케겔운동을 제대로 하는지를 확인하고 피드백을 받을 수 있다. 처음에는 소셜 펀딩 사이트인 킥스타터에 올려서 제품을 만들기 위한 모금을 했다. 이렇게 시작한 것 중에 실제 제품 생산으로 이어지는 것은 많지 않은데 이제품은 현재 출시되었고 149달러에 판매되고 있다.

그런데 사실상 많은 헬스케어 웨어러블 제품들이 비슷비슷한 기

〈그림 1 - 18〉케이골(출처: 미나라이프http://www.minnalife.com)

능을 가지고 있어서 경쟁은 더욱 치열해질 것이다. 단순히 활동량
을 측정하는 것만으로는 소비자가 원하는 효용을 제공하기 쉽지
않을 것이다. 이런 환경에서 특정 연령대, 특정 취미, 특정한 운동
을 선호하는 사람을 대상으로 하는 제품들은 나름대로 확실한 포
지션을 차지할 수 있을 것이라 생각된다. 또한 힐세리온의 사례에
서 볼 수 있는 것처럼 사람을 대상으로 하는 의료기기를 출시하는
것이 여의치 않은 경우 동물 시장 등 관련 기술을 거의 그대로 이
용할 수 있는 새로운 시장을 모색하는 것도 좋은 옵션이 될 수 있
을 것이다. 디지털 헬스케어 사례는 아니지만 위 내시경, 대장 내
시경 전 세계 시장 점유율 1위인 올림푸스가 산업용 내시경 시장
에서도 좋은 성과를 거두고 있는 것 역시 참고할 필요가 있다.

Strategy

어떤 형태의 제품을 내놓을 것인가

어떤 분야로 진출해 어떤 질환 혹은 상태와 어떤 고객을 대상으로 할 것인지를 결정한 후에는 어떤 형태의 제품을 통해 해당 고객을 유치할 것인지를 고민해야 한다. 언뜻 생각하면 질병과 고객만 결정하면 제품의 형태가 자연스럽게 결정될 것 같지만 그렇지가 않다. 고객의 욕구는 다양하며 특히 디지털 헬스케어는 아직 구체적으로 시장이 형성되지 않은 경우가 많아서 소비자들이 건강하고 싶다는 막연한 니즈needs는 가지고 있지만 구체적으로 무엇을 원한다는 원츠wants는 가지고 있지 않기 때문이다. 소비자의 욕구를 구체적으로 어떻게 충족시킬 것인지에 대한 고민이 필요하다.

여기서는 진료 서비스 제공 업체와 혈당 측정계 회사들이 다양한 형태의 서비스 및 제품을 내놓고 있는 상황과 소비자의 반응에 따라 제공하는 제품을 진화시켜나간 베이비스크립트BabyScripts 회사의 사례를 살펴보겠다.

– 다양한 진료 서비스: 원격진료부터 왕진까지

우선 진료 서비스를 제공하는 업체들에 대해 살펴보자. 디지털 헬스케어 영역에서 진료 서비스를 제공하는 가장 대표적인 경우는 원격진료다. 우리나라에서는 불법이지만 미국의 여러 주에서는 많은 회사들이 원격진료 서비스를 제공하고 있다. 원격진료라고 하면 의사가 화상으로 진료 서비스를 제공하는 모습만을 생각하기 쉬운데 회사마다 다양한 형태로 원격진료를 제공하고 있다. 이들이 제공하는 다양한 형태의 원격진료를 진료를 담당하는 주체, 서비스 제공 방식, 가격, 대상 질환을 놓고 살펴보자.

원격진료라고 하면 당연히 의사들만이 진료할 것 같지만 미국에서는 꼭 그렇지는 않다. 미국에서는 별도의 자격을 부여받은 간호사들이 임상간호사Nurse Practitioner 혹은 진료보조원Physician Assitant으로 불리면서 간단한 질병에 대해 진료하고 처방할 수 있다. 월마트 같은 대형마트에 입점해 있는 1차 진료기관으로 감기 등 간단한 질환을 다루는 '리테일 클리닉Retail Clinic'에서는 주로 이들이 진료한다. 대부분의 원격진료 서비스에서 의사가 진료하고 있지만 버추웰Virtuwell의 경우 의사 없이 임상간호사만이 진료하고 있으며 미엠디MeMD는 이름과는 달리 의사 외에 임상간호사와 진료보조원도 진료한다. 엠디라이브MDlive의 경우 정신건강전문가mental health professionals라고 하는 전문 상담사들의 상담 서비스를 제공하기도 한다.

그리고 플러시케어PlushCare의 경우 흥미롭게도 명문 병원에서

〈그림 1 - 19〉 플러시케어(출처: 플러시케어 페이스북)

수련받은 의사들만이 진료 서비스를 제공한다. 설립 초기에는 실리콘벨리에서 가까운 UCSFUniversity of California at San Francisco와 스탠퍼드대학에서 수련받은 의사들만이 진료를 제공했다. 현재는 점차 확대해 미국 내 25개 명문 병원에서 수련받은 의사들이 진료한다고 한다.

또한 스태트 닥터스Stat Doctors의 경우 응급의학과 의사들만이 서비스를 제공한다고 하는데 원격진료가 감기 등 간단한 질환을 대상으로 한다는 점을 감안하면 큰 의미는 없을 것 같다. 스프루스Spruce는 피부과 전문의들이 피부과 질환에 대한 진료를 제공한다. 피부 병변을 사진으로 찍어 전송하고 그에 대한 질문을 올리면 피부과 전문의가 24시간 내 진단을 내리고 처방전을 보내준다. 피부과 질환은 환자의 병력 청취나 신체 검진 못지않게 병변의 모양도 중요하기 때문에 가능한 서비스로 생각된다.

링어닥Ringadoc과 미비지트Mevisit라는 회사는 개원의들이 평소에 진료하던 환자에게 진료 시간 외의 시간에 원격진료 서비스를 제공할 수 있는 솔루션을 제공한다. 일반 환자를 대상으로 직접 진료 서비스를 제공하는 다른 회사들과 차이를 보인다.

이번에는 진료 서비스를 제공하는 방식에 대해서 살펴보자.

많은 회사들이 전화 혹은 영상 상담을 통해 진료를 제공한다. 예외적인 경우가 집노시스Zipnosis와 버추웰인데 온라인상에서 회사가 제공하는 알고리즘에 따라 환자가 증상, 알레르기, 약물 복용력 등에 대한 정보를 입력하면 의사(집노시스) 혹은 임상간호사(버추웰)가 그 정보를 바탕으로 진단하여 결과를 회신해주고 필요한 경우 처방전을 발행한다. 즉 의료진과 환자의 직접 대면 없이 진료

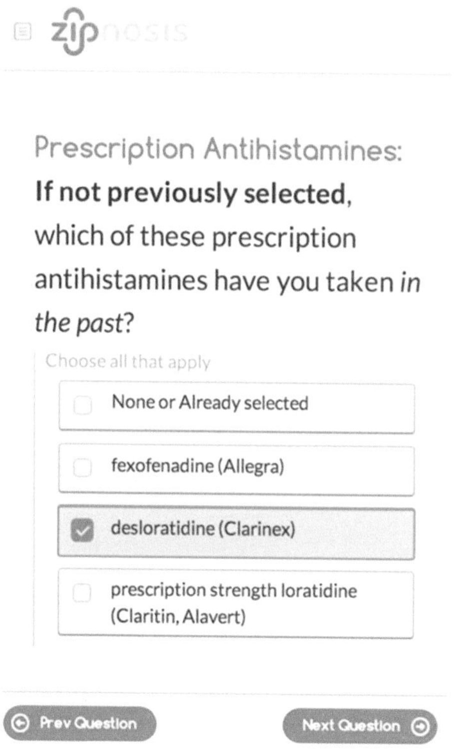

〈그림 1 - 20〉 집노시스의 진료 알고리즘 화면(출처: 집노시스 홈페이지)

서비스를 제공한다.

〈그림 1-20〉는 집노시스 홈페이지에서 따온 것으로 환자가 화면에 제시되는 알레르기 가운데 선택하는 과정을 보여준다. 환자가 의사와 이야기를 나누지 않고 이렇게 알고리즘만으로 진료하고 처방을 할 수 있다는 것은 선뜻 이해하기 어려운데 이로써 미국에서 얼마나 다양한 형태의 서비스가 가능한지를 짐작할 수 있다.

가격대는 1회 진료당 25달러(집노시스)에서 50달러 정도(아메리칸웰American Well, 미엠디)이다. 의사를 직접 보지 못하는 집노시스를 제외하면 대개 40~50달러 정도다.

대상 질환은 공통적으로 감기, 요로 감염 등 비교적 간단한 질환이다. 당뇨, 고혈압 등 만성기 질환을 언급한 곳은 한 군데도 없었다. 우리나라에서 정부 주도로 원격진료 시범 사업을 하면서 만성기 질환에 초점을 두는 것과 뚜렷한 대조를 보인다는 점에서 흥미롭다.

지금까지 살펴본 것처럼 미국의 원격진료 회사들은 서로 다른 고객군을 대상으로 다양한 형태의 진료 서비스를 제공하고 있다. 그런데 원격진료 이외의 진료 서비스를 제공하는 회사들도 있다. 구시대의 유물처럼 들리는 왕진 서비스가 바로 그것이다.

페이저Pager라는 회사는 의사가 집 혹은 사무실로 직접 방문하는 왕진 서비스를 중개하는 플랫폼이다. 운전 중개 서비스인 우버Uber의 초기 기술 담당자가 공동 설립자이기도 해서 '의사를 위한 우버Uber for Doctors'라고 불리기도 한다. 의사를 고용하는 것은 아니고 왕진을 하고자 하는 의사와 환자를 연결해준다.

스마트폰 앱을 통해 혹은 회사에 전화를 걸어 인근 지역의 의사

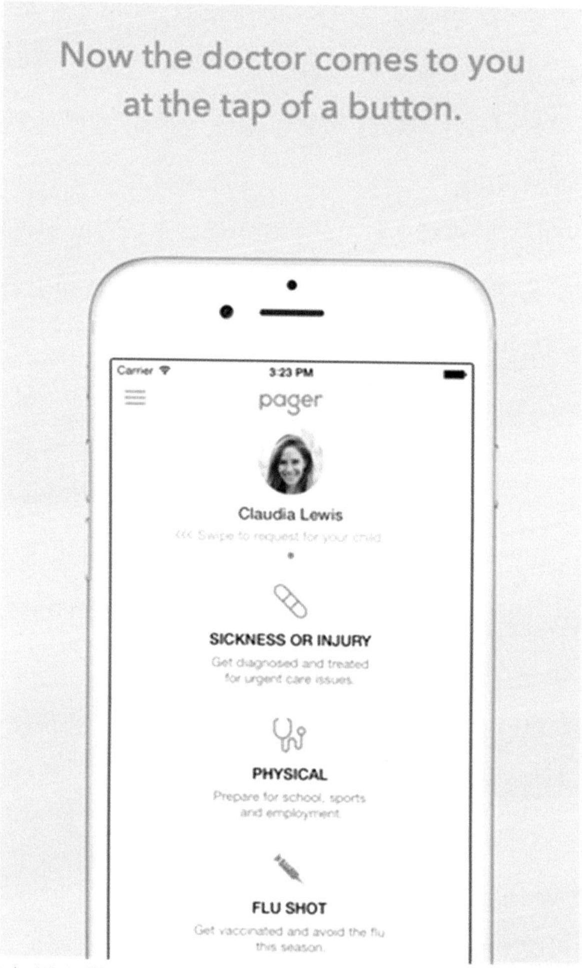

〈그림 1 - 21〉 페이저 앱(출처: 페이저 앱 화면)

를 선택하고 왕진을 신청하면 의사가 2시간 이내에 방문해 진료 서비스를 제공한다. 대상 질환은 원격진료와 비슷한데 감기와 같은 가벼운 감염병, 알레르기나 피부발진과 같은 급성 질환, 물리거나 찔리는 등의 손상으로 되어 있다. 회사에 따르면 의료보험 적용을 받을 수 있다고 한다.

회사 관계자를 만나서 물어본 바로는 의사가 항생제 등 간단한 주사약을 챙겨가서 필요 시 사용한다고 한다. 그리고 이동식 엑스레이 서비스 회사와 제휴해 필요한 경우, 환자의 집에서 엑스레이를 찍을 수도 있다.

왕진 서비스는 원격진료 서비스와는 달리 물리적인 한계가 존재하기 때문에 현재는 뉴욕의 맨해튼과 브룩클린에서 아침 8시부터 저녁 10시까지 서비스를 제공하고 있다. 첫 번째 방문(초진) 비용은 49달러이고 두 번째 이후부터는 의사에 따라서 199달러 이상의 비용이 발생한다. 40~50달러 정도 하는 원격진료는 물론 기본 진료비가 70~125달러 정도 하는 응급치료클리닉보다도 비싸다. 따라서 진료를 받기 위해서 따로 시간을 내기 어렵지만 돈이 많고, 주로 대도시에 거주하는 전문직이나 금융인들을 대상으로 한 서비스라고 할 수 있겠다.

이렇게 미국에서 진료 서비스를 제공하는 회사 중에는 다양한 형태의 원격진료는 물론 왕진 서비스까지 제공하는 회사들이 있다. 이들 중 소비자의 욕구를 잘 충족시킨 회사들은 빠르게 성장할 것이다. 그리고 그 중에는 큰 시장을 차지하지는 못해도 독자적인 가치를 바탕으로 나름의 시장 영역을 구축하는 회사들도 나올 것이다.

– 다양한 디지털 혈당 측정계

혈당 측정계 시장에서도 여러 회사가 다양한 형태의 제품을 내놓고 있다. 혈당 수치를 확인하고 일정 범위 내에서 유지되도록 하는 것은 당뇨병 관리의 기본이다. 이를 위해 혈당 측정계가 나와

〈그림 1 - 22〉사노피의 아이비지스타(출처: 아마존닷컴 제품 판매 화면)

〈그림 1 - 23〉라이프스캔의 원터치 베리오씽크(출처: 아마존닷컴 제품 판매 화면)

있는데 손가락을 바늘로 찔러 피를 한 방울 떨어뜨리면 기기가 혈
당을 재준다. 당뇨와 관련된 디지털 헬스케어 기기로는 스마트폰
에 연결해서 사용할 수 있는 혈당 측정계가 나와 있다. 가장 유명

한 것은 사노피가 개발한 아이비지스타iBG Star이다. 아이폰에 연결해서 사용하는데 아이폰의 이어폰 단자에 연결해서 피를 한 방울 떨어뜨리면 혈당을 측정해준다.

사용할 때마다 스마트폰에 직접 연결하는 것이 번거롭다고 보고 블루투스를 이용해서 무선으로 연결해서 사용하는 제품도 나와 있다. 존슨앤존슨의 자회사인 라이프스캔에서 개발한 원터치 베리오씽크OneTouch VerioSync라는 제품인데 블루투스로 아이폰 및 아이패드와 연결된다.

앞의 두 제품은 모두 스마트폰을 이용해서 혈당을 관리할 수 있다는 장점이 있다. 하지만 기존 당뇨병 환자들은 이미 가지고 있는 혈당 측정계를 두고 새로운 것을 구매해야 한다는 부담이 있다. 특히 혈당 측정계는 보험 적용을 받아서 싼 가격에 구매하는 경우가 많은데 이미 보험 적용을 받아 구매한 경우 스마트폰과 연동된다는 이유만으로 보험회사가 새로운 제품에 대해서도 보험 적용을 해줄 가능성은 높지 않다. 글루코Glooko사는 여기에 기회가 있다고 보고 기존의 혈당 측정계를 스마트폰에 연동되도록 하는 일종의 어댑터를 만들었다.

〈그림 1 - 24〉에 158이라고 쓰여 있는 장비가 일반적인 혈당 측정계이고 여기에 케이블로 연결된 네모난 장비가 글루코다. 글루코는 일반 혈당 측정계의 측정 결과를 블루투스를 통해 무선으로 스마트폰에 전송해준다. 처음에는 스마트폰과 직접 연결해야 하는 제품을 내놓았는데 지금은 무선으로 연결하는 형태의 발전된 제품을 내놓고 있다. 글루코 회사는 조슬린Josline 당뇨센터 및 삼성전자와 파트너십을 맺었고 삼성전자의 S 헬스 추후 버전에 탑재되도록

〈그림 1 - 24〉 글루코 제품과 앱(출처: 글루코 홈페이지의 미디어)

준비하고 있다는 보도가 나오기도 했다.

그런데 위에서 소개한 장비들은 혈당 측정에서 환자가 가장 부담스러워하는 부분인 손가락을 바늘로 찔러서 피를 내야 한다는 점은 여전히 그대로다. 그래서 이를 해결하기 위한 시도들이 이루어지고 있다.

2014년 9월 대형 제약, 의료기기 회사인 애보트는 제1형 당뇨병 환자에 대한 지속적인 혈당 관리 제품인 프리스타일 리브르 시스템Freestyle Libre System에 대해 유럽 규제기관 승인을 받았다고 발표했다. 이 시스템은 500원짜리 동전 크기의 방수 패치 아래 숨겨진 머리카락 굵기의 센서와 혈당치를 읽어주는 리더기를 이용한다. 2주간 사용할 수 있는 패치를 팔에 붙여 사용하는데 터치스크린 리더기를 패치 위에 위치시키면 실시간 혈당치와 함께 혈당치의 변동 양상을 알려준다.16)

이 시스템을 테스트해본 사람들에 따르면 센서를 팔에 부착할 때 약간의 통증을 느낄 수 있다고 한다. 하지만 기존에 지속적으로 혈당을 측정해주는 장비에 비하면 가벼운 통증이라고 한다. 또 2주에 걸쳐서 기존의 혈당 측정계와 혈당 수치를 비교해보았을 때 12퍼센트 정도밖에 차이가 나지 않을 정도로 상당히 정확하다는 평이 있다.

2014년 10월 프랑스, 독일, 이탈리아, 네덜란드, 스페인, 스웨덴 및 영국에서 출시되었으며 현재 FDA 승인을 기다리고 있다고 한다. 영국에서 리더기와 4주간 사용할 수 있는 패치 2개를 묶어서 133.29파운드(19만 2,000원 정도)에 판매하고 있다.[17]

이외에도 통증이 전혀 없는 혈당 측정계를 내놓기 위해 노력하는 회사들이 있다. 글루코트랙GlucoTrack의 경우 귓불에 센서를 끼우면 통증 없이 혈당을 측정해준다. 그 결과는 전용 측정 장비를 통해서 확인할 수 있다. 회사 측 설명에 따르면 초음파, 전자기, 열과 관련된 기술을 이용해서 통증 없이 혈당을 측정해준다고 한다. 유럽 규제 기관의 승인을 받았는데 처음에는 1개월 단위로 센서를 교체하는 조건이었지만 이후 6개월 단위로 센서를 교체하는 것으로 승인을 받았다.[18]

현재 소비자 가격은 2,000달러로 비싼 편이다. 2015년 3월에 우리나라의 대표적인 의료기기 전시회인 국제 의료기기 및 병원 설비 전시회KiMES에서 제품을 공개했다. 현재 식약처 승인 과정을 진행하고 있으며 2015년 상반기 중에 국내에서 출시할 예정으로 가격은 250만 원 정도를 예상한다고 한다.

글루코와이즈Glucowise는 귓불 혹은 엄지와 검지 사이에 센서를

〈그림 1 - 25〉 글루코와이즈의 무채혈 혈당 측정기(출처: 글루코와이즈 홈페이지)

끼우면 혈당을 측정해주는 장비를 개발 중이다. 글루코트랙의 경우 센서와 전용 측정 장비를 함께 사용해야 하는 반면 글루코와이즈는 센서 형태로 스마트폰과 블루투스로 연결해서 사용할 수 있다는 점이 눈에 띈다. 2016년 말 출시를 목표로 개발 중인데 별도의 측정 장비가 필요 없어서 글루코트랙보다 더 저렴하게 내놓을 수 있을 것으로 보인다.

이렇게 디지털 혈당 측정계 시장에서도 여러 제품이 다양한 소비자를 만족시키기 위해 노력하고 있다. 앞서 살펴본 진료 서비스 회사들과 마찬가지로 소비자들의 다양한 욕구를 서로 다른 제품을 이용해서 만족시키고자 한다.

다음으로 베이비스크립트라는 회사의 사례를 살펴보겠다. 베이비스크립트는 임신 중인 여성의 건강을 관리하는 제품을 내놓았는데 처음에는 앱을 이용해서 서비스를 제공했다. 일반적인 임신부가 임신 기간 중 평균 12~14회 외래를 방문하는데 이 서비스를 이용하는 사람들은 3~4회 덜 방문해도 된다고 한다. 그런데 임신부를 진료하는 병원은 임신부 1명을 출산 때까지 관리하는 것에 대해 보험회사로부터 총 4,000달러 정도를 받도록 되어 있다. 따라서 병원을 덜 방문하고도 임신부를 안전하게 관리할 방법이 있다면 기꺼이 돈을 낼 만한 유인이 있다. 임신부가 아닌 병원이 이 서비스에 대한 돈을 지불하며 한 명당 300달러를 지불한다.

임신부는 본인과 태아의 건강에 관심이 많다. 따라서 베이비스크립트 회사는 이용자들이 당연히 열심히 이용할 것으로 생각했는데 예상보다 많은 사람들이 중도에 사용을 중단했다고 한다. 이 회사가 고민 끝에 생각해낸 방법은 임신부가 처음 서비스를 신청할 때 건강관리에 이용할 와이파이 체중계와 혈압계를 제공하는 것이었다. 이를 마미킷Mommy kit이라고 적힌 예쁜 상자에 포장해서 보냈더니 서비스를 지속적으로 이용하는 비율이 크게 올랐다고 한다. 와이파이 체중계와 혈압계는 임신부의 건강에 특화된 기능을 제공하는 것이 아니고 쉽게 구매할 수 있는 일반적인 제품임에도 이를 추가로 받는다는 것만으로 소비자들이 앱 서비스를 더 열심히 이용하게 된 것이다. 적어도 베이비스크립트의 경우에는 손에 쥘 수 있는 제품이 함께 있을 때 앱 서비스를 더 잘 이용하게 되었다고 볼 수 있겠다.

베이비스크립트 사례를 보면 소비자에게 어떤 형태로 제품을 제공할 것인지가 생각보다 중요하다는 점을 알 수 있다. 아마 이 회사가 체중계와 혈압계를 제공하지 않고 앱 서비스를 개선하는 노력만 기울였다면 소비자로부터 외면받아 이미 망했을지도 모른다. 그런데 중요한 것은 이 회사가 체중계와 혈압계를 제공하기로 한

〈그림 1 - 26〉 베이비스크립트 마미킷과 앱(출처: 베이비스크립트 홈페이지의 미디어 키트 사진)

것이 뚜렷한 근거에 바탕을 두고 결정한 것이 아니라는 점이다. 소
비자 이용률을 높이기 위해 다양한 노력을 하는 가운데 하나의 기
획이 우연히 맞아떨어졌을 가능성이 높아 보인다. 이는 소비자의
욕구는 생각보다 변화무쌍하며 이를 이해하고 충족시키기 위해서
는 지속적으로 노력해야 한다는 점을 잘 보여준다.

Strategy

어떻게 차별화할 것인가

시장에 출시되는 모든 제품은 다른 제품과 경쟁을 하게 된다. 디지털 헬스케어 역시 마찬가지다. 경쟁제품과 차별화에 성공하지 못하면 소비자의 주목을 끌 기회도 없이 사장될 수밖에 없다. 디지털 헬스케어 제품들은 최신 기술을 이용하는 경우가 많아 기술에 바탕을 두고 경쟁할 것 같다. 하지만 스마트폰 출시 초기에는 회사 간에 기술적인 격차가 컸지만 불과 몇 년 만에 애플이나 삼성전자 같은 선도 회사와 중국의 후발 회사 간의 차이가 거의 없어진 것처럼 디지털 헬스케어 영역에서 흔히 사용하는 센서 기술들은 상당 부분 범용화되었으며 남들이 전혀 따라가지 못할 정도의 최신 기술을 이용하는 경우는 많지 않다. 여기에서는 디지털 헬스케어 업체들이 기술적인 우위를 비롯한 다양한 방법을 이용해 경쟁사들과 차별화하고 경쟁 우위를 다지는 경우에 대해 살펴보겠다.

- 기존에 없던 새로운 기술로 차별화한 프로테우스

먼저 새로운 기술을 사용해 기존에 없던 시장을 새롭게 개척하려는 제품에 대해 살펴보자. 환자가 약물을 제대로 복용했는지를 점검할 수 있게 해주는 스마트알약 헬리우스Helius를 내놓은 프로테우스Proteus가 가장 대표적인 사례다. 이 회사는 구리와 마그네슘으로 만들어진 모래알 크기의 센서를 만들어 경구 약물과 결합시킨 스마트 알약을 만들었다. 환자가 스마트 알약을 복용하면 위액에 의해 소화가 되면서 이 사실을 블루투스를 통해 휴대폰 앱으로 전송한다.

질병을 발견하고 약물을 처방하는 것도 중요하지만 처방된 약물을 환자가 잘 복용하는 것도 중요하다. 실제로 고혈압, 당뇨 등 만성질환자의 40~50퍼센트가 제대로 약물을 복용하지 않는다는 설문조사 결과도 있다. 환자들이 약물을 복용하지 않으면 질병을 제대로 치료하지 못해 의료비가 늘어나게 될 것이며 제약회사 입장에서는 그만큼 약물을 판매하지 못해 추가로 매출을 창출할 기회를 놓치게 된다. 여러 회사들이 여기에서 시장 기회를 보고 이를 극복하기 위한 제품을 내놓고 있다. 기존 제품들은 대개 스마트 약병이나 약물 정리함의 형태로 환자가 약물을 꺼내는 상황을 감지하는 기술을 이용하는 경우가 많다. 경구 약물을 복용해 소화하는 것을 감지하는 기술은 프로테우스가 최초로 내놓은 것으로 다른 회사의 제품들과는 접근 방식 자체가 다르다.

세계적인 제약회사인 노바티스가 초기 단계부터 투자했고 2010년에 헬리우스에 대한 전 세계 라이선스를 취득했다. 이 제품은 2012년에 FDA 승인을 받았으며 현재는 몇몇 의료기관에서

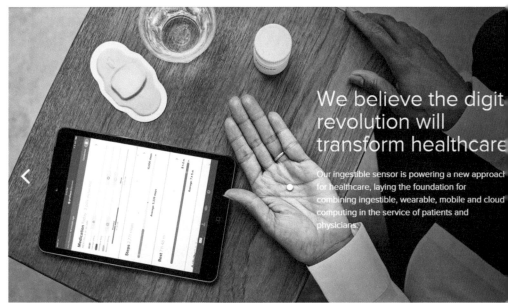

<그림 1 - 27> 프로테우스 홈페이지(출처: 프로테우스 홈페이지)

베타 테스트 중인 것으로 알려져 있다.

  프로테우스는 기존에 존재하지 않던 새로운 기술을 통해서 진입
장벽을 구축했다. 그런데 이렇듯 기존에 없던 기술을 개발해서 진
입장벽을 구축하려고 할 때에는 많은 시간과 비용이 소요되고 개
발에 실패할 위험이 있기 때문에 아무나 뛰어들기 어렵다고 할 수
있다.

- 심전도 기기 제조업에서 심장질환 진단업으로 진화한 얼라이브코

  다음으로는 기기 제조로 시작했지만 새로운 부가가치를 더해 차
별화한 경우를 살펴보겠다. 휴대용 심전도 측정기를 만드는 얼라

이브코가 대표적인 사례다.

심전도는 심장의 전기적인 움직임을 측정해 심장과 관련된 질병 진단에 이용하는 검사 방법이다. 병원에서 사용하는 심전도 장비는 팔다리에 한 개씩, 그리고 가슴에 6개, 총 10개의 부착물을 몸에 붙여 12개의 이미지를 얻는다. 얼라이브코는 병원에서 사용하는 기계의 크기를 줄여서 휴대용 심전도 측정기를 만들었다. 얼라이브코 기기는 병원에서 사용하는 심전도가 측정하는 12개의 이미지보다 적게 하나의 이미지만을 찍을 수 있다. 스마트폰 케이스의 형태이며 스마트폰에 끼운 후에 양손의 손가락을 갖다 대면 심전도를 측정해준다. 의사들이 심장질환을 진단할 때는 12개 이미지를 사용하기 때문에 이 제품은 기존의 심전도를 대체할 수 없고 심장 리듬의 이상을 의미하는 부정맥 진단에만 이용될 수 있다. 예를 들어 심장 통증이 있을 때 심근경색 같은 질환을 진단하는 것은 힘들다.

얼라이브코 회사는 부정맥 가운데 비교적 흔한 심방세동에 초점을 맞추고 있다. 심방세동은 심장의 리듬이 어떤 규칙도 없이 불규칙하게 뛰는 경우를 말한다. 심방세동이 있는 경우, 심장이 불규칙하게 뛰면서 심장 안에서 피가 헛돌아서 혈전이 만들어질 수 있으며 이로 인해 뇌졸중이 발생할 수 있다. 따라서 심방세동이 있는 경우 리듬을 되돌리기 위한 조치를 취하고 필요한 경우 복잡한 시술이나 수술을 하기도 한다.

얼라이브코의 중요한 용도는 심방세동 치료를 받은 환자에게서 심방세동이 재발하는 것을 진단하는 것이다. 유럽순환기학회 가이드라인은 심방세동을 진단할 때 환자가 손가락으로 맥박을 짚어보

<그림 1 - 28> 3세대 얼라이브코(출처: 얼라이브코http://www.alivecor.com)

고 이상이 느껴질 때 병원을 방문해 심전도를 측정하는 것을 추천
하지만, 환자들이 제대로 느끼기는 쉽지 않다. 그리고 심방세동이
재발한 후 지속되는 경우에는 병원을 방문했을 때 실시한 검사를
통해 진단받을 수도 있지만 가끔 발생하고 평소에는 정상으로 나
오는 경우 병원에서 진단하지 못할 수 있다. 그런데 이렇게 간헐적
으로 발생하는 경우에도 뇌졸중의 위험이 크기 때문에 환자가 심
장 박동 이상을 느낄 때 얼라이브코를 이용해서 심방세동 여부를
확인하는 것은 건강관리에 큰 도움이 된다.

　물론 환자가 심전도를 찍는 것만으로 심방세동을 진단할 수 있는
것은 아니다. 얼라이브코는 진단을 제공하기 위한 방법을 강구해왔
다. 과거에는 심전도를 찍으면 휴대폰의 전용 앱이 가능성이 높은
진단명을 제시했다. 그리고 여기에 일정 비용을 내면 얼라이브코
회사와 계약을 맺은 순환기 내과 전문의가 24시간 내 심전도를 판
독해주는 서비스를 제공했다. 그런데 2014년 8월에 심방세동의 진
단 알고리즘에 대해 FDA 승인을 받음으로써 굳이 의사의 판독을

받을 필요가 없게 되었다. 이후 판독 서비스는 중단했다. 2015년 1월에는 정상 심전도 판독과 노이즈가 심해 판독이 힘든 상태를 확인하는 알고리즘에 대해서도 FDA 승인을 받기도 했다.

얼라이브코는 여러 가지 면에서 뛰어난 전략을 보여주고 있다. 우선 심장질환 전체를 대상으로 하지 않고 심방세동이라고 하는 특정 질환에 집중했고 그에 걸맞은 제품과 서비스를 하나하나 내놓고 있다. 또 휴대용 심전도 기기를 생산하는 업체로 시작했으나 이에 머물지 않고 심방세동 진단 알고리즘을 개발해 기기를 만드는 회사에서 심방세동에 대한 진단을 제공하는 회사로 업의 개념을 바꾸어 나갔다는 점도 주목할 만하다. 만약 심전도 측정기를 생산하는 회사에 머물렀다면 저가 생산에 능숙한 중국 업체들이 쉽게 따라올 가능성이 높다. 얼라이브코는 소프트웨어 기술을 더해 업의 개념을 진화시킴으로써 경쟁자가 쉽게 따라오지 못할 입지를 구축했다.

– 플랫폼을 구축해 소비자 효용을 높이는 핏비트

피트니스 밴드의 대표적인 제품인 핏비트는 활동량 측정 기기와 그 정보를 활용할 수 있는 앱을 함께 제공한다. 그런데 이는 다른 회사들도 어렵지 않게 따라갈 수 있다. 따라서 그 이상의 소비자 효용을 제공하기 위해 자체 장비와 앱을 넘어 외부 업체들과도 정보를 공유해 플랫폼을 구축했다. 안드로이드, iOS 및 윈도우 운영체계를 위한 앱을 모두 출시한 것은 물론 마이피트니스팰이나 런키퍼와 같은 피트니스 앱 및 약국 체인인 월그린의 건강 행동 보상 프로그램인 밸런스 리워드Balance Rewards 등 30가지 이상의 앱과도 연동할 수 있다.[19] 사용자의 편의를 높이는 것은 물론 후발주자들이 쉽게 넘볼 수 없는 진입 장벽을 구축하려는 것으로 볼 수 있다.

핏비트에 이어 피트니스 밴드 시장점유율 2위를 차지하는 조본역시 플랫폼을 구축하고 있다. 2013년 4월 UP 플랫폼이라고 하는플랫폼을 발표했고 핏비트 플랫폼에도 참여한 마이피트니스팰 및런키퍼와 같은 피트니스 앱을 포함시켰다. 또한 핏비트와는 달리조본의 제품군 가운데 전자저울이 없다는 점을 의식해 위딩스 회사가 만든 전자저울도 연동되도록 했다.[20]

이렇게 독자적으로 플랫폼을 구축하려고 하는 두 회사의 노력은2014년 애플이 헬스킷이라는 헬스케어 플랫폼을 발표하면서 심각한 도전을 받게 되었다. 헬스킷 발표 이후부터 핏비트와 조본 두회사는 상반된 전략을 보이고 있다.

핏비트의 경우 애플이 헬스킷 플랫폼을 발표하는 자리에서 대표적인 파트너의 하나로 소개되었다. 따라서 당연히 헬스킷과 연동될 것이라는 전망이 우세했다. 그런데 이후 핏비트는 헬스킷에 연동할 계획이 없음을 발표했다.[21] 아마도 활동량 측정계를 만드는회사라기보다는 사용자들의 건강 행동과 관련된 플랫폼을 운영하는 회사로 자리매김하려는 입장에서 플랫폼 구축의 주도권을 빼앗길 수 없다는 이유가 커 보인다. 또 활동량 측정계의 대표적인 브랜드이기 때문에 애플에 끌려갈 필요가 없다고도 판단한 것 같다.이에 대해 애플은 애플스토어에서 핏비트 제품을 더 이상 판매하지 않겠다고 발표했다.[22] 핏비트가 헬스킷에 참여하지 않는 것에대한 보복이라고 볼 수 있겠다. 최종적으로는 온라인 애플스토어에서만 핏비트 제품을 빼는 것으로 끝났다.

이에 비해 조본은 헬스킷 플랫폼에 참여할 뜻을 밝혔고[23] 동시에 UP 플랫폼을 완전히 개방해 애플워치는 물론 각종 스마트폰, 안드로이드 기반의 웨어러블, 페블 스마트워치 등 다양한 하드웨어들과도 연동되도록 하겠다고 발표했다.[24] 핏비트와 달리 완전히 공유하는 전략을 내세운 셈이다. 핏비트의 경우 피트니스 밴드 시장의 절반 이상을 차지하고 있다는 지위를 이용해 독자적인 플랫폼을 구축할 수 있다고 판단한 것으로 보인다. 반면 핏비트에 크게 뒤진 2위를 차지하고 있는 조본의 경우, 외부 업체들과의 협력을 통해 시장에서의 지위를 높이려는 것으로 보인다. 이렇게 피트니스 밴드 업체들을 중심으로 독자적인 플랫폼을 구축해서 차별화하기 위해 노력하고 있다.

하지만 애플을 비롯한 대기업들이 플랫폼을 내놓기 시작한 상황에서 어떤 하나의 회사가 의미 있는 규모의 플랫폼을 만드는 것은 쉽지 않아 보인다. 현실적으로 다수의 회사들은 애플, 구글, 삼성 가운데 한두 회사와 손을 잡는 쪽을 택하게 될 가능성이 높다. 플랫폼 구축을 통해서 차별화하려는 회사는 더 이상 나오기 어려울 것이다.

- 기존 의료 시스템에 편입된 블루스타

앞서 당뇨병 관리 서비스인 블루스타에 대해 살펴보았다. 우리가 블루스타에 주목해야 하는 것은 제품 자체가 아니라 오랜 기간에 걸쳐 차근차근 기존의 의료 시스템에 편입되어 왔다는 사실이다. 주요 기능인 당뇨병 관리 알고리즘을 만드는 것은 크게 힘든 일이 아니다. 블루스타의 가치를 높여주는 것은 임상시험을 통해서 효용을 객관적으로 인정받고 FDA 승인을 받았으며 보험 등재까지 받아냈다는 사실이다. 특히 보험 등재 부분은 높게 평가하고 싶다. 기존에 없던 유형의 서비스이기 때문에 절대 쉽지 않았을 것이다. 이렇게 기존 의료 시스템에 편입되었기 때문에 의사나 당뇨병 환자들이 혈당 측정계를 사용하듯이 편하게 이 서비스를 이용할 수 있다.

블루스타를 만든 웰닥 홈페이지에서 보면 장기적으로 이 회사는 당뇨병 이외에 심장질환, 천식, 정신질환 등 다른 만성질환 관리 서비스로 확장할 계획이라고 한다. 블루스타를 만드는 과정에서 FDA 승인, 임상시험을 통한 성과의 검증, 보험 등재 등 노하우를 축적했기 때문에 앞으로의 확장은 더 빠를 것으로 기대된다.

지금까지 디지털 헬스케어 업계의 여러 회사들이 다양한 방법으로 차별화한 모습을 살펴보았다. 모든 제품에 일률적으로 적용할 수 있는 차별화 방안은 없을 것이다. 다만 다른 산업에 있던 업체가 디지털 헬스케어에 진입하는 경우, 신기술 개발과 같이 기존 산업에서 흔히 통용되는 방안을 그대로 적용하려고 할 수 있는데 기기뿐만 아니라 진단을 제공하는 얼라이브코나 기존의 의료 시스템에 편입된 블루스타와 같이 헬스케어 업계의 특성에 맞는 차별화 방안을 함께 고민해야 할 것이다.

Strategy

비즈니스 모델은 무엇으로 할 것인가

모든 사업이 그렇듯이 디지털 헬스케어 역시 누구로 하여금 돈을 지불하도록 할 것인지, 즉 비즈니스 모델을 결정하는 것이 중요하다. 헬스케어는 소비자가 직접 구매하기도 하지만 보험 적용을 통한 제3자 지불 방식이나 의료기관의 직접 구매 등 다양한 구매 방식이 존재한다. 비즈니스에서는 돈을 내는 사람이 제품 선택권을 가지기 때문에 비즈니스 모델을 결정하는 것은 단순히 누가 돈을 내느냐에 그치지 않고 대상 시장이나 제품에 대한 신뢰 등 비지니스에서 중요한 요인들에 영향을 미치게 된다.

여기에서는 현재 의료 시스템에서의 구매 주체를 바탕으로 디지털 헬스케어의 비즈니스 모델을 다룬다. 디지털 헬스케어가 기존의 의료 시스템을 뒤엎어버릴 것이라고 예상하는 분들은 기존 시스템에 바탕을 둔 분석이 의미가 없으리라고 생각할 수도 있다. 하지만 의료는 기존 시스템을 그대로 따라가려는 성향인 '경로 의존성'을 가지고 있다. 따라서 의료 시스템 자체가 바뀌는 데에는 오랜 시간이 걸릴 것이다. 디지털 헬스케어 업체들은 상당 기간 기존 시스템에 기반을 둔 사업 계획을 세워야 할 것이다.

디지털 헬스케어에 돈을 낼 수 있는 주체는 소비자, 보험회사, 고용주(사용자가 근무하는 회사) 그리고 의료기관이 있을 수 있다. 각각 하나씩 살펴보고 이외의 경우를 별도로 살펴보겠다.

- 소비자가 직접 구매하는 경우

현재까지 많은 디지털 헬스케어 제품들은 소비자들에게 직접 판매하는 방식을 택하고 있다. B2CBusiness to Consumer 방식이라고 할 수 있다. 아이팟이나 태블릿 PC를 판매할 때처럼 제조사 홈페이지를 통해 직접 판매하거나 아마존닷컴 같은 쇼핑 사이트 혹은 매장 같은 유통 채널을 통해 판매하게 된다.

손쉬운 방법처럼 보이지만 디지털 헬스케어 업체 대부분을 차지하는 작은 규모의 벤처 회사 입장에서 일반 소비자를 대상으로 마케팅하고 판매하는 것은 쉬운 일이 아니다. 또 소비자들은 고용주나 보험회사와 같은 기업에 비해 지불 의향이 적기 때문에 큰돈을 쓰려고 하지 않아 판매할 수 있는 제품의 종류에도 제한이 생길 수 있다.

의료 장비는 환자가 품질 혹은 효용을 정확하게 알기 어려운 신용재이다. 신용재는 소비자들이 품질을 평가하기 어렵고 소비자의 마음속에 신뢰를 쌓는 데도 오랜 시간이 걸린다. 그래서 똑같이 식품의약품 안전처의 승인을 받은 제품이라고 하더라도 소비자가 직접 구매하는 제품은 병원에서 의사의 처방을 받아 사용하는 것에 비해서 신뢰가 떨어지고 의료기기라기보다는 신기한 아이디어 상품이라고 받아들일 수 있다.

휴대용 심전도인 얼라이브코는 기본적으로 소비자에게 직접 판매하면서 한 가지 방식을 더했다. 얼라이브코로 측정한 심전도 검사 결과를 의사가 판독하는 경우에 대해 보험 적용을 받은 것이다. 의료기기에 보험적용을 받는 경우, 병원에서 사용하는 기기는 병원에서 구매하고 환자에게 사용할 때마다 보험회사로부터 일정 금액을 지불받는다. 혈당 측정계처럼 개인이 사용하는 기기는 구매와 사용에 들어가는 비용 일부 혹은 전부에 대해 보험회사가 지원해주는 것이 일반적이다. 얼라이브코는 이와는 다른 새로운 지불 방식을 만들어낸 셈이다.

아마 심방세동 수술을 받은 환자 등 특정 환자군이 얼라이브코를 구매할 때 기기 가격에 대해 보험적용을 받기 위해 노력했지만 여의치 않아 그렇게 한 것 같다. 그런데 심전도 판독에 대해서라도 보험 적용을 받게 되면 의사로서는 환자에게 구매와 사용을 권할 인센티브가 생긴다. 또한 환자 입장에서 얼라이브코로 측정한 결과를 의사가 판독하는 모습을 보게 되면 이 제품이 믿고 쓸 만하다는 신뢰를 하게 된다. 소비자에게 직접 판매하는 B2C 모델에 보험회사가 의사의 판독에 대해 보험을 적용해주는 B2B_{Business to Business} 모델을 부분적으로 더함으로써 브랜드 가치 향상과 판촉 확대라는 두 가지 효과를 얻은 셈이다.

제품에 따라서는 다른 업계의 B2C 기업들이 사용하는 방법을 채택할 수도 있다. 대표적인 방법이 온라인 게임 업체들이 사용하는 프리미엄_{Freemium} 방식이다. 기본 기능은 무료이고 고급 기능은 유료이다. 체중 감량 앱 서비스인 눔이 프리미엄 모델을 적용하고 있다. 기본 앱은 누구나 무료로 쓸 수 있다. 반면 한 달에 9,900원을 지불하면 체중 감량 미션을 무제한 제공받고 특별 레시피를 받아볼 수 있으며 비슷한 다른 사용자들로 구성된 그룹에 참여할 수 있다. 프리미엄 방식은 부담 없이 사용해볼 수 있다는 점 때문에 많은 사용자를 유치할 수 있다. 이들을 통해 앱스토어 순위를 높이는 한편 입소문이 나게 해 홍보 효과를 누릴 수 있다. 그리고 이후 사용자가 유료 결제를 하도록 유도해 수익을 내게 된다.

– 보험 적용을 받는 경우

환자를 대상으로 하는 경우 건강보험의 적용을 받아 의사의 처방에 따라 사용하는 방식을 택하게 된다. 보험에서 지불하는 방식이다. 병원이 장비를 구매해서 환자를 대상으로 사용하고 사용할 때마다 보험회사가 돈을 내는 경우가 많고 혈당측정기처럼 보험 적용을 받아 소비자가 구매해서 사용하는 경우도 있다.

업체들은 디지털 헬스케어 제품들이 저렴하고 사용이 간편해서 건강보험 적용을 쉽게 받을 수 있으리라 기대한다. 그런데 뜻밖에 보험적용이 쉽지 않은 경우가 많다.

한 가지 이유는 보험 회사의 경로 의존성 때문이다. 디지털 헬스케어 제품들은 기존에 사용하던 제품들을 변형하거나 심지어 존재하지 않던 것을 만들어내는 경우도 있다. 그러다 보니 기존의 보험에서 적용해주는 카테고리를 벗어나는 경우가 많다. 이렇게 되면 보험회사들이 별도로 보험 청구 코드를 부여해야 한다. 그런데 보험회사들은 보수적이며 새로운 것을 반영하기보다는 기존 시스템의 틀 안에서 운영하기를 원하기 때문에 새로운 카테고리 도입이 쉽지 않다.

디지털 헬스케어 업체는 의사, 보험회사, 규제기관의 틈새에서 소비자가 자신의 건강을 주도하는 시대를 열고자 한다. 하지만 의료는 다른 어떤 분야보다도 현재의 상태를 유지하고자 하는 경로 의존성이 높다는 점을 간과해서는 안 된다. 게다가 의료는 소비자가 직접 지불하는 돈보다 보험이 지불하는 돈이 훨씬 큰 분야이기 때문에 단순히 개인이 원한다고 해서 쉽게 변하지 않는다.

병원이 아닌 집에서 사용하는 장비들은 보험 적용을 받기가 더욱 어려울 수 있다. 뇌에 전기 자극을 줘 치매를 치료하는 기기를 개발하고 있는 와이브레인의 경우를 생각해 보자. 이 회사는 머리띠 형태의 제품을 통해 뇌에 전기 자극을 줄 수 있는 와이밴드라고 하는 제품을 개발하고 있다. 미국에서 초기 임상시험을 통해 가능성을 인정받았고 현재 국내 대형병원에서 임상시험을 진행하고 있다. 기술력을 인정받아 벤처캐피털로부터 42억 원의 자금을 유치하기도 했다.[25] 보통 이런 장비를 만드는 업체들은 좋은 제품을 만들어 임상시험을 통해 효과를 인정받고 식품의약품 안전처의 승인을 받으면 보험 적용을 받게 되고 환자들도 제품의 우수성을 알게 되어 쉽게 판매할 수 있을 것으로 생각한다. 하지만 기존에 이런 제품이 없었기 때문에 보험회사가 선뜻 보험적용을 해주지 않을 가능성이 높다. 게다가 집에서 환자가 제대로 이용할 수 있을지 확인할 수 없다는 점도 보험적용을 꺼리게 한다.

이렇게 보험적용을 받지 못하고 휴대용 심전도 얼라이브코처럼 의사들이 환자에게 사용을 권장할 만한 구조가 없는 상황에서 소

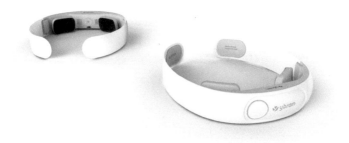

<그림 1 - 29> 와이브레인의 치매 치료 웨어러블(출처: 와이브레인http://ybrain.com)

비자에게 직접 판매하는 경우, 앞에서 설명한 것처럼 소비자들은 이 제품이 임상시험을 통해 치료 성과를 입증했고 식품의약품 안전처의 승인을 받았다는 사실을 뚜렷하게 인지하기가 어렵다. 흔한 마사지 기구와 비슷한 정도의 기기로 생각하게 될 가능성이 높을 것이다.

이런 유형의 제품을 가지고 보험 적용을 목표로 한다면 똑같은 원리의 제품이라도 처음에는 CT처럼 거대하게 만들어서 의사의 관리하에 병원에서만 이용할 수 있게 만드는 것이 나을 수 있다. 먼저 병원에서 사용할 정도의 제품이라는 신뢰를 얻고 그다음에 단순한 형태로 만들어 소비자에게 직접 판매하면 수월하게 시장을 개척할 수 있을지도 모른다. 그렇게 하면 디지털 헬스케어가 줄 수 있는 가치가 줄어든다고 생각할 수도 있지만 신규 진입자가 기존 판을 뒤엎는 것은 그리 쉬운 일이 아니다.

디지털 헬스케어 제품이 보험 적용을 받기 어려운 또 다른 이유는 행위별 수가제라고 하는 보험 지불 제도 때문이다. 우리나라와

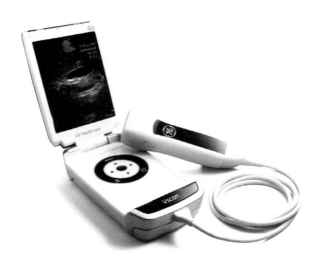

〈그림 1 - 30〉 제너럴 일렉트릭의 브이스캔 초음파(출처: 제너럴 일렉트릭 헬스케어)

미국의 의료보험 지불 제도는 행위별 수가제를 근간으로 한다. 병원에서 시술이나 검사 한 가지를 할 때마다 보험회사에서 그에 대한 대가를 지불한다. 이때 보험회사는 모든 경우에 대해 대가를 지불하지는 않는다. 대상 질환, 실시 방법 등 기준을 정하고 그 기준에 맞추어 시행한 경우에 한해서만 지불한다.

보험회사들은 병원에서 검사를 제대로 시행하지 않고 수가를 요구하는 허위 청구가 발생할 가능성을 줄이기 위해 노력한다. 예를 들어 병원이 보험회사로부터 MRI에 대한 대가를 받기 위해서는 미리 정해져 있는 기준을 만족시키는 환자에게 사용해야 하는 것은 물론이고 의사가 결과를 확인하고 그 결과에 대한 판독을 남겨야 한다. 이렇다 보니 역설적이게도 쉽고 간편하게 이용할 수 있는 장비가 보험회사로부터 외면받을 수도 있다. 그 장비로 제대로 검사했는지를 점검하기가 어렵기 때문이다.

앞서 언급한 제너럴 일렉트릭의 휴대용 초음파 브이스캔의 사례가 대표적이다. 기존 심장 초음파보다 화질이 좀 떨어지기는 하지만 의사 가운 주머니에 넣을 수 있을 정도로 휴대가 간편해서 심장질환이 의심되는 환자에게 손쉽게 이용할 수 있고 기존의 초음파보다 가격도 싸서 디지털 헬스케어 시대를 열어가는 제품으로 주목받았다. 그런데 역설적이게도 사용이 간편하다는 사실 때문에 보험회사로부터 외면받았다. 청진기를 사용할 때처럼 손쉽게 꺼내 사용할 수 있어서 미리 정해진 기준을 만족하는 환자에게 사용했는지, 검사를 제대로 시행했는지를 추적하기가 어렵기 때문이다. 브이스캔은 결국 미국에서 보험 적용을 받지 못했고 의료기관이나 국가기관에서 제한적으로 구매하는 데 그쳤다.

디지털 헬스케어 제품이 보험적용을 받는 것은 예상보다 힘들 수 있다. 보험회사들의 이해관계와 업무방식에 대한 이해 없이 막연한 기대에 바탕을 두고 시장에 진입하는 업체들은 어려움을 겪게 될 가능성이 높다.

- 회사가 구매하는 경우

미국의 경우, 회사가 의료보험에 들어주는 시스템이다. 그러다 보니 회사가 가장 중요한 보험자이다. 규모가 큰 회사는 자체 보험을 운영하기도 하는데 다수의 회사들은 보험회사에 위탁한다. 따라서 보험의 기본 운영 방침은 회사에서 결정하고 세세한 부분은 보험회사가 결정한다.

그런데 고용주와 보험회사 원하는 것에 차이가 있을 수 있다. 위에서 설명한 것처럼 보험회사들은 행위별 수가제도에 근간을 두기 때문에 질병이 생기면 치료하는 방식으로 움직인다. 따라서 많은 디지털 헬스케어 제품들이 지향하는, 평소에 건강을 유지해주고자 하는 사업 모델에 아직 익숙하지 않은 경우가 많다. 이에 반해 회사는 직원이 건강해야 생산성이 높아지기 때문에 보험 적용 여부와 무관하게 질병에 걸리지 않게 하고 건강을 증진시키는 데 관심이 있다.

그리하여 보험회사에 따라서 혹은 회사가 지불하는 보험료 액수에 따라서 보험회사가 디지털 헬스케어 제품에 보험을 적용해주기도 하고 그렇지 않기도 한다. 하지만 회사들은 전반적으로 디지털 헬스케어 제품에 호의적인 경우가 많다. 실제로 대표적인 활동량 측정계이며 시장 점유율 1위 제품인 핏비트의 경우 매출에서 회사 판매 부분이 가장 빠르게 성장하고 있다고 한다. 이때 판매하는 주체는 기기 업체이고 구매하는 주체는 회사이며 사용하는 주체는 일반 소비자로 B2B2CBusiness to Business to Consumer 방식이라고 할 수 있다.

앞서 설명한 것처럼 보수적인 보험회사의 태도가 바뀔 때까지 상당한 시간이 걸릴 것이기 때문에 앞으로 상당 기간 평소에 건강을 증진시켜 주는 소위 웰니스 제품에 대한 구매자로 회사의 역할이 중요할 것으로 생각된다.

이때 회사가 비용을 대기는 하지만 회사가 직접 기기를 고르기보다는 실제 사용할 최종 소비자가 기기를 선택하도록 할 가능성이 있다. 소비자가 웰니스 제품을 지속적으로 사용하지 않는 경우가 많은 상황에서 소비자가 원하는 제품을 구매해야 그나마 사용률을 높일 수 있을 것이기 때문이다. 미국의 아피리오Appirio라는 소프트웨어 회사는 직원 건강 향상 프로그램을 운영했는데 처음에는 조본업 제품을 사용하다가 배터리 수명이 짧고 갑자기 기기가 중단되는 이슈로 직원들의 불만이 높아서 핏비트로 대체한 바 있다.

– 의료 공급자가 구매하는 경우

병원에서 사용하는 모든 의료기기가 보험의 적용을 받는 것은 아니다. 보험과 무관하게 병원이 직접 구매하는 경우가 있다. 의료기기 업체가 병원에 직접 판매하는 형태인데 B2B라고 할 수 있다. 여기에 해당하는 경우는 보험 적용을 받지 않고 환자 진료에 사용하는 의료기기가 대표적이다. 또한 병원 업무 효율이나 환자 안전을 향상시키기 위해 병원에서 자체적으로 구입해서 사용하는 기기들도 여기에 해당된다. 전자의 대표적인 예는 로봇 수술에 사용하는 다빈치 로봇이고 후자의 대표적인 예는 전자의무기록Electronic Medical Record이다. 디지털 헬스케어에서 의료 공급자가 직접 구매하는 경우는 대개 전자보다는 후자에 해당한다.

병원도 최소한의 수익을 거두어야 조직을 유지할 수 있다. 비용만 드는 곳에 무작정 투자하기는 어렵다. 똑같이 보험적용을 받지 못해도 로봇 수술은 추가 수익을 낼 수 있기 때문에 앞 다투어 도입하지만 비용만 들 뿐 추가 수익을 낼 수 없는 것을 도입하는 일에는 망설일 수밖에 없다. 디지털 헬스케어의 예는 아니지만, 유리앰플을 깔 때 약물에 유리 조각이 섞이는 것을 막아주어 환자 안전에 도움이 되는 안전주사기가 있다. 생산 업체들은 일반 주사기보다 비싸지만 환자에게 도움이 되기 때문에 해당 시장이 빠르게 성장할 것으로 생각했다. 하지만 국가에서 비용을 부담해주거나 보험을 적용해주지 않았고 비용에 부담을 느낀 병원은 사용하지 않고 있다. 따라서 좋은 용도의 제품이라 해도 매출을 창출할 수 없는 제품이라면 의료 공급자에게 직접 판매하기는 쉽지 않을 것이다.

여기서 의료 공급자는 꼭 일반적인 병원을 의미하지는 않는다. 우리나라 보건소나 보건지소를 의미할 수도 있고 경우에 따라서는 약국을 의미할 수도 있다. 앞에서 살펴본 제너럴 일렉트릭의 브이스캔 초음파는 보험 적용을 받지 못했지만 미군 야전 진료소에 공급해서 전장에서 부상당한 환자에게 빠르게 사용할 수도 있을 것이다. 구글글래스의 경우, 마찬가지로 보험의 적용을 받기는 쉽지 않아 보인다. 하지만 우리나라의 119처럼 응급 진료를 제공하는 업체나 국가기관에서 구매할 수도 있을 것이다.

이와 관련해 최근 미국에서 책임의료조직 ACOAccountable Care Organization 시스템 도입이 본격화되는 것은 주목할 만하다. 이 시스템에 소속된 의료기관들은 환자가 건강을 유지해서 입원할 만한 일을 줄이고 퇴원한 후에도 건강하게 지낼 수 있도록 노력해서 의료비를 절감하면 그 이득을 나누어가질 수 있다. 따라서 책임의료조직에 소속된 의료기관들은 보험 적용을 받지 않는다고 해도 환자의 건강 향상에 도움이 된다면 브이스캔 초음파나 구글글래스를 직접 구매해서 사용하는 것도 고려할 수 있을 것이다.

- 기타 비즈니스 모델

지금까지 현재 의료 시스템에서의 구매 주체를 바탕으로 디지털 헬스케어의 비즈니스 모델을 살펴보았다. 다소 예외적인 경우라고 할 수 있지만 이와는 다른 비즈니스 모델을 가진 제품들에 대해 살펴보겠다. 처음 살펴볼 제품은 건강 단말기인 헬스 키오스크이다.

키오스크는 길거리나 지하철역에서 간단한 음료수, 신문 등을 파는 작은 매점을 의미하며 무인정보단말기를 뜻하기도 한다. 헬스 키오스크는 체중, 키, 혈압, 시력 등을 측정하고 그에 맞추어 건강에 대한 정보를 제공하는 설비를 말한다. 3~4년 전부터 미국 내에서 활발하게 설치되고 있다.

대표적인 회사들의 건강 단말기 형태와 운영 모델에 대해서 살펴보자. 솔로헬스 회사는 기본형 모델을 내놓았다. 〈그림 1-31〉과

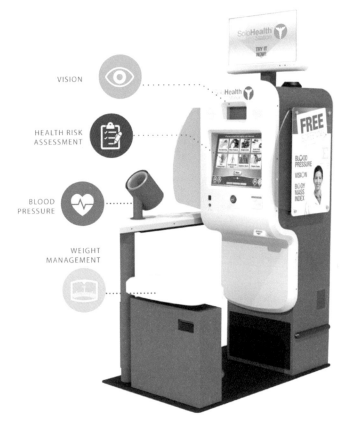

〈그림 1 - 31〉 솔로헬스의 키오스크(출처: 솔로헬스 홈페이지)

같은 모습으로 기계가 혈압, 체중, 시력을 측정해주며 화면에 나오는 정보를 이용해서 건강 위험도 평가를 할 수 있다. 또한 본인의 증상을 입력하면 약국에서 일반 의약품을 사먹는 게 좋을지 아니면 응급실로 가야 할지 등 어떻게 대처를 하는 게 좋을지를 알려주는 기능도 있다. 이용료는 무료인데 사용자들은 한 번에 평균 4.5분 정도를 이용한다고 한다. 이용이 끝나면 사용자의 건강에 대한 리포트를 받아볼 수 있고 그 정보는 솔로헬스의 플랫폼에 저장되어 그 결과를 추적할 수도 있다. 현재 미국 내에서 월마트, 샘스클럽, 세이프웨이 등 유통 매장을 중심으로 3,500여 개가 설치되어 있다. 하루 평균 13만 명이 이용하고 있고 누적 이용 횟수가 4,000만 회에 달한다.

비슷한 키오스크를 제공하는 회사로는 히지higi가 있다. 이 기기

〈그림 1 - 32〉 히지의 키오스크(출처: 히지 공식 블로그)

는 혈압, 맥박수, 체중, 비만도BMI: Body Mass Index를 측정해준다. 추후 원격진료에 대비한 것으로 보이는 카메라와 체성분 측정을 위한 것으로 보이는 장치, 신용카드 결제기 등도 설치되어 있는데 아직 작동은 하지 않는다고 한다. 솔로헬스처럼 히지 계정을 개설하면 측정 결과를 기록으로 남기고 인터넷으로 확인할 수 있다. 또한 건강 관련 정보를 제공받을 수 있다. 히지는 퍼블릭스, 홀푸드와 같은 유통 업체 및 CVS, 라이트에이드RiteAid와 같은 약국을 중심으로 장치를 설치해왔으며 2014년 초까지 이미 2,000개 정도를 설치했다. 이후 약국 체인인 라이트에이드와 협약을 맺고 2015년 초까지 라이트에이드에 4,100개를 설치할 예정이라고 밝혔다.

헬스스팟은 좀 더 진화된 형태의 키오스크를 제공한다. 〈그림 1-33〉 같은 형태인데 내부로 들어가면 다양한 설비가 설치되어 있다. 원격진료가 가능한 설비가 갖추어져 있고 원격진료에 사용하기 위한 청진기, 체온계, 검이경, 산소포화도 측정계, (피부 상태 확인을 위한) 확대경 등 다양한 장비가 있다. 다른 키오스크와 마찬가지로 혈압계와 체중계도 설치되어 있다. 원격진료가 끝나면 환자가 원하는 약국으로 전자 처방전을 발행할 수도 있다. 좀 더 원격진료에 특화된 설비라고 할 수 있다. 의사를 직접 고용하지는 않으며 원격진료를 희망하는 의사들과 연결해주기만 한다. 라이트에이드와 같은 약국, 대기업, 장기요양시설 등에 설치할 계획으로 아직은 파일럿 단계에 머물러 있다.

지금까지 소개한 헬스 키오스크에서 혈압을 재고 자신에게 맞는 건강 관련 정보를 얻는 것은 모두 무료다. 그렇다면 이들은 과연 어떤 비즈니스 모델을 가지고 있을까?

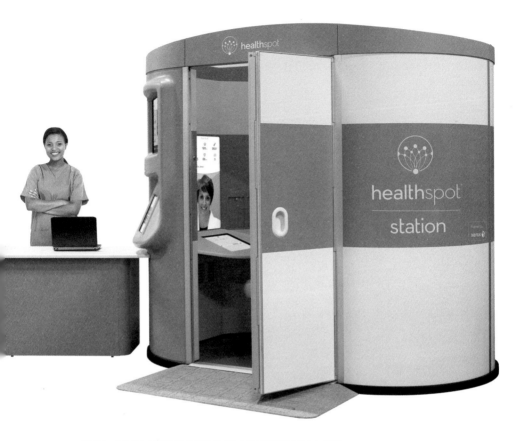

〈그림 1 - 33〉 헬스스팟의 키오스크(출처: 헬스스팟 홈페이지의 리소스 센터)

가장 중요한 것은 광고 수익이다. 건강 관련 상품이나 약품을 광고할 수도 있고 헬스 키오스크에서 측정한 결과 및 기타 이용자가 입력한 건강 관련 정보에 바탕을 둔 맞춤형 광고를 내보낼 수도 있다. 예를 들어 혈압 측정 결과 고혈압을 새롭게 진단받은 사람이 있다면 인근 지역에 있는 1차 진료 클리닉이나 리테일 클리닉을 방문하도록 권할 수도 있다. 또한 고혈압 환자에게 좋은 건강식품

광고를 보여줄 수도 있을 것이다.

헬스스팟처럼 원격진료와 연결하거나 원격진료 후 전자 처방전을 발행하는 과정에서 수익을 낼 수도 있을 것이다. 약국이나 유통업체들의 경우, 매장에서 헬스 키오스크를 이용해서 원격진료를 받고 나서 전자 처방전을 발급받은 후 그 처방 의약품을 판매하는 식으로 매출을 올리려고 한다. 특히 처방전을 가져오는 환자들은 대기하는 동안 다른 물건을 살 가능성이 높아 추가 매출을 올릴 수도 있다.

지금까지 논의한 지불 주체에 관한 내용을 정리하자면, 헬스케어에서는 혜택을 보는 주체(환자, 경우에 따라서는 의료기관)와 돈을 지불하는 주체(보험사)가 다를 수 있기 때문에 비즈니스 모델을 설계할 때 이 부분을 염두에 두지 않으면 낭패를 볼 수 있다는 점을 기억해야 한다.

특히 우리나라는 국민건강보험이라는 한 개의 보험자만 존재하기 때문에 비교적 시스템이 단순한 반면 미국은 다양한 보험자가 존재하고 제도가 복잡하다. 따라서 향후 세계 최대의 의료 시장인 미국으로의 진출을 고려한다면 제품 출시 전부터 보험을 비롯한 의료 시스템에 대한 이해를 바탕으로 적절한 비즈니스 모델을 갖추기 위해 노력해야 할 것이다.

또한 제품에 따라서는 헬스 키오스크와 같이 의료 시스템에서의 일반적인 지불자를 넘어선 새로운 지불자를 찾아내기 위한 노력을 기울이는 일이 필요할 수 있다.

Strategy

어디서 시작해서
어떤 방향으로 성장시킬 것인가

디지털 헬스케어 업체 대부분은 소규모 스타트업이다. 자원이 부족하기 때문에 바로 큰 시장에 들어가서 성과를 내기는 어렵다. 따라서 처음에는 장기적으로 목표로 하는 시장 전체를 대상으로 하기보다는 의미가 있는 틈새시장에서 성과를 거둔 후 단계적으로 시장을 확대하는 것이 좋다. SNS의 대명사인 페이스북이 설립자인 마크 주커버그가 재학 중이던 하버드대학교 재학생을 대상으로 시작해서 미국 내 명문대학교를 거쳐서 사용자를 확대해나간 것처럼 말이다.

디지털 헬스케어에서도 많은 회사들이 작지만 의미가 있는 분야에서 시작해서 영역을 확장해가고 있다. 이와 같이 사업을 확장해나가는 방식에 대해 살펴보자. 첫 번째 방식은 어떤 한 집단을 1차 대상으로 삼고 이후 시장을 확장시켜나가는 방식이다. 가장 일반적인 방식이라고 할 수 있다. 예를 들어 옷을 입기만 하면 심박 수, 걸음 수, 호흡 양상, 소모 칼로리 등을 측정해주는 스마트 의류를 만드는 회사들은 우선 스포츠 의류를 만드는 데 집중하고 있다. 스마트 의류가 일반 옷보다 비싸기 때문에 이런 제품에 대한 지불 의향이 높은, 스포츠 활동에 관심이 많은 사람을 1차 대상으로 삼는 것이다. 옷이 몸에 밀착되어야 센서가 제대로 작동한다는 점도 영향을 미쳤을 것이다.

OM시그널이라는 회사는 스마트 의류 분야의 선두주자라고 할 수 있다. 이 회사는 스포츠 활동 시에 입는 의류를 생산한다. 이 옷을 입고 운동을 하면 옷에 있는 센서가 사용자의 활동에 대한 정보를 측정하며 옷의 옆구리 부분에 부착하는 장비를 통해 그 정보를 스마트폰 앱으로 전송해준다. 이 옷은 이미 시판되고 있으며 옷의 가격은 110~130달러이고 장비 가격은 140달러 정도로 다소 비싼 편이다. 이 회사는 옷의 디자인에 신경을 덜 쓰고 몸에 밀착되는 모양으로 만들기가 용이한 남성용 의류를 우선 생산하고 있으며 추후 여성용 의류를 내놓을 예정이다. 스마트 의류 업계의 후발주자라고 할 수 있는 소프트스팟Softspot은 여기에서 사업 기회를 포착하고 여성용 스포츠 의류에 초점을 맞추고 있다. 이 회사들은 손쉽거나 남들이 아직 들어오지 않은 분야에 1차로 초점을 맞추고 있으며 추후 다른 분야로 영역을 확장시킬 계획을 세우고 있다.

이렇게 시장에 속한 한 집단을 1차 대상으로 삼고 이후 수평 방향으로 시장을 확대해나가는 전략을 가진 회사로 앞서 살펴본 웰

〈그림 1 - 34〉 OM시그널의 스마트 의류(출처: OM시그널http://www.omsignal.com)

닥이 있다. 웰닥은 궁극적으로 고혈압, 당뇨병, 천식 등 다양한 만성질환을 관리하는 회사를 지향하고 있다. 하지만 한꺼번에 여러 질환을 공략하지 않고 당뇨병을 1차 대상으로 해서 블루스타를 개발해냈다. 이를 통해 당뇨병 관리 서비스 분야의 독보적인 회사로 자리를 잡았으며 다른 질환으로 확장해나가는 데 밑거름이 될 수 있는 수익과 역량을 축적했다. 특히 임상시험을 통해 효용을 객관적으로 인정받고, FDA 승인을 받았으며 보험 등재까지 받아내는 과정에서 축적한 역량은 다른 만성질환에도 그대로 적용할 수 있기 때문에 다른 질환으로의 확장은 그리 어렵지 않을 것이다.

스마트 알약 헬리우스를 내놓은 프로테우스는 비싼 센서 가격 때문에 지불 의향이 높은 시장을 먼저 공략하는 전략을 택했다. 프로테우스는 IT 업체인 오라클과 협력해 임상시험을 할 때 임상시험 참여자들이 제대로 시험 약물을 복용했는지를 확인할 수 있는 서비스 플랫폼을 내놓았다. 신약 개발 과정에서 가장 큰 비용이 들어가는 것이 임상시험이다. 특히 3상 임상시험의 경우 수백 명의 환자가 수개월에 걸쳐서 약물을 복용하고 효과가 있는지를 검증해야 한다. 이때 환자들이 제대로 약물을 복용하는지를 점검하기가 쉽지 않고 실제로 약물 복용을 거를 가능성이 있다.

그렇게 되면 효과가 있는 약물임에도 참가자들이 제때 약물을 복용하지 않아 임상시험이 실패할 수도 있다. 따라서 신약을 개발하는 제약회사들은 임상시험에 참여하는 환자가 약물을 제대로 복용하는지를 알 수 있도록 해주는 서비스에 큰돈을 지불할 의향이 있다. 따라서 프로테우스는 임상시험에 사용하는 약물을 1차 대상으로 삼았으며 이 시장에서의 성과를 바탕으로 제품의 우수성을 인정받고 센서 가격을 떨어뜨려서 일반 환자들이 평소에 복용하는 약물 시장으로 나아갈 것으로 예상된다.

이들과는 달리 같은 집단을 대상으로 하면서 더 많은 기능을 더해 수직 방향으로 성장해나가는 경우도 있다. 앞서 살펴본 얼라이브코가 여기에 해당한다. 이 회사는 처음에는 휴대용 심전도 기기를 생산하는 업체로 시작했으나 이에 머물지 않고 심방세동 진단 알고리즘을 개발함으로써 기기 생산과 질병 진단을 모두 제공하는 방향으로 진화했다.

글루코 역시 마찬가지다. 글루코는 당뇨병 환자들이 기존에 사용하는 일반 혈당 측정계를 스마트폰에 연동되도록 하는 어댑터를 만드는 것으로 시작했다. 이 회사는 여기에 더해 환자들이 스마트폰을 이용해서 측정한 혈당 데이터를 의료기관이 관리할 수 있도록 해주는 당뇨병 관리 플랫폼을 만들었다. 글루코는 자사의 어댑터를 통해 수집되는 정보 이외에 메드트로닉, 덱스컴과도 협력해 이 회사들이 생산하는 지속형 혈당 측정계 및 인슐린 펌프 데이터와도 연동할 예정이다.26) 혈당 측정계 관련 기기 제조회사로 시작해서 당뇨병 종합 관리 회사로 발돋움하기 위해 노력하고 있는 것이다.

얼라이브코나 글루코와 같이 수직 방향으로 성장하는 회사들의 경우 기기 제조로 시작해서 질병 관련 서비스로 확장해나가는 경우가 많다. 임신부 건강관리 서비스를 제공하는 베이비스크립트 사례에서 앱 서비스만 내놓았을 때보다 체중계와 혈압계를 함께 제공했을 때 소비자 이용도가 높아졌던 것에서 알 수 있는 것처럼 소비자들은 무형의 서비스보다는 물리적인 제품을 더 신뢰하는 경향이 있다고 볼 수 있다. 따라서 수직 방향으로 성장하는 경우 의료기기를 만들어서 소비자의 신뢰를 받은 후에 무형의 서비스를 제공하는 방향으로 가는 것을 고려할 수 있다.

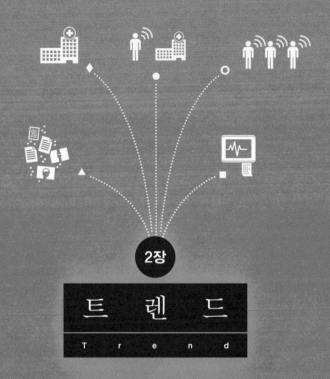

2장

트 렌 드
Trend

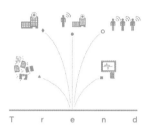

T r e n d

헬스케어 플랫폼을 구축하다

　수많은 디지털 헬스케어 기기와 서비스가 나왔지만, 개별 서비스들은 서로 시너지를 내지 못하고 있으며 따로 작동하고 있다. 그런데 특정 기기 혹은 서비스가 제공할 수 있는 기능에는 한계가 있을 수밖에 없다. 따라서 이렇게 기기 별로 따로 움직이는 경우, 디지털 헬스케어가 제공할 수 있는 이점을 충분히 살리지 못할 것이다. 이러한 한계를 극복하고 디지털 헬스케어 시장의 주도권을 잡기 위해서 현재 애플, 구글, 삼성과 같은 테크 업계의 강력한 회사들은 앞 다투어 건강 관련 플랫폼 구축에 나서고 있다.

　애플의 경우 스마트폰 및 태블릿과 관련해 아이튠스와 앱스토어라는 강력한 플랫폼을 구축한 바 있으며 구글 역시 구글 플레이라는 플랫폼을 만들었다. 이렇듯 수많은 콘텐츠와 소프트웨어 판매자 및 사용자들을 모으는 일종의 장터를 만들어냄으로써 판매자들은 더 많은 소비자에게 쉽게 노출될 수 있고, 소비자들은 더 편리하게 원하는 것을 이용할 기회를 잡았다. 물론 플랫폼을 만들어낸 회사들은 더 많은 제품을 판매하는 것은 물론 플랫폼 사용료를 거두어들여 큰 수익을 내고 있다.

이제 헬스케어에서 다음의 큰 시장이 열릴 것으로 생각한 업체들은 헬스케어 플랫폼 구축을 시작했다. 애플은 이미 헬스킷이라는 플랫폼을 만들었으며 구글은 구글핏, 삼성은 삼성 디지털 헬스 플랫폼이라는 플랫폼에 대한 계획을 발표했다. 회사마다 각기 다른 플랫폼 전략에 대해 살펴보자.

– 최초의 디지털 헬스케어 플랫폼 '애플 헬스킷'

애플은 2014년 6월 개발자 컨퍼런스인 WWDC 2014에서 헬스킷이라는 건강 서비스 플랫폼과 헬스라는 건강에 관한 정보를 정리해서 보여주는 대시보드 앱을 내놓았다. 헬스킷은 다양한 센서가 측정한 사용자의 건강정보를 모으고 이 정보를 분석해서 활용하는 서비스를 제공하는 플랫폼이다. 헬스킷의 프로토콜을 적용한 활동량 측정계, 체중계, 혈당 · 혈압 측정계 등 다양한 장비들이 측정한 정보를 모을 수 있다. 애플은 애플 제품을 사용하는 수많은 소비자들을 발판으로 헬스케어 관련 업체들이 들어와서 활동할 수 있는 판을 깔려고 하는 것이다.

애플은 발표 당시에 협력 파트너를 발표했는데 병원 전자의무기록EMR 1위 회사인 에픽 그리고 미국 유수의 병원인 메이요 클리닉이 포함되었다. 메이요 클리닉은『유에스 뉴스 앤 월드 리포트』지의 2014~2015년 병원 랭킹 1위를 차지한 세계 최고 수준의 병원이다.

애플은 디지털 헬스케어 장비 회사나 서비스 회사들보다 전통적 의료 시장의 강자인 에픽과 메이요 클리닉을 파트너로 선두에 배치함으로써 피트니스 차원이 아닌 본격적인 의료 시장에 진입하고자 하는 의도를 드러냈다. 전자의무기록 회사와 제휴함으로써 헬스킷에 모인 개인 건강정보를 병원 의료진에게 연결해줄 수 있으며 병원과 제휴함으로써 이 정보를 의료 현장에서 실제 활용해 환자들에게 도움을 주기 위한 바탕을 마련한 것이다.

디지털 헬스케어 업체들 입장에서는 다른 서비스와의 결합 방식에 대한 고민 없이 헬스킷과의 결합에만 신경을 쓰면 된다는 것이 가장 큰 장점이다. 앞에서 소개했던 당뇨병관리 서비스 웰닥의 경우 지금까지는 병원 의료진들이 환자의 당뇨 관련 정보를 손쉽게 모니터링할 수 있게 해주기 위해 개별 전자의무기록 회사들

〈그림 2 - 1〉 애플 헬스킷 발표 당시 공개된 메이요 클리닉 앱(출처: 메이요 클리닉 홈페이지)

과 일일이 협상해야 했다. 하지만 이제는 헬스킷에만 결합하면 여기에 참여하는 전자의무기록 회사들과 바로 연결될 수 있다. 또한 장비나 정보 분석 서비스 등 다른 회사 제품과 연결시키고자 할 때도 같은 문제가 발생할 수 있는데 이 역시 헬스킷을 통해 해결할 수 있다.

이런 장비 혹은 서비스 간 결합은 업체들뿐만 아니라 소비자들에게도 큰 이점을 줄 수 있다. 디지딜 헬스케어 상비 회사 중에도 어떤 회사는 장비를 잘 만들고 또 어떤 회사는 장비를 활용하는 앱을 잘 만들 수도 있다. 이들 회사들이 모두 헬스킷에 참여한다면 소비자는 한 회사의 장비와 다른 회사의 전용 앱을 연결해 사용할 수 있게 된다.

헬스킷 발표 이후 애플은 플랫폼 구축을 위한 노력을 착실히 진행하고 있다. 2014년 8월에는 유나이티드 헬스와 휴매나 보험회사와 협의를 진행 중이라는 이야기가 나왔다. 보험회사는 돈주머니를 쥐고 있어 의료에서 병원 못지않게 중요하다고 할 수 있다. 그래서 헬스킷 발표 당시부터 머지않아 보험회사가 참여하리라는 예측이 있었는데 당연한 절차라 생각한다. 아직 구체적인 내용은 나오지 않고 있지만 주도권을 둘러싸고 애플과 보험회사들 간에 상당한 기 싸움이 벌어지고 있을 것 같다.

애플 입장에서는 보험회사가 들어오지 않으면 헬스킷에 들어오는 디지털 헬스케어 장비나 서비스에 대한 보험 적용이 여의치 않을 수 있다. 따라서 어떻게든 보험회사를 끌어들이기 위해 노력할 것이다. 또한 보험회사 입장에서는 사용자들의 건강에 대한 정보를 얻을 기회를 놓치기 싫을 것이다. 보험회사들은 애플이 그동안 만들었던 아이튠스나 앱스토어 참여자들과는 달리 어떤 서비스 혹은 제품을 제공하는 단순한 업체가 아니라 의료 시장의 돈줄을 쥐고 있는 곳이기 때문에 애플에 순순히 끌려가지는 않을 것 같다. 또 헬스킷 플랫폼이 완전히 자리를 잡게 되면 애플이 어떻게 나올지 알 수 없다. 따라서 보험회사들은 최대한 유리한 조건을 얻기 위해 노력하고 있을 것으로 생각된다.

　더 많은 병원들과의 협력에 대한 뉴스도 나오고 있다. 2014년 9월 스탠퍼드대학교 병원은 헬스킷을 이용해서 소아 당뇨병 환자에 대한 혈당 수치 추적 계획이 있다고 언급했다. 듀크대학교는 암 혹은 심장질환 환자에게서 혈압, 체중 및 다른 측정치를 추적하기 위한 파일럿 프로그램을 개발 중이라고 발표했다.1) 2015년 2월에는 뉴스 통신사인 로이터가 접촉한 23개의 병원 가운데 14개가 이미 헬스킷을 이용한 파일럿 프로그램을 운영하고 있다고 발표했다. 특히 이들 중에는 『유에스 뉴스 앤 월드 리포트』의 병원 랭킹에 오른 17개 병원 중 8개 이상이 포함되어 있어 공식 파트너인 메이요 클리닉 이외에도 유수의 병원들이 참여하는 것으로 나타났다. 또한 구글이나 삼성은 이들 중 일부와 협의를 논의하는 수준이라고 해 의료 기관과의 협력 경쟁에서 애플이 앞서 가고 있음을 보여주었다.2)

　애플의 가장 큰 특징은 판을 까는 역할에만 머무르지 않고 플랫폼을 통해서 모이는 정보를 종합하고 애플식으로 정리해서 보여주려고 한다는 점이다. 이는 뒤에 살펴볼 구글핏과 차이를 보이는데 구글핏은 프로토콜을 적용해 만든 기기와 앱들이 서로 간에 자유롭게 결합할 수 있도록 해 플랫폼 조성자로서 판을 까는 역할에 충실하고자 하는 모습을 보인다.3) 이는 두 회사가 스마트폰 시장에서 보여준 모습과 유사하다. 애플은 강점이 있는 소비자 친화적인 디자인 능력을 바탕으로 헬스킷이 모은 건강정보를 애플식으로 정리해 보여주려는 것이라 할 수 있다. 소비자들이 건강과 관련된 정보에서 의미를 찾아내기 어려울 수 있다는 점을 생각하면 이렇게 정보를 큐레이션해서 제공하는 것도 좋은 접근이다.

- 피트니스에 초점을 맞춘 구글핏

2014년 6월 구글도 구글핏이라는 이름의 플랫폼을 발표했다. 그 이름이 시사하는 것처럼 본격적인 의료서비스 플랫폼이라기보다는 피트니스에 중점을 둔 것이다.

파트너 회사로는 체중 감량 앱인 눔과 야외 활동 앱인 런키퍼와 같은 건강관리 서비스와 아디다스, 나이키와 같은 스포츠용품 회사, 그리고 여러 IT 회사들이 포함되었다. 애플 헬스킷과는 달리 전자의무기록 회사와 병원이 빠져 있어 피트니스에 초점을 맞추었음을 보여주었다.

앞서 언급한 것처럼 구글은 구글핏 플랫폼을 통해 참여 회사들을 통합하려고 하기보다는 구글핏 SDKSoftware Development Kit를 적용해서 만든 앱과 기기들 간의 자유로운 결합을 추구하는 모델을 지향하고 있다. 애플 헬스킷에 비해 좀 더 순수한 플랫폼에 가깝다고 볼 수 있겠다. 앱이나 기기 회사들 입장에서는 좀 더 자유롭게 서로 간에 결합할 수 있기 때문에 장점이 될 수 있다. 하지만 사용자 입장에서는 의미를 알기 힘든 건강 정보의 홍수 속에서 헤매기 쉬워 오히려 상황을 복잡하게 만들 수도 있다. 물론 개방형 플랫폼이라는 특성상 정보를 사용자에게 의미 있는 형태로 정리해서 소

1,453 calories
burned

Your avg is 2,399 calories

🚶 80 cal 🏃 100 cal 🚴 147 cal 🔥 1,126 inactive cal

● 147 calories biking
San Francisco · 11:01 AM

● 80 calories walking
San Francisco · 9:12 AM

● 100 calories running
San Francisco · 6:12 AM

▪▮ Show graph details

〈그림 2 - 2〉 구글핏 앱(출처: 구글 플레이 홈페이지)

비자의 이해를 돕는 서비스를 내놓는 회사가 나올 수도 있을 것이다. 앞으로 이 부분을 직접 관장하려는 애플과 외부 업체들에 맡기려는 구글 중 어느 회사의 전략이 옳은 것으로 드러날지 주목된다.

구글은 플랫폼 발표 이전부터 헬스케어 사업에 관심을 보였다. 2008년에 구글 헬스라고 하는 개인의무기록 시스템을 시작했으나 큰 성과를 내지 못하고 2011년에 서비스를 종료한 바 있다. 구글이 애플과는 달리 본격적인 의료가 아닌 피트니스에 집중하는 모습을 보이는 것도 그 때문이 아닌가 하는 추측이 있다. 심지어 한 매체는 구글핏 발표 도중 구글 관계자들이 단 한 번도 '헬스'라는 단어를 사용하지 않았다는 점을 지적하기도 했다.[4]

구글 같은 큰 조직도 과거 사업 실패의 트라우마에서 벗어나기가 어렵기는 할 것이다. 하지만 구글이 피트니스에 집중하는 이유를 여기에서만 찾기는 어려울 것 같다. 아직 모바일로 본격적인 의료서비스를 제공할 만한 때가 되지 않았다고 판단한 것일 수도 있다. 이 부분에 대해서는 뒤에서 너 자세히 다루겠다.

- 아직 어떤 모습이 될지 불확실한 삼성

삼성은 2014년 12월에 삼성 개발자 컨퍼런스에서 '삼성 디지털 헬스 플랫폼'이라고 하는 이름의 헬스케어 플랫폼을 발표했다. 이전에도 비슷한 발표를 한 적이 있지만 구체적인 내용이 없었기 때문에 큰 의미를 부여하기 어려웠다. 이때는 더 상세한 내용을 공개했다. 삼성은 다양한 파트너를 발표했는데 의료기관으로 애플의 파트너인 메이요 클리닉 못지않은 권위를 자랑하는 클리블랜드 클리닉이 포함되었고 애트나, 시그나, 휴매나와 같은 보험회사 그리고 제약회사인 머크가 포함되었다. 파트너를 놓고 보면 애플 못지않게 본격적인 의료서비스를 제공하려는 모습으로 보인다. 하지만 애플과는 달리 전자의무기록 회사가 빠져 있다는 것이 주목할 만하다. 의료기관과의 협력을 통해 본격적인 의료서비스를 제공하기 위해서는 의료기관에서 근무하는 의료진들과의 접점이 되는 전자의무기록이 중요하다. 삼성이 이 사실을 모를 리는 없을 것이고 아직 애플의 파트너인 에픽에 버금갈 만한 메이저 전자의무기록EMR 회사와의 협의가 잘 이루어지지 않은 것 같다.

또 가장 발전된 당뇨 관리 서비스 회사라고 할 수 있는 웰닥이 파트너에 포함된 것도 관심거리다. 웰닥이 애플의 헬스킷 대신에 삼성을 파트너로 택한 셈인데 서비스에 자신이 있기 때문에 끌려다닐 가능성이 높은 애플보다 삼성을 택한 것이 아닌가 하는 생각이 든다.

삼성은 플랫폼을 발표하는 자리에서 삼성이 만드는 헬스케어 웨어러블 제품의 프로토콜이라고 할 수 있는 심밴드의 레퍼런스 디자인을 공개했다. 삼성의 기어 S와 유사하게 생긴 이 장비는 삼성과 협력하는 하드웨어 제조 업체들이 웨어러블 기기를 만들기 위한 프로토콜로 심밴드 자체가 특정 제품을 의미하지는 않는다고 언급했다.

심밴드의 뒤쪽과 스트랩에 센서들이 부착되어 있는데 심박센서, 가속도계, 체온센서, 혈압센서, 땀 배출량 측정 센서가 있고 산소·이산화탄소 농도를 잴 수 있는 센서까지 총 6개의 센서가 탑재되어 있다. 센서들은 모듈처럼 탑재되기 때문에 필요에 따라 더할 수도 있고 뺄 수도 있는 것으로 보인다.[5]

삼성은 헬스케어의 여러 분야에 걸친 다양한 파트너 회사들을 발표하면서 본격적으로 의료서비스 시장에 진출하려는 의지를 표명했다. 또한 심밴드 프로토타입 제품을 발표해 피트니스 밴드 수준을 넘어선 본격적인 의료기기에 가까운 웨어러블을 내놓겠다는 전략을 내놓았다.

이런 삼성의 전략은 방향은 맞는 것 같지만, 2013년 11월 사물인터넷 플랫폼을 발표하면서 헬스케어 플랫폼을 언급한 지 1년이 지난 후에 후속 발표를 하면서 여전히 구체적인 성과 없이 파트너

회사들을 발표하는 수준에 그친 것은 아무래도 진행 속도가 너무 느린 것 같다. 이는 강력한 플랫폼 구축 경험이 있으면서 이미 헬스킷이라는 훌륭한 플랫폼을 내놓고 파트너를 넓혀가고 있는 애플과 비교될 수밖에 없다.

또한 애플과 구글이라는 모바일 세계의 최강자가 플랫폼을 내놓은 상태에서 얼마나 많은 업체들이 삼성의 플랫폼에 참여할지도 과건이다. 실제 한 업체 관계자는 인터뷰에서 "스타트업이 대부분인 모바일 헬스 업체들이 삼성 플랫폼까지 맞춰 개발하기는 쉽지 않을 것으로 보이지 않는가?"라는 질문에 대해 "스타트업들은 하나를 개발했을 때 10 이상 효과가 나지 않으면 대응하기가 쉽지 않다. 그런 점에서 구글핏이 반가운 것"이라고 답변해6) 삼성 플랫폼에 참여하는 업체가 많지 않을 가능성을 시사하기도 했다.

이렇게 애플과 구글과 삼성 모두 병원, 전자의무기록, 보험회사 등 의료에서 중요한 업체들과 모바일 헬스 업체들을 차곡차곡 끌어들이면서 헬스케어 플랫폼을 만들기 위해 노력하고 있다. 그렇다면 과연 이들은 아이튠스, 앱스토어, 구글 플레이처럼 성공적인 플랫폼으로 발전할 수 있을까? 당분간은 쉽지 않으리라 생각한다. 아이튠스는 좋은 음악이 이미 세상에 많이 나와 있는 상태에서 손쉽게 살 수 있는 플랫폼을 만들었기 때문에 대히트를 쳤다. 하지만 디지털 헬스케어에서는 수많은 기기와 서비스들이 발표되지만 아직 기대에 부응하는 효용을 제공하는 서비스는 생각보다 적다. 의료적으로 의미 있는 것은 더욱 적다. 물론 헬스킷과 같은 플랫폼 구축이 의미 있는 모바일 의료서비스 개발을 촉발해 이런 상황이 달라지는 계기가 될 수도 있을지 모른다. 하지만 성공적인 헬스케어 플랫폼을 만드는 데 예상보다 오랜 시간이 걸릴 수 있다는 점을 염두에 두고 계획을 세우지 않으면 낭패를 보게 될지도 모른다.

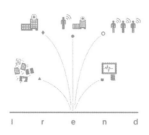

I r e n d

부족한 것은 다른 업체와의
협력을 통해 채우다

디지털 헬스케어 업계 회사들은 아직 규모가 작은 스타트업이 대부분이다. 그래서 잘하는 한 가지에 집중한다. 따라서 혼자서는 더 나은 제품이나 서비스를 제공하기에 부족한 부분이 있게 마련이다. 애플, 구글, 삼성이 헬스케어 플랫폼을 만드는 이유 중 하나도 이런 부족한 부분을 손쉽게 채울 방법을 제공하기 위해서라고 할 수 있다. 하지만 아직 플랫폼이 충분히 발전하지 못하고 있고 플랫폼으로 채우기 어려운 부분이 존재하기 때문에 디지털 헬스케어 업체들은 서로 간의 협력을 통해서 극복하려고 한다. 이제 다양한 업체들 간의 합종연횡에 대해 살펴보자.

- 웨어러블 + 소프트웨어

가장 흔한 협력 관계는 디바이스 업체와 소프트웨어 혹은 앱 서비스 회사 사이에 맺어지고 있다. 즉 하드웨어에 강점이 있는 회사와 이를 활용한 서비스에 강점이 있는 회사가 서로의 장점을 결합함으로써 시너지를 내는 것이다. 가장 대표적인 사례는 체중 감량 서비스인 눔과 활동량 측정계인 미스핏과의 협력이다.

눔은 누적 다운로드 수가 3,200만 건에 달하며 구글 플레이의 건강 분야 1위를 차지하고 있는 체중 관리 서비스다. 대표가 한국인인 것으로 유명하고 현재까지 2,460만 달러 이상의 투자를 받았다. 그리고 미스핏은 샤인이라는 활동량 측정계를 내놓고 있는데 가장 패션에 신경 쓴 제품으로 유명하다. 지난 1월 미스핏은 활동량 측정 데이터를 눔과 통합한다고 발표했다.

눔은 전용 활동량 측정계가 없으며 스마트폰의 센서와 자체 알고리즘을 이용해서 활동량을 측정한다. 그리고 이를 바탕으로 사용자에게 체중을 감량하기 위한 미션을 주고 다양한 기능을 이용해 미션을 달성하도록 돕는다. 눔은 측정계가 없어도 상당히 정확하게 활동량을 측정하는 것으로 유명해서 굳이 측정계와 결합할 필요성을 느끼지 못했던 것 같다. 그런데 애플과 구글이 헬스케어 플랫폼을 만드는 것을 보면서 생각이 달라진 것 같다. 눔은 구글을 파트너로 택했는데, 헬스케어 플랫폼이 만들어지면 회사 자체의 전략과 상관없이 사용자가 자유롭게 서로 다른 헬스케어 디바이스와 분석 서비스를 결합해 이용할 수 있게 된다. 따라서 플랫폼 시대에 다양한 디바이스와 연동되는 것에 대비하기 위한 필요성을 느끼고 하드웨어와의 결합을 테스트하고자 미스핏과의 협력을 택

〈그림 2 - 3〉눔과 미스핏의 데이터 연동 발표(출처: 눔 공식 트위터)

한 것이 아닌가 싶다.

미스핏은 디바이스와 전용 앱을 모두 가지고 있지만 아직 업계를 주도할 정도의 시장 점유율을 차지하지 못하고 있다. 이런 상황에서 플랫폼이 구축되면 득보다 실이 클 것으로 판단한 것 같다. 따라서 플랫폼이 만들어지기에 앞서 눔과 같은 선도 업체와 손을 잡음으로써 시장에서의 지위를 높이려는 전략을 세운 것으로 생각된다.

이렇게 미스핏은 자신의 하드웨어와 타 회사의 앱 서비스를 결합하는 파트너십을 맺었는데 또 다른 회사는 미스핏의 앱 서비스를 탐낸 것으로 보이다. 미스핏이 스마트워치인 페블을 위한 전용 앱을 개발하기로 협약을 맺은 것이다. 미스핏이 활동량 측정계 가운데 디자인으로 유명하다면 스마트워치에서는 페블이 독특한 디자인으로 유명하다. 배터리 수명이 5~7일로 길다는 것으로도 주목받고 있다. 페블은 스마트워치로 알려졌는데 활동량 측정계로는 그리 잘 알려져 있지 않다. 페블은 웨어러블로 자리매김하기 위해서는 측정한 활동량을 이용자가 손쉽게 활용할 수 있어야 한다고 판단한 것으로 보인다. 디자인에 강점이 있는 미스핏과의 협력을 통해 전용 앱을 개발함으로써 이를 해결하고자 했다.

앞의 사례들이 웨어러블 장비를 중심으로 서로의 부족함을 채우기 위한 협력 관계였다면 협력을 통해 새로운 서비스를 만들어내고자 하는 파트너십도 있다. 환자가 알약을 먹었는지를 확인할 수 있는 제품을 만드는 프로테우스와 IT 업계의 거대 기업인 오라클과의 파트너십이 여기에 해당한다.

프로테우스가 만든 스마트 알약 헬리우스는 사람이 먹었을 때 외부로 신호를 보내 약물을 먹었음을 확인할 수 있게 해준다. 따라서 환자가 약물을 제때 먹는지를 손쉽게 추적할 수 있다. IT 업체인 오라클은 프로테우스의 기술을 이용해 약물에 대한 임상시험을 할 때 임상시험 참여자들이 제대로 시험 약물을 복용했는지를 확인할 수 있는 서비스 플랫폼을 내놓았다.

임상시험은 신약 개발 시에 가장 큰 비용이 들어가는 부분이다. 또한 약물이 승인받는 데 가장 중요한 역할을 한다. 따라서 제약회사 입장에서는 임상시험 참여자들이 제대로 약물을 복용해 신뢰할 만한 결과를 얻는 것이 중요하다. 참여자들이 임상시험센터에 모여 임상시험을 시행하는 경우 약을 주고 먹는 과정을 감독해서 약물 복용 여부를 확인할 수 있지만 장기간에 걸친 임상시험의 경우 환자가 집에서 약물을 먹어야 하기 때문에 확인하는 것이 힘들다. 스마트 알약이 이 고민을 해결해줄 수 있다.

프로테우스 입장에서는 전 세계 모든 환자들이 먹는 알약을 자신이 만든 스마트 알약으로 바꾸고 싶겠지만 비용 때문에 당장은 그렇게 하기 쉽지 않을 것이다. 따라서 시장 규모는 작지만 효과만 확실하다면 비싼 기술도 기꺼이 이용하려고 하는 임상시험을 1차 대상 시장으로 삼았을 것이다. 그런데 프로테우스는 스마트 알약을 만들어내는 벤처이기 때문에 그 결과를 처리하는 기술은 미흡할 수 있다. 또한 전 세계 곳곳에서 시행하는 임상시험을 커버하기는 힘들 것이다. 따라서 이를 해결하기 위해 이미 프로테우스에 투자한 바 있는 오라클과의 협력을 택한 것으로 보인다.

- 디지털 헬스 + 제약회사

제약회사들도 디지털 헬스케어에 관심을 보이고 있다. 앞서 소개한 프로테우스는 노바티스의 투자를 받으면서 전 세계 라이선스를 양도한 상태다. 이외에도 다양한 파트너십이 체결되고 있다.

독일계 제약회사인 베링거인겔하임은 디지털 헬스케어 업계에 관심이 많은 대표적인 회사다. 건강에 대한 게임을 만드는 'Ayogo', 약물 복용 상태를 알려주는 스마트 약통을 만드는 애드히어테크와 파일럿 프로그램을 운영한 바 있다. 최근에는 흡입제 복용량과 빈도를 측정해 천식 관리 서비스를 제공하는 프로펠러 헬스Propeller Health와 파일럿 프로그램을 운영한다고 발표했다. 이 회사는 천식 환자들이 사용하는 흡입기에 부착하는 센서 제품을 내놓았다. 천식 환자는 증상이 악화될 때 흡입기를 더 많이 사용하게 되는데 이 센

〈그림 2 - 4〉 프로펠러 헬스의 스마트 흡입기(출처: 프로펠러 헬스의 페이스북 공식 페이지)

서는 그 양과 빈도를 측정한다. 측정 결과는 전용 앱에 연동되며 앱
은 결과를 분석하여 치료 방침을 제시한다.

　베링거인겔하임은 천식을 비롯한 호흡기계 약물이 큰 비중을 차
지하는 회사다. 그러다 보니 흡입기에 관한 기술을 가진 프로펠러
헬스를 파트너로 선정한 것으로 보인다. 이 프로그램을 통해 프로
펠러 헬스 팀은 베링거인겔하임의 흡입기에 사용하는 장비를 공급
하고 이를 환자들에게 테스트하는 과정을 거칠 예정이라고 한다.[7]

　또 일반적인 디지털 헬스케어 업체는 아니지만 다양한 디지털
헬스케어 장비들을 연결할 수 있는 플랫폼인 2net을 운영하고 있
는 퀄컴도 제약회사 로슈 및 노바티스와의 협력을 발표했다. 로슈
는 2net 플랫폼을 이용해 환자 곁에서 바로 사용할 수 있는 의료
장비들로부터 환자에 대한 정보를 수집하는 프로젝트를 진행하기
로 했다.[8] 노바티스는 2net 플랫폼과 모바일 장비들을 이용해서
임상시험 참가자들이 집에 머물고 있을 때 측정되는 의료 정보들
을 수집하는 프로젝트를 진행하기로 했다.[9]

　제약회사들은 약물을 잘 복용하거나 임상시험을 잘 운영하는 등
자신들의 본업에 디지털 헬스케어를 활용할 방법을 찾고 있다. 아
직은 몇몇 회사를 중심으로 파일럿 수준의 협력을 하는 데 그치고

있지만 점차 확대될 것이라 생각한다.

- 웨어러블 + 패션 브랜드

웨어러블은 다른 사람들 눈에 잘 띄는 곳에 차고 다니는 기기다. 웨어러블은 최신 기술을 상징하는 기기이다 보니 차고 다니는 사람은 좀 별나고 괴짜 같은 이미지가 드는 것이 사실이다. 디자인에 각별한 신경을 쓰는 미스핏 같은 회사도 있지만 아직 시장의 주류를 차지하는 장비들은 디자인보다는 기능에 치중하고 있는 것이 현실이다. 그런 상황에서 일부 업체들은 패션의 요소를 도입함으로써 더 많은 사람들이 부담 없이 웨어러블 기기를 사용할 수 있는

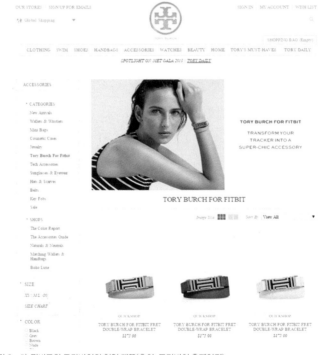

〈그림 2 - 5〉 핏비트와 토리버치의 협업 제품(출처: 토리버치 홈페이지)

환경을 만들고자 한다.

활동량 측정계 업계 1위인 핏비트는 이 부분에서 가장 앞서 가고 있다. 2014년 2월 럭셔리 브랜드인 토리버치와의 협업을 발표했으며 7월에 제품을 출시했다.[10] 175달러짜리 펜던트와 195달러짜리 팔찌 그리고 실리콘으로 만들어진 38달러짜리 팔찌를 내놓았다. 모두 핏비트 제품을 넣을 수 있는 액세서리 형태로 만들어졌으며 토리버치 홈페이지에서 판매하고 있다.

디자인이 가미된 웨어러블로 유명한 미스핏도 패션업체들과 협력하고 있다. 2014년 11월에 빅토리아 시크릿과의 협력을 통해서 핑크색 제품을 내놓은 데 이어 CES 2015에서 스와로브스키와와의 협업을 발표했다. 크리스털 제품으로 유명한 스와로브스키답게 크리스털을 사용한 펜던트와 팔찌를 내놓았다. 2015년 5월

〈그림 2 - 6〉 미스핏과 스와로브스키의 협업 제품(출처: 미스핏http://misfit.com)

현재 아직 출시되지 않았고 미스핏 홈페이지에서 사전 주문을 받고 있다.[11]

앞의 두 업체는 활동량 측정계와 액세서리 업체와의 파트너십이라고 할 수 있다. 이와 다른 파트너십으로는 스마트 의류를 만드는 OM시그널과 랄프 로렌을 들 수 있다. OM시그널은 원래 별로 예쁘지 않은 스마트의류를 생산했다. 몇 개의 디자인이 나와 있지만 팔 길이에 차이가 있을 뿐 별반 치이가 없고 평소에 입고 다니기에는 부담스러워 보인다. 색상은 가슴 부분에 그려진 회사 로고 색깔만 한두 가지 선택할 수 있을 뿐이다.

OM시그널은 스마트의류를 대중화하기 위해서는 이렇게 뭔가 특수해 보이는 형태의 제품을 내놓는 대신 '일반적인 의류'처럼 생긴 제품, 그것도 소비자가 좋아할 만한 제품을 내놓는 게 좋다고 판단한 것 같다. 그래서 랄프 로렌 브랜드로 스마트 의류를 내놓기로 했다. 두 회사는 랄프 로렌 로고를 단 스마트 의류를 만들었다. 그리고 2014년 8월 US 오픈 테니스 대회에서 볼보이들에게 처음으로 입혔다. 이 셔츠는 심박수, 호흡수, 운동 강도, 칼로리 소모량 등을 측정해 사용자의 스마트폰으로 전송해준다. 당시 랄프 로렌은 2015년 초까지 이 제품을 출시할 것이라고 언급했으나 아직 출시되지 않고 있다.

디지털 헬스케어 업계에 관심을 보이는 또 다른 의류업체로는 미국 스포츠 의류 및 장비 브랜드인 언더아머Under Armour가 있다. 땀 흡수력이 좋은 기능성 의류로 유명하다. 이 회사 CEO가 2014년 7월 1일 서울에서 삼성전자 이재용 부회장을 만났고 이후 이재용 부회장이 외부 행사에서 언더아머 셔츠를 입은 모습이 목격되

OMsignal @omsignal 8월 27일
In fact @LebelDominique, they already are! #USOpen #RalphLauren
#wearabletech

3   3   대화 보기

〈그림 2 - 7〉 OM시그널과 랄프 로렌의 협업 제품(출처: OM시그널 트위터 계정)

면서 다시 한 번 관심을 불러일으켰다. 삼성전자가 의류나 스포츠 용품 분야로 시장을 넓히기 위한 협업 파트너로 언더아머를 택한 것이 아닌가 하는 관측이 나오기도 했다.[12]

언더아머는 이미 2011년에 아머 39라고 하는 활동량 측정 가슴 띠와 이를 활용한 셔츠 및 앱을 출시했다. 이후 이 회사는 자사의 핵심역량이 피트니스 앱을 만드는 데 있지 않다는 사실을 깨닫고 인수를 통해 역량을 보완하기로 한다. 그리고 2013년 11월에 맵마이피트니스라는 피트니스 앱 회사를 1억 5,000만 달러에 인수했다. 등록 사용자 수가 2,000만 명에 이르는 이 앱은 GPS를 이용해 사용자가 걷거나 뛰거나 사이클링할 때 거리를 기록하고 다른 사용자들과 이를 공유할 수 있도록 해준다.13) 2015년 2월에는 5억 6,000만 달러에 마이피트니스팔과 엔도몬도Endomondo라는 피트니스 앱을 추가로 인수함으로써 디지털 헬스케어에 대한 관심을 다시 한 번 보여주었다. CEO는 인수와 관련해 "결국 계산은 단순하다. 사람들이 더 많이 활동할수록 더 많은 스포츠 의류와 신발을 구매하게 될 것이다"라고 발언해 자사의 핵심역량을 강화하기 위한 차원에서 피트니스 앱 업체들을 인수하고 있음을 확인해주었다.

이와 같은 현황을 바탕으로 디지털 헬스케어와 패션업체 간의 협력이 가지는 비즈니스적인 측면을 살펴보자. 우선 회사들이 이런 협력으로부터 무엇을 기대하는지를 생각해보자. 현재로서는 돈을 버는 것을 기대하는 것은 아닌 것 같다. 정확한 자료는 없지만 전문가들은 협력제품의 판매량이 수백 대를 크게 넘어서지 않는 것으로 보고 있다. 또 협력 제품이라고 해서 기존 제품에 비해서 판매가격대가 크게 높아지지는 않기 때문에 개당 수익이 높아지는 것도 아니라고 한다. 웨어러블의 제조 원가를 감안하면 개당 수익은 오히려 일반 제품보다 낮아질 수도 있다.

그런데 패션 - IT 융합 제품 사례 한 가지를 근거로 이와 다른 이야기를 하는 경우도 있다. 그 사례는 제일모직의 로가디스 브랜드로 출시한 스마트 슈트다. 남성복에 NFC 태그를 삽입해 회의 시간에 핸드폰을 무음으로 바꾸어주고 음악을 듣던 중 멈추었다가 다시 들으면 마지막 들은 곳을 자동으로 찾아주는 등의 기능이 있다고 한다.14) 이 제품이 큰 인기를 끌어 가격이 로가디스 일반 제품보다 30퍼센트 정도 비싸지만 재고가 부족할 정도로 잘 팔린다는 점을 들어 패션 - 웨어러블 융합 제품도 높은 가격을 받으면서 많이 팔 수 있을 것이라고 보는 경우도 있다.

그런데 생각해보면 옷에 NFC 태그가 있다고 해서 옷값의 30퍼센트를 더 낼 사람이 얼마나 있을까? 관련 기사를 읽어보면 이 옷의 가장 중요한 특징은 옷 자체의 원단이다. 기사에 따르면 "두꺼운 울 원사인 태번수를 강하게 꼬아 만든 원단을 써서 일반 울 슈트에 비해 주름이 거의 잡히지 않고 쉽게 펴진다. 장시간 비행에도 주름이 덜 생기고 휴대하기 편한 슈트를 원한다는 점에 착안해 기획한 제품"이라고 하는데, 이런 옷 자체의 특성이 훨씬 중요하다고 보는 게 맞을 것이다.

실제로 이 제품의 광고 사진을 보면 메인 화면에서는 NFC에 대한 설명이 전혀 없다. NFC 태그를 부착함으로써 소비자들의 관심을 조금 더 끌었을지는 모르겠지만 그것이 이 제품을 히트작으로 만들어준 성공요인은 아니라고 할 수 있다. 물론 그렇다고 해도 이런 시도는 의미가 있다. 이런 식의 시도들이 쌓여야 혁신적인 제품을 내놓을 수 있는 기반이 형성된다고 생각한다.

패션회사와 웨어러블 회사가 협력할 때 그 목표는 경제적인 측면이 아닌 이미지 상승이다. 패션회사는 첨단 유행을 선도한다는 이미지를, 웨어러블 회사의 경우 패션회사 브랜드 이미지를 얻고자 하는 것으로 보인다. 미스핏의 CEO인 소니 부 씨는 이런 협력을 통해 빅토리아 시크릿의 섹시함과 스와로브스키의 우아함을 얻을 수 있기를 원한다고 언급하기도 했다.

그렇다면 패션-웨어러블 융합 제품은 어느 쪽으로 판매하는 것이 좋을까? 각 회사들이 원하는 것과 소비자가 원하는 것을 감안해서 결정하는 것이 당연하다. 이미 출시된 제품을 기준으로 살펴보면 핏비트-토리버치 협업 제품의 경우, 핏비트 제품이 내장되어 있지 않은 케이스 형태이기 때문이기도 하지만 토리버치 관련 매장에서만 판매하고 있다. 미스핏의 경우 협업 제품은 주로 파트너의 채널을 통해서 판매하며 전자기기 매장에서는 판매하지 않는다고 한다. 즉 핏비트와 미스핏은 모두 협업 제품이 패션 제품으로 자리매김하기를 희망한다고 볼 수 있다. 아마 패션업체 입장에서는 유통부터 판매에 이르기까지의 고객 경험 관리 측면에서 전자제품 회사보다는 자신들이 강점이 있다고 생각했을 것이고 핏비트와 미스핏은 패션회사의 이미지를 최대한 이용하기 위해서는 이들의 유통 채널을 이용하는 것이 낫다고 보았을 것이다.

늘 몸에 지니고 다녀야 한다는 웨어러블 제품의 속성상 패션제품처럼 만들거나 패션업계와 협업을 하고자 하는 경우는 더 늘어날 것으로 보인다. 하지만 토리버치와 핏비트의 협업 제품이 큰 성과를 보였다는 보도는 아직 없다. 또한 디자인에 가장 신경을 쓰는 미스핏이 시장 주도적인 위치를 차지하지 못하는 것을 보면 웨어러블의 수용도를 높이는 데 가장 중요한 요소는 패션이 아닐 가능성이 높다.

현재와 같은 초기 시장 단계에서는 소비자가 충분히 받아들일 만한 기능을 갖춘 제품을 내놓는 것이 우선이며 여기에 패션을 더하는 것은 부차적인 문제다. 그리고 기능과 관련된 이슈는 단순히 새로운 센서를 하나 더 부착하는 수준의 문제가 아니다. 사용자 경험 관리 혹은 행동 경제학적 지식을 이용해 소비자 행동의 변화를 이끌어내어 소비자에게 실질적으로 효용을 줄 수 있는 기능이 더해져야 한다.

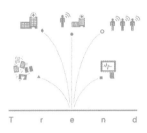

Trend

피트니스로 자리 잡고 헬스케어로 진화하다

현재 애플 앱스토어나 구글 플레이에서 건강 부분 상위를 차지하는 앱들은 본격적인 의료보다는 피트니스 분야 제품들이 대부분이다. 피트니스 앱은 다수의 일반인을 대상으로 하고 의료 앱은 특정한 환자를 대상으로 하기 때문에 당연한 것일 수도 있다. 또 피트니스 앱은 손쉽게 만들 수 있고 의료 앱처럼 규제 기관의 승인을 받거나 돈이 많이 들고 복잡한 임상시험을 거칠 필요도 없어서 더욱 그럴 것이다.

하지만 피트니스 앱은 일반인들이 손쉽게 사용할 수 있는 만큼 지속적으로 쓰지 않을 가능성이 높다. 또 피트니스 시장보다 의료 시장 규모가 훨씬 크기도 하다. 따라서 초기에 피트니스에 집중해 자리를 잡은 업체들 가운데 점차 본격적인 의료 영역으로 진출하기 위해 노력하는 회사들이 나오고 있다.

이에 해당하는 대표적인 회사가 눔이다. 눔은 대표적인 체중 감량 앱으로 유명하다. 세 가지 기능을 통해 체중 감량을 도와주는데 가장 중요한 것은 코치 기능이다. 매일 새로운 미션을 제공하며 결과를 확인하고 그에 대한 피드백을 주어 사용자가 지속적으로 체중 감량을 위한 행동을 유지할 수 있도록 도와준다. 거기에 더해 50만 개 이상의 음식 데이터베이스를 구축해 사용자가 섭취한 음식을 손쉽게 기록하도록 함으로써 다이어트를 돕는다. 또한 사용자 간에, 또 교육받은 트레이너와 지속적으로 피드백을 주고받을 수 있게 해 눔의 프로그램을 지속적으로 이용할 수 있도록 해준다.

피트니스 앱 분야의 강자로 자리 잡은 눔은 환자들을 대상으로 질병관리 서비스를 제공하기 위해 움직이고 있다. 2013년 10월에는 미국 국립보건원의 연구비를 받아 마운트시나이 병원과 함께 식이장애 환자들에 대한 연구를 2년간 실시한다고 발표했다. 눔이 체중 감량 서비스인 점을 고려하면 연구 주제가 의외라고 할 수 있는데 눔이 가진 음식물 섭취 기록 기능을 활용한다고 한다. 원래 병원에서는 폭식과 같은 식이장애 환자를 치료할 때 수첩에 먹은 음식과 식이장애 증상 발생에 대한 기록을 남기도록 한다. 이를 눔이 별도로 개발한 눔 모니터라고 하는 앱에 기록하도록 하는 것이다.[15]

2014년 10월에는 미국 질병예방통제센터가 운영하는 당뇨 예방 프로그램DPRP: Diabetes Prevention Recognition Program에서 기술 회사로서는 최초로 승인을 받았다. 우리가 흔히 당뇨병이라고 부르는 것은 보통 제2형 당뇨병인데 과체중 혹은 내장 지방으로 말미암아 발생하는 경우가 많다. 당뇨 예방 프로그램은 과체중이면서

아직 당뇨병이 발생하지는 않았지만 당뇨병 발생 위험이 큰 단계
(당뇨 전 단계: Prediabetes)에 있는 사람들을 대상으로 해 당뇨병으
로 진행할 위험을 낮추기 위한 프로그램이다. 눔 이전에 승인받은
곳들은 의료기관, 체육시설, 교육센터 같은 곳들이었는데 눔이 앱
으로는 최초로 승인을 받은 것이다.16)

2015년 4월 눔은 한발 더 나아가 심장 기능이 저하된 상태를 의
미하는 심부전 환자의 건강을 관리해 재입원율을 낮출 수 있는 프
로그램을 개발한다고 발표했다. 미국은 오바마케어에서 의료의 질
을 높이기 위한 방안의 일환으로 환자들이 퇴원 후 30일 내에 재
입원하는 비율을 줄이기 위해 노력하고 있다. 특히 심부전 환자의
경우 재입원율이 25퍼센트에 달하고 있어 이를 낮추고자 노력을
기울이고 있다. 눔은 체중 관리 프로그램을 통해 축적한 건강관리
프로그램 운영 능력을 활용해 심부전 환자들의 건강관리를 돕는
프로그램을 개발하고 있다.17)

눔은 이외의 질환 분야로 계속 영역을 넓힐 것으로 보인다. 이와
관련해 눔의 정세주 대표는 한 매체와의 인터뷰에서 이렇게 언급
했다.18)

"(눔의 B2B 모델에 대해서 설명하자면) 보험회사에서는 보험가입자
의 건강을 촉진하고 도모하고 관리하는 것, 병원에서는 병자나 예
방에 관심 있는 이들을 위한 플랫폼, 고용주 입장에서는 회사 복지
차원에서 활용하는 비즈니스 플랫폼으로 판매되고 있다. 미국은
병원, 보험사, 고용주, 국가 모든 분야에서 진행 중이다. 실제로 미
국에서 가장 큰 보험사인 애트나와 진행하고 있다. (…) 당뇨 예방
을 돕는 서비스를 제공하고 있지만, 추가적으로 고혈압, 심부전증

등 다른 질병들을 예방하기 위한 서비스 기술을 선보일 예정이다. 그래서 서비스를 고도화할 커리큘럼 개발이 필요하다."

눔이 1차 대상으로 삼고 있는 것으로 보이는 당뇨병 관리 서비스의 경우 본격적인 당뇨병 관리 서비스인 블루스타와 유사한 서비스를 만들어내거나 아예 인수해버릴 수도 있을 것 같다. 눔의 유료 서비스가 한 달에 10달러 정도 하는데 블루스타가 한 달에 100달러 정도를 보험회사로부터 받는 것을 생각하면 충분히 노려볼 만한 일이다.

열심히 운동하는 일반인이나 과체중인 사람들을 위한 장비라고만 생각되었던 활동량 측정계를 본격적인 의료 영역에서 활용하기 위한 시도도 이루어지고 있다. 가장 앞선 시도는 수술받은 환자가 회복하는 과정을 모니터링하기 위한 것이다.

메이요 클리닉은 심장 수술을 받은 환자들에게 핏비트를 착용하게 하고 활동량과 회복 시간과의 상관관계를 연구했으며 그 결과를 학술지인 『흉부외과 연보Annals of Thoracic Surgery』 2013년 9월호에 게재했다. 당연한 결과지만, 매일 더 많이 걸은 환자들의 재원 기간이 짧았고 장기요양시설보다는 집으로 퇴원하는 경우가 많았다. 이 연구 결과가 의미 있는 것은 그동안 수술받은 환자들이 얼마나 잘 움직이는지에 대해 객관적으로 평가할 만한 방법이 없었는데 핏비트를 이용해서 수술 후 잘 회복하지 못하는 환자를 빨리 발견하고 회복을 도울 방법을 찾아낼 수 있는 계기를 마련했다는 것이다.[19]

웨어러블 기기가 움직임을 측정한다는 장점을 살려서 운동 질환을 대상으로 연구하는 곳들도 있다. 2014년 8월 파킨슨병 환자로

알려진 배우 마이클 제이 폭스가 설립한 마이클 제이 폭스 재단이
명예 회장인 앤드류 그로브가 파킨슨병 환자인 인텔과 협업해서 파
킨슨병에 대해 웨어러블을 사용하는 연구를 시작한다고 발표했다.

파킨슨병은 대표적인 이상 운동 질환이다. 뇌의 특정한 신경세
포 이상으로 발생하며 휴식 중 손 떨림, 경직, 운동 느림 및 자세 불
안정이 특징적인 증상이다. 다른 이상 운동 질환도 그렇지만, 개인
마다 증상의 발현이나 진행 속도가 큰 차이를 보이기 때문에 진단
이 늦어지는 경우가 많고 진행 단계에 대한 이해가 부족하다. 현재
60세 이상 인구의 1퍼센트 정도가 걸리는 것으로 추정된다.

인텔과 마이클 제이 폭스 재단은 몇 단계에 걸쳐 웨어러블 장비
를 이용해 파킨슨병 환자의 증상을 모니터링하는 연구를 하기로
했다. 이 연구에서 측정하고자 하는 증상은 운동이 느려지는 증상,
수전증, 균형, 보행 및 수면의 질 등이다. 연구 참가자들이 24시간
내내 웨어러블 장비를 차고 다니면서 만들어낸 정보를 받아서 연
구하게 된다. 연구를 통해 증상들 간의 상관관계를 파악함으로써
파킨슨병과 같은 신경 퇴행성 질환의 진행 과정을 더 잘 이해하고
궁극적으로는 질환과 분자 단위의 변화와의 관계를 찾아내겠다는
것이다.

1단계 연구는 2014년 초에 이미 시행되었다. 16명의 파킨슨병
환자와 8명의 건강한 사람이 참여해 4일간 지속적으로 웨어러블
장비를 착용했다. 참가자들은 증상 일지를 작성하고 두 번에 걸쳐
외래를 방문했다. 이를 통해 웨어러블 장비가 환자가 기록한 증상
일지보다 더 많은 정보를 제공할 수 있는지를 보겠다는 것이다. 2단
계 연구는 2014년 8월 발표 당시 진행 중인 것으로 알려졌는데 연

구를 통해 얻은 자료를 바탕으로 웨어러블 측정 데이터와 의사가 관찰한 내용 및 증상 일지 간의 상관관계를 파악해 웨어러블 장비가 효과가 있는지를 점검하는 것을 목표로 한다.

이후 단계에서는 데이터를 분석해 파킨슨병의 증상 및 그 진행 과정을 추적하기 위한 알고리즘을 개발한다고 한다. 파킨슨병 환자들은 개인별로 증상이나 진행하는 속도가 서로 다른 경우가 많아 객관적으로 질환의 진행을 모니터링하기가 힘들다. 따라서 웨어러블 장비를 이용함으로써 파킨슨병의 진행에 대한 이해를 넓히고 더 정밀하게 질병을 모니터링할 수 있는 계기를 마련하겠다는 것으로 볼 수 있다.[20]

다만 이 연구에서 어떤 활동량 측정계를 사용하는지는 명시되지 않았다. 한 기사를 보면 인텔이 파킨슨병 환자의 운동 패턴을 지속적으로 측정할 수 있는 새로운 웨어러블 기술을 개발했으며 미국과 이스라엘 유수의 병원들에서 테스트했다는 내용이 나오고 있다. 기존의 활동량 측정계를 이용하지 않고 이 기술을 이용하는 것이 아닐까 한다.[21]

최근에는 또 다른 신경 퇴행성 질환인 다발성경화증multiple sclerosis 연구 계획이 발표되었다. 다발성경화증은 중추신경계를 다발성으로 침범하는 염증성 질환이다. 호전과 악화가 반복된다. 고령에서 많이 발생하는 파킨슨병과는 달리 주로 20~40대에 많이 발생한다.

바이오 제약회사로 다발성경화증 약물 시장을 선도하고 있는 바이오젠Biogen과 구글에서 장기적인 연구 프로젝트를 실시하고 있는 구글 X가 공동으로 다발성경화증의 진행을 일으키는 환경적,

생물학적 원인을 찾는 연구를 한다고 발표했다. 두 회사는 센서, 소프트웨어, 데이터 분석 툴을 이용해 환자마다 질병의 진행 속도가 다른 이유를 찾겠다고 했다.[22]

이 공동 연구에서 사용될 활동량 측정계가 무엇이 될지는 발표하지 않았지만 바이오젠은 이전에 핏비트 250개를 다발성경화증 환자들에게 나누어주고 그들의 활동 정도와 수면 패턴을 분석하는 연구를 시행한 바 있다. 이 연구는 앞에서 언급한 연구들과는 달리 질병의 진행 상황을 연구하기 위한 목적이 아니며 바이오젠의 약물을 복용하는 다발성경화증 환자들의 움직임을 추적 관찰함으로써 연간 5만 달러에 이르는 약값의 가치가 있다는 것을 보여주기 위한 목적으로 시행되었다.[23]

바이오젠이 핏비트를 사용하기는 했지만 운동 질환 환자에게 핏비트와 같이 일반인을 대상으로 하는 활동량 측정계를 사용하는 것이 옳은지에 대한 지적이 있다. 예를 들어 중풍에 걸린 후 회복하는 환자들 중에 비교적 잘 걸을 수 있는 사람들에서는 기존의 활동량 측정계들이 잘 작동하지만 운동하는 모습 자체가 달라져버린 운동 질환 환자에게서는 그렇지 않을 수 있다는 것이다. 워싱턴대학의 소아과 교수인 비요른슨Bjornson 박사는 이와 관련해 다음과 같이 언급했다.

"내가 이해하기로 많은 측정계들의 알고리즘은 신호 패턴을 분석해 어떤 것이 걸음이고 어떤 것이 다른 활동인지를 구분해낸다. 그런데 그런 알고리즘은 건강한 사람을 대상으로 만들어졌기 때문에 다른 방식으로 걷거나 천천히 걷는 사람들에게는 제대로 작동하지 않을 수 있다. 특히 소아 환자는 성장하면서 걷는 패턴이 바뀌게 됨에 따라서 기기 알고리즘을 조절해줄 필요가 있다."

따라서 일부 회사들은 병원에서 환자들에게 사용하기에 적절하고 더 정밀한 활동량 측정계를 만들고 있다. 이 분야를 선도하는 스텝워치는 10년 전인 지난 2004년에 FDA 승인을 받았다. 최근 들어 2014년 2월 미국의 FDA는 영국 회사인 캠엔테크Camntech가 개발한 모션워치와 호주 회사인 돌사비dorsaVi가 개발한 바이무브 ViMove를 진료 현장에서 사용하기 위한 용도로 승인했으며[24] 9월에는 호주 회사인 글로벌 키네틱스Global Kinetics가 개발한 키네티그래프KinetiGraph라는 장비를 파킨슨병 환자에게 사용하는 용도로 승인했다.[25]

환자들을 대상으로 할 때 핏비트와 같은 일반인 대상의 활동량 측정계로 충분할 것인지는 측정하고자 하는 목적에 따라서 다를

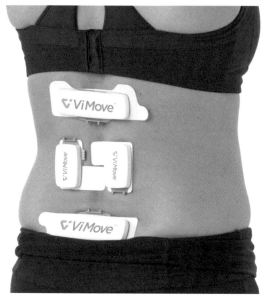

〈그림 2 - 8〉 돌사비의 바이무브(출처: 돌사비http://www.dorsavi.com)

것이다. 예를 들어 초기 파킨슨병과 같이 미세한 운동 장애가 있을 때에는 핏비트로는 부족할 가능성이 높다. 반면 메이요 클리닉이 연구 대상으로 삼았던 수술 후 회복단계 환자들의 경우 일반인과 크게 다르지 않아 핏비트로도 충분할 것으로 보인다. 인텔이 파킨슨병 연구를 위해 별도의 웨어러블 기술을 개발했다는 보도가 나온 것도 이런 맥락으로 보인다.

이렇게 방향이 조금씩 다르긴 하지만 주로 건강하거나 질병이 없는 사람을 대상으로 하던 제품이나 서비스들이 환자에게도 도움을 주기 위해서 노력하고 있다. 기술이 더욱 발전한다면 사람들이 평소에 활동량 측정계만 차고 다녀도 파킨슨병을 초기 단계에 진단할 수 있는 세상이 열릴 것이다. 다만 이를 위해서는 인텔과 마이클 제이 폭스 재단이 연구하는 것처럼 질환의 초기 단계 혹은 아직 건강한 상태에 대해 더 많이 이해하는 것이 필요하다.

지금까지 살펴본 눔과 활동량 측정계 사례는 비교적 손쉽게 진입할 수 있는 피트니스에서 성과를 거두고 이를 바탕으로 헬스케어로 진출하려는 것으로 볼 수 있다. 피트니스 시장에서의 성과를 바탕으로 수익을 창출하거나 투자를 유치함으로써 많은 비용이 소요되는 헬스케어 제품 개발 재원을 충당할 수 있다. 또 사람에 미치는 위험이 적은 시장에서 사용자의 피드백을 바탕으로 실질적인 효용을 제공할 수 있는 능력을 갖추어 헬스케어 시장에서도 그대로 적용할 수 있을 것이다.

한편 위의 사례와는 반대로 헬스케어에서 우선 자리를 잡은 후 피트니스로 진출하는 것도 고려할 수 있다. 이때는 임상시험 및 규제기관의 승인을 통해 제품의 효용성을 인정받은 후 대중 시장에서의 다량 판매를 통해 수익을 꾀하려는 것으로 볼 수 있다. 예를 들어 앞서 살펴본 치매 치료기 와이브레인의 경우, 치매 치료기로 인지 기능과 집중력을 향상시켜준다는 점을 객관적으로 입증받은 후 과거 엠씨스퀘어와 같이 학생을 위한 집중력 향상기를 만들어 판매할 수도 있을 것이다.

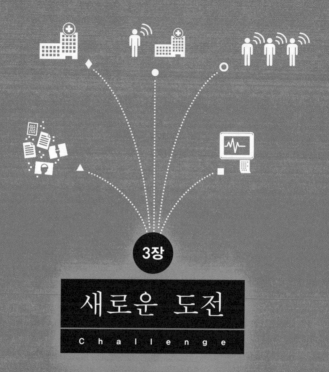

3장

새로운 도전
Challenge

Challenge

의료혁신을 향한 병원들의 적극적인 움직임

디지털 헬스케어의 발달은 전통적인 의료 공급자인 병원에 영향을 미칠 수밖에 없다. 의사이면서 디지털 헬스케어의 전도사로 유명한 에릭 토폴 박사의 책 제목처럼 '청진기가 사라'지고 병원이 필요 없는 세상이 될 가능성을 점치는 사람들도 있다. 하지만 의료는 환자가 품질 혹은 효용을 정확하게 알기 어려운 신용재라는 특성이 있다. 따라서 디지털 헬스케어가 발달한다 하더라도 의사와 병원의 역할을 뛰어넘기는 쉽지 않을 것이다. 상당 기간 의료의 대체재보다는 보완재가 되어 의사가 더욱 효율적으로 진료하는 것을 돕게 될 가능성이 높아 보인다.

어느 시나리오로 진행되든 간에 병원은 디지털 헬스케어의 영향을 받을 수밖에 없다. 따라서 많은 병원들이 여러 가지 디지털 헬스케어 기기와 서비스를 진료에 활용하면서 향후 의료에서 어떻게 활용할 수 있을지를 가늠하기 위해 노력하고 있다.

그중 가장 앞서가는 병원은 메이요 클리닉이다. 메이요 클리닉은 높은 의료 수준으로도 유명하지만 새로운 기술이나 움직임을 발 빠르게 받아들이는 것으로도 유명하다. 디자인업계에서 사용하는 방법론을 이용해 새로운 서비스 모델을 만들어내는 서비스 디자인을 의료계에 최초로 도입한 병원 중 하나이기도 한다. 2008년에 디자인 컨설팅 회사로 유명한 IDEO의 도움을 받아 혁신센터Center for Innovation를 설치했고 디자인 방법론을 병원 공간 디자인과 진료 활동 개선에 접목하기 위해 노력하고 있다. 또한 소셜미디어가 지금만큼 활성화되기 전인 2010년 소셜미디어센터를 만들어 의학 지식 전파와 환자와의 교류에 나서기도 했다.

메이요 클리닉은 디지털 헬스케어에서도 단연 선두주자다. 앞에서 언급한 것처럼 이미 2013년에 활동량 측정계인 핏비트를 이용해 심장 수술 환자들의 회복을 모니터하는 연구를 시행했다.

그리고 2014년 2월에는 앰비언트 클리니컬 애널리틱스Ambient Clinical Analytics라고 하는 임상 의사 결정 지원 시스템Clinical Decision Support* 회사 설립을 주도했다. 이 회사는 혁신센터의 주도로 만들어진, 병동 환자 정보를 자동으로 일목요연하게 정리해 환자 상태를 빠르게 파악하고 필요한 처치를 할 수 있도록 돕는 대시보드 시스템인 예스보드Yes Board를 다른 의료기관들이 이용할 수 있도록 메이요 클리닉 예스보드라는 이름으로 개발하기도 했다.

2014년 4월에는 의료 상담 앱인 베터better를 내놓기도 했다. 앱이용자는 메이요 클리닉의 의료 지식 데이터베이스와 증상 확인기

---

* 전자의무기록에 있는 것을 포함해 다양한 환자 정보를 통합하고 분석해 의료진이 올바른 의사 결정을 내릴 수 있도록 도와주는 시스템

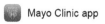 Mayo Clinic app  Download

〈그림 3 - 1〉 메이요 클리닉 앱 소개 화면(출처: 메이요 클리닉 홈페이지)

Symptom Checker를 무료로 사용할 수 있으며 가족당 월 49.95달러를 내면 메이요 클리닉의 간호사 등 의료 보조 인력들과 상담을 할 수도 있다. 다만 의사에 의한 원격진료 서비스는 제공하지 않고 있다.1)

또한 애플이 야심차게 내놓은 헬스케어 플랫폼인 헬스킷에 중요한 파트너로 참여하기도 했다. 현재는 메이요 클리닉이 헬스킷을 테스트하는 파일럿 단계인데 어떤 질환을 대상으로 하는지 등구체적인 정보는 나오지 않고 있다. 아마 다른 병원들처럼 당뇨병이나 고혈압 환자들이 사용하는 활동량 측정계, 모바일 혈압계, 모바일 혈당계의 측정결과를 헬스킷 플랫폼을 통해서 확인하고 있지 않을까 싶다. 최근 메이요 클리닉이 전자의무기록 회사를 서너 Cerner에서 에픽으로 바꾸기로 한 것은 애플과 메이요 클리닉의 협업과 관련해 흥미롭다. 에픽이 애플 헬스킷의 대표적인 전자의무기록 파트너이기 때문이다. 메이요 클리닉의 최고 정보 책임자가 인터뷰에서 에픽Epic으로 바꾸는 이유로 헬스킷을 언급하지는 않았다. 하지만 결과적으로 메이요 클리닉이 헬스킷 플랫폼을 활용하기가 수월해지는 것은 사실이다.[2]

메이요 클리닉은 메이요 클리닉 벤처라는 자체 벤처 펀드를 운영하고 있다. 주로 메이요 클리닉의 의료진과 연구진이 개발한 기술을 상용화하는 데 초점을 맞추고 있다. 또한 메이요 클리닉 비즈니스 액셀러레이터라는 스타트업 육성조직을 설립해 인근 로체스터 지역의 스타트업들을 돕기 위해 노력하고 있다.[3] 이외에도 실리콘밸리의 유력 벤처 캐피털의 헬스케어 펀드에 직접 자금을 투자해 의료 혁신의 현장과 접점을 유지하기 위해 노력하고 있다.

메이요 클리닉 이외에도 미국 내 많은 병원들이 직접 헬스케어 벤처 캐피털을 운영하거나 투자를 하고 있다. 클리블랜드 클리닉,

〈그림 3 - 2〉 메이요 클리닉 벤처(출처: 메이요 클리닉 홈페이지)

카이저 퍼머난테Kaiser Permanente처럼 이름만 들어도 알 만한 유명한 병원들은 물론 국내에는 덜 알려진 프로비던스 병원Providence hospital과 가이징거 병원Geisinger health system을 비롯해 많은 병원들이 자체적으로 벤처 캐피털을 운영하고 있다.[4] 카이저 퍼머난테의 경우 메이요 클리닉과는 달리 자체 개발 기술에 투자하기보다는 외부 회사에 투자하고 있다. 최근 헬스케어 플랫폼으로 유명한 발딕Valdic에 1,250만 달러를 투자하기도 했다.[5] 카이저 퍼머난테는 이외에도 스마트 알약을 만드는 프로테우스, 헬스케어 스타트업 육성을 돕는 액셀러레이터인 락헬스Rock Health와 스타트업 플러스 헬스Startup+Health에 투자했다.

하버드대학교 의과대학 제휴 병원인 베스 이스라엘 병원 역시 디지털 헬스케어를 선도하고 있다. 가장 대표적인 사례는 구글글래스를 진료 현장에서 활용하는 것이다. 이미 여러 병원들이 구글글래스를 진료 현장에서 이용하고 있다. 하지만 대부분은 외부 앱 개발 회사와 협력해 파일럿 프로그램을 운영하는 데 그치고 있는 것에 비해 베스 이스라엘 병원은 앱을 자체 개발했으며 현재 의료 현장에서 실제 이용하고 있다. 응급실 진료실 방 밖에 QR 코드가 붙어 있다. 의사가 진료실 앞에서 QR 코드를 쳐다보면 구글글래스가 QR 코드를 인식해 그 방에 있는 환자에 대한 정보를 자동으로 불러온다. 그러면 의사는 환자 진료로 바쁜 응급실 환경에서 환자를 보기 전에 손쉽게 환자 정보를 확인할 수 있어 시간을 절약할 수 있다.

구글글래스가 병원에서 쓰기에는 부족한 점이 있어 병원에서 자체적으로 고치기도 했다. 배터리 수명이 문제가 되어 외부 배터리

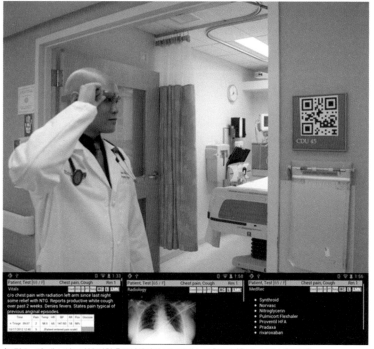

〈그림 3 - 3〉 베스 이스라엘 병원 응급실에서의 구글글래스 사용 모습(출처: 스티브 홍 제공)

팩을 장착하고 무선 송수신 능력을 향상시켰으며 병원에서 진료용
으로 사용하는 아이폰과 연동시키기도 했다. 또한 QR 코드 리더의
기능을 향상시키고 무선 송수신 능력과 배터리 상태를 확인할 수
있는 바를 추가하기도 했다. 즉 단순히 외부 장비를 갖다 쓰는 수
준을 넘어서서 실제 진료 현장에 맞도록 개선하기 위한 노력을 기
울인 것이다. 이렇게 3개월간의 파일럿 프로그램을 거쳐 베스 이
스라엘 병원 응급실에서 사용하기로 했으며 2014년 3월부터 응급
실에서 진료하는 의사 중 원하는 사람은 모두 사용할 수 있도록 했
다.6)

또한 디지털 헬스케어 장비나 서비스에 대한 것은 아니지만 베

스 이스라엘 병원은 환자가 의무기록에 접근하는 것을 허용하는 움직임에도 앞장서고 있다. 2012년에는 1차 진료 환경에서 환자가 자신의 의무기록에 접근할 수 있을 때 치료에 대한 순응도가 높아진다는 결과를 얻은 오픈노트OpenNotes 임상시험을 주도했고 그 결과는 학술지에 논문으로 게재되었다.7) 또 2014년 7월에는 정신과 환자들로 하여금 자신의 의무기록에 접근할 수 있도록 하는 또 다른 오픈노트 임상시험을 시작하기도 했다. 2015년 1월에는 한발 더 나아가 환자들이 의무기록 내용을 확인하는 것은 물론 기록을 남기는 것도 허용하는 임상시험을 위한 연구비를 따내기도 했다.8) 이렇게 베스 이스라엘 병원은 새로운 디지털 기기를 도입하는 것뿐만 아니라 환자가 자신의 의료 정보를 주도할 수 있다는 디지털 헬스케어의 취지에 맞는 적극적인 행보를 보이고 있다.

이외에도 다양한 병원들이 디지털 헬스케어 기술 혹은 기기에 대해서 연구하거나 진료 현장에서 활용하기 위한 노력을 기울이고 있다. 심장질환 병원으로 유명한 클리블랜드 클리닉은 삼성이 헬스케어 플랫폼을 발표할 당시에 공식 파트너 병원으로 제시되었다. 이후 애플의 헬스킷 플랫폼을 테스트하고 있다는 보도가 나오기도 했다. 또 병원과 1차 의료기관 그리고 보험회사가 결합된 의료 복합체라고 할 수 있는 카이저 퍼머난테는 삼성의 플랫폼 발표 당시 공식 파트너로 소개되지는 않았지만 주요 임원이 발표 현장에 참여했으며 애플의 헬스킷 플랫폼과 연결되는 여러 개의 앱을 테스트하고 있고 애플과 공식 협력하기 위한 제안을 할 계획이라는 보도가 나온 바 있다.9)

국내 병원 중에는 분당서울대병원이 디지털 헬스케어의 선두주자라고 할 수 있다. 분당서울대병원은 2003년 5월 개원 당시부터 전자의무기록 시스템을 구축한 국내 최초의 100퍼센트 디지털 병원으로 유명하다. 2010년에는 미국 이외 지역의 병원으로는 최초로 미국 보건의료정보관리 및 시스템 학회HIMSS 애널리틱스에서 부여하는 의료 정보화 단계 중 최고 수준인 7단계를 획득하기도 했다.10) 또한 의료진이 스마트폰을 통해 환자의 전자의무기록을 확인할 수 있도록 함으로써 환자 상태를 실시간으로 파악할 수 있는 시스템을 갖추고 있다.

SK텔레콤과 서울대병원이 합작해 설립한 헬스커넥트 회사의 대표이사인 이철희 교수가 분당서울대병원 병원장으로 부임하면서 다양한 웨어러블 장비를 진료 현장에서 테스트하고 있다고 한다. 이 병원은 국내에서 디지털 헬스케어 분야를 선도하는 병원으로 자리매김하고 있다.

삼성서울병원 역시 디지털 헬스케어의 접목에서 앞서가고 있다. 의료진이 전자의무기록의 내용을 스마트폰을 통해 확인할 수 있는 닥터 스마트 시스템을 도입해 환자 곁에서 실시간으로 환자 관련 정보를 확인할 수 있도록 했다. 응급실에서는 검사 및 진료 현황을 하나의 화면으로 요약해서 보여주는 대시보드 시스템을 도입해 응급실에 있는 환자나 보호자가 진료 절차와 대기 시간을 명확하게 볼 수 있도록 해준다. 또 건강의학센터에서는 RFID를 이용한 검사동선 최적화 시스템을 갖추어 수진자들이 효율적으로 빠른 시간 내에 검사를 받을 수 있도록 해준다.

혹자는 디지털 헬스케어 장비를 이용하면 환자들이 평소에 건강을 유지하게 되어 병원을 방문하는 일이 적어지고 병원의 수익성

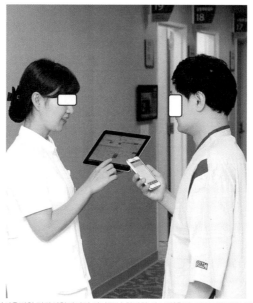

〈그림 3 - 4〉 삼성서울병원 건강의학센터의 검사동선 최적화 시스템(출처: 삼성서울병원 제공)

이 나빠질 수 있는데 왜 메이요 클리닉 같은 유명 병원들이 디지털 헬스케어에 큰 관심을 두는지 의문을 가질 수 있다. 그 답 중 하나는 환자들이 평소에 건강을 유지하도록 돕는 것이 병원의 수익에 도움이 되는 의료제도가 도입되고 있기 때문이다. 여기에 해당하는 것이 오바마케어의 일환으로 도입되는 책임의료조직 시스템과 진료 성과에 따라서 인센티브나 패널티를 부여하는 성과지불제도 'P4P_{Pay for Performance}'다. 책임의료조직은 1차 의료기관부터 대형병원과 장기요양시설 등 서로 다른 의료기관으로 구성된다. 소속된 의료기관 간의 협력을 통해 평소에 건강을 유지해서 환자가 입원할 만한 일을 줄이고 굳이 대형병원에 입원해 있을 필요가 없는 환자들은 빨리 퇴원시켜 장기요양시설로 보내며 퇴원한 후에는 재입원할 일이 없도록 관리하여 의료비를 절감하면 그 절감액의 일부를 나누어 가질 수 있게 되어 있다.

성과지불제도는 의료의 질과 치료 성과를 평가해 우수한 의료기관에 대해 보상한다. 다양한 지표를 이용해 평가하는데 대표적인 것이 퇴원 후 30일 내에 재입원하는 비율이다. 기존 행위별 수가제하에서는 환자를 건강하게 해주는 곳보다는 검사와 수술을 많이 하는 의료기관이 보상을 받았다. 하지만 책임의료조직 시스템과 성과지불제도가 본격적으로 도입됨에 따라서 환자들이 건강을 유지하도록 해 입원할 일이 없도록 하고 집에서 평소에 건강을 관리하도록 하는 병원이 더 많은 보상을 받을 수 있게 되었다. 따라서 병원들은 디지털 헬스케어를 활용하여 환자들이 일상생활 속에서 건강을 유지하도록 노력할 인센티브를 가지게 되었다.

그리고 현재까지 디지털 헬스케어에 큰 관심을 보이는 병원들이 주로 대형병원들이라는 점에서 또 다른 이유를 찾을 수 있다. 현재의 디지털 헬스케어는 암 같은 중증 질환보다는 당뇨병이나 고혈압 같은 만성질환을 대상으로 하고 있다. 그런데 복잡한 검사 장비와 의료 장비를 많이 보유한 대형병원들 입장에서 만성질환 환자는 수익에 별 도움이 되지 않는다. 그 시간과 공간을 이용해서 암 환자를 진료하는 것이 더 이득이다. 따라서 디지털 헬스케어를 이용해서 만성질환 환자들의 병원 방문을 줄일 수 있다면 병원에 도움이 될 수 있다.

또 한 가지 이유는 위와 같은 현실적인 이유들과는 별개로 디지털 헬스케어가 의료판도를 어떻게 바꾸어놓을지 모르는 상황에서 무시하는 것이 위험할 수 있기 때문이다. 디지털카메라 기술을 최초로 개발하고도 필름 인화 사업에 부정적인 영향을 미칠 수 있다고 생각하고 디지털카메라 발전에 관심을 보이지 않다가 파산에 이른 코닥의 운명으로부터 교훈을 얻었을 것이다. 신기술을 외면하는 것은 최악의 대처이며 적극적으로 받아들이고 활용하는 조직만이 성공할 수 있다. 디지털 헬스케어를 적극적으로 받아들이고 있는 병원들은 그러한 역사의 교훈을 잘 알고 있는 것 같다.

Challenge

제약 및 약국업계의 탐색

제약회사나 약국 체인들은 아주 적극적이지는 않지만 일부 회사들을 중심으로 디지털 헬스케어 기술을 활용할 방법을 탐색하고 있다. 크게 두 가지로 나누어볼 수 있다. 환자들이 약물을 더 잘 복용할 수 있게 해주는 기술과 약물의 효과를 입증하는 기술이 그것이다.

제약회사나 약국 체인들 입장에서 환자들이 약물을 더 잘 복용하도록 하려는 이유는 간단하다. 환자들이 약을 잘 먹는 만큼 매출이 늘어나기 때문이다. 앞에서 살펴보았던 스마트 알약 헬리우스가 가장 대표적인 제품이다. 헬리우스는 혁신적인 기술에 바탕을 둔 제품이긴 하지만 환자 입장에서는 일종의 이물질을 먹는 것을 부담스럽게 생각할 수 있다. 따라서 어떤 회사들은 다른 종류의 제품을 내놓고 있다.

가장 흔한 것은 스마트 약병이다. 스마트 약병은 사용자에게 약물 복용할 시기가 되었음을 알려주는 것은 물론이고 실제로 복용했는지를 확인하고 의사나 보호자에게 알려줄 수 있다. 스마트 알약의 경우 특정 약물에 적용할 수 있기 때문에 제약회사들이 큰 관심을 가지고 있다. 하지만 스마트 약병은 환자가 복용하는 모든 약물에 동시에 적용되기 때문에 제약회사보다는 약국 체인들이 관심을 보이고 있다.

이 분야에서 가장 유명한 회사 중 하나가 바이털리티Vitality다. 이 회사는 글로캡GlowCap이라는 스마트 약병 뚜껑과 글로팩Glow-Pack이라는 스마트 파우치를 내놓았다. 이 제품은 환자가 약을 먹을 때가 되면 빛을 내면서 음악을 틀어주며 계속해서 약을 먹지 않으면 휴대폰으로 전화를 건다. 또한 약물이 떨어져갈 때 리필 버튼을 누르면 그 사실이 평소 이용하던 약국으로 전달되며 약국에서는 확인 전화 후 추가 약물을 보내주게 된다(미국에서는 의사가 처방전 발급 시에 리필이 가능하다는 조건을 붙여두면 약이 떨어졌을 때 의사를 만나지 않고도 약물을 리필받을 수 있다). 이런 기능으로 인해서 미국 최대의 약국 체인인 CVS가 이 제품을 사용하고 있다. 바이털리티는 2011년에 파트너스 헬스케어의 건강결합센터Centers for Con-nected Health와 함께 이를 이용한 약물 복용 순응도 연구를 했다. 참여한 고혈압 환자들은 98퍼센트의 약물 복용도를 보였다고 한다.[11]

스마트 약병으로 유명한 또 다른 회사로는 애드히어테크Ad-heretech가 있다. 이 회사의 제품은 글로캡보다 한발 더 나아간 기능을 자랑한다. 글로캡이 단순히 약병을 여닫는 것만 확인하는 반

〈그림 3 - 5〉 바이털리티의 글로캡(출처: 바이털리티www.vitality.net)

면 이 회사 제품은 약병 안에 있는 약물의 양을 측정할 수 있어 사고로 과량 복용하는 것을 예방할 수 있다. 또 글로캡은 통신 기능을 갖춘 장비가 별도로 있어야 하는 반면 이 제품은 약병 내에 통신 기능이 내장되어 있다. 또 API를 제공해 다른 서비스들과 연결될 수 있는 여지를 두기도 했다.

〈그림 3 - 6〉 애드히어테크(출처: 애드히어테크www.adheretech.com)

그런데 위의 제품들은 개별 약물을 담는 형태로서 한 번에 여러 개의 약물을 동시에 복용하는 환자들에게는 불편할 수도 있다. 그래서 이들을 위한 제품도 나와 있다. 메디마인더MediMinder 회사는 일주일 치 약물을 일괄 저장하고 때가 되면 약물을 복용하도록 안내해주는 상자를 만들었다. 월요일부터 일요일까지 7일과 아침, 점심, 저녁, 취침 전의 네 가지 시간대로 구분해서 총 28개의 칸이 있고 각각의 칸 안에 그때마다 복용할 약물을 보호자 혹은 환자가 미리 넣어두면 약물을 복용할 시간에 빛, 음악, 전화의 순으로 안내해준다. 이 제품은 장비 가격을 따로 받지 않고 월 회비를 받는다는 특징이 있다.

필립스는 이렇게 미리 정리하는 것이 번거로운 사람을 위한 제품을 내놓았다. 약물별로 별도의 통이 있어서 환자 또는 보호자는 각각의 약물을 해당하는 통에 한꺼번에 넣어두기만 하면 된다. 해당 약물을 복용할 때가 되면 그 약물이 들어 있는 칸 위에서 불빛이 나오며 해당 칸을 열면 몇 알을 먹어야 하는지를 목소리로 안내해준다.[12]

단순하게 앱으로 약물 복용을 돕는 서비스도 있다. 최근 600만 달러의 투자를 유치한 메디세이프 앱이 여기에 해당한다. 약물을 복용할 때가 되면 약물의 모양과 복용 수량을 함께 안내해준다. 그리고 이후에 환자가 약물을 복용했다고 표시하지 않으면 보호자에게 연락이 간다.[13]

이렇게 스마트폰 화면을 터치하는 것만으로 부족하다고 생각한다면 스마트폰 카메라가 약물을 복용하는 동작을 확인해서 복용 여부를 판단해주는 앱도 있다. 에이큐어AiCure라는 회사가 내놓은

〈그림 3 - 7〉 메디세이프 앱(출처: 메디세이프www.medisafe.com)

앱은 스마트폰 카메라를 이용해 약물을 복용하는 동작과 환자의
얼굴을 인식해 약물을 제대로 복용했는지를 확인한다.14) 일반적인
알약뿐만 아니라 혀 밑에 녹여 먹는 약, 흡입제, 주사약을 감지할
수 있는 시스템도 갖추고 있다.15)

　이렇게 환자들이 약물을 잘 복용하는지를 확인해 더 많은 약물
을 소비하고자 노력하는 한편 일부 제약회사는 약물이 효과가 있
는지를 입증하는 데 디지털 헬스케어 기술을 이용하기도 한다. 현
재의 기술로 모니터링하기가 쉬운 신경계 혹은 운동 질환이 주 대
상이 될 수 있다. 앞서 다루었던 바이오젠 제약회사가 자사 약물을

복용하는 다발성경화증 환자들에게 핏비트를 나누어주고 그들의 활동 정도와 수면 패턴을 측정한 것이 여기에 해당한다. 다발성경화증 약물은 최소 연간 5만 달러에 이를 정도로 가격이 비싸다. 그러다 보니 경쟁 약물 대비 충분한 가격 대비 효용을 발휘하지 못할 경우 보험의 적용을 받지 못하거나 약제 관리 회사 PBMPharmacy Benefit Manager[**]의 처방 약물 리스트에서 삭제되어 의사들이 사실상 처방하지 못하게 될 수도 있다. 실제 바이오젠의 경쟁 제약회사인 바이엘이 생산하는 다발성경화증 치료제 베타세론이 약제 관리 회사인 익스프레스 스크립트Express Scripts의 처방 약물 리스트에서 삭제되기도 했다.[16] 바이오젠은 핏비트를 사용한 임상시험을 통해 자사의 약물이 가격 대비 효용이 있다는 점을 증명했다.

이외에도 제약회사들은 약물의 효과를 입증하는 것을 넘어서서 약물의 효과를 높이고 부작용을 줄이기 위한 목적으로 디지털 헬스케어를 활용할 수도 있다. 여러 제약회사들이 이런 목적의 프로그램을 운영하고 있는데 아직 디지털 헬스케어를 본격적으로 활용하지는 않고 있지만 그럴 가능성은 충분해 보인다.

예를 들어 얀센Janssen은 인보카나Invokana라는 당뇨병 신약을 출시하면서 케어패스CarePath라는 지원 프로그램을 운영하고 있다. 케어패스 프로그램은 인보카나 약물을 복용하는 환자들에게 1년간 본인 부담금을 면제해주는 것이 핵심이지만, 이외에 약물 복용 시기와 약물 재구매 시기가 되었음을 알려주기도 한다. 또 12주에 걸친 웰니스 프로그램을 통해서 식이와 운동 조절을 돕고 비디오 등 관련 콘텐츠를 접할 수 있도록 하여 당뇨병을 더 잘 조절할 수

[**] 보험회사 혹은 환자들을 대신해서 제약회사, 약국들과 협상해 약제비를 절감하는 역할을 수행

있도록 지원해 준다.17)

릴리Lilly는 정신병 치료제인 자이프렉사를 복용하는 환자들을 대상으로 웰니스 프로그램을 운영한 바 있다. 정신과 약물의 주된 부작용 중 하나인 체중 증가를 막기 위한 것으로 참가자들은 12주간 병원에서 실시하는 교육 프로그램에 참가했다. 릴리에 따르면 12주 프로그램을 마친 환자들은 평균 약 3킬로그램을 감량했다고 한다.18) 2008년에는 병원 프로그램에 참여하기 힘든 환자들을 위하여 웰니스 콜센터를 오픈하기도 했다.19) 제약회사들이 단순히 약물을 판매하는 것을 넘어서서 약물의 효과를 높이고 부작용을 줄여서 약물 복용의 궁극적인 목적인 질병 관리를 더 잘할 수 있는 시스템을 구축하고자 시도하는 것으로 볼 수 있다.

이들 프로그램은 주로 당뇨병이나 체중 조절과 같은 분야에 집중되고 있음을 알 수 있는데 이 영역이 비교적 손쉽게 느껴진다는 점을 감안하면 충분히 이해할 수 있다. 아직까지는 디지털 헬스케어 제품을 본격적으로 활용하고 있지는 않지만 프로그램의 특성을 보았을 때 머지않아 핏비트나 눔과 같은 제품을 활용하여 제약회사 입장에서 큰 비용을 들이지 않고 웰니스 프로그램을 운영하는 날이 올 것으로 예상한다. 또한 다양한 디지털 헬스케어 제품들이 효과를 인정받기 시작하면 제약회사들이 항암제를 복용하는 환자 등 다양한 환자들을 위한 프로그램에 활용할 수 있으리라 기대한다.

정리하자면 제약회사나 약국 체인들은 적극적이라고 할 수 있을 정도는 아니지만 디지털 헬스케어 영역에서 일어나는 일을 주시하고 조심스럽게 자신들의 사업에 적용하려는 모습을 보이고 있다.

여기서 살펴본 제품들은 디지털 헬스케어의 다른 분야에 비해 진료, 검사, 치료 등 의료의 전달 방식을 바꾸기보다는 생활 속에서 자연스럽게 이용할 수 있는 경우가 많아서 비교적 수월하게 사용될 가능성이 높음에도 제약회사나 약국 체인들이 아직 적극적으로 수용하지 않고 있다는 점은 특기할 만하다.

Challenge

'돈 대는 놈', 보험자 및 보험회사

사실상 모든 분야에서는 '돈 대는 놈'이 판을 좌우하는 경우가 많다. 헬스케어에서는 보험자가 '돈 대는 놈'이다. 그러다 보니 이들을 영어로는 '페이어Payer'라고 부른다. 이렇게 의료계의 돈을 대는 보험자의 중요성은 디지털 헬스케어에서도 똑같이 적용된다.

실제로 보험자는 디지털 헬스케어에서도 중요한 역할을 담당한다. 의료비용은 진료를 받는 사람이 자신의 지갑에서 돈을 꺼내서 지급하는 것이 아니라 상당 부분 보험회사를 통해 지급하게 된다. 이를 3자 지급 방식이라고 한다. 그리고 보험회사는 모든 의료서비스에 대해 보험금을 지급하지는 않으며 효과와 비용 대비 효용까지 고려해 선별적으로 보험을 적용하는 경우가 많다. 그래서 본격적인 의료서비스를 제공하고자 하는 디지털 헬스케어 업체들은 자신의 가치를 입증해 보험 적용을 받기 위해서 노력한다.

디지털 헬스케어가 가장 발달한 미국에서 한 가지 오해하기 쉬운 것은 보험회사가 곧 보험자는 아니라는 사실이다. 미국에서 민간보험의 경우 가장 중요한 보험자는 회사이며 고령자를 위한 메디케어나 장애인을 위한 메디케이드의 경우 연방정부 혹은 주정부다. 민간보험회사는 이들의 위탁을 받아 보험 상품 설계 및 운용을 담당하는 경우가 많다. 물론 민간보험회사가 직장이나 정부와 무관하게 보험자 역할을 하기도 한다.

이것이 중요한 이유는 미국에서는 직장이 의료보험료를 내기 때문에 직원들이 건강해지면 생산성이 올라가서 이득을 보는 것 외에 회사가 내는 보험료를 줄임으로써 경제적인 이득을 볼 수 있기 때문이다. 실제로 미국 회사들은 회사 헬스클럽 같은 것을 운영하는 등 직원의 건강을 향상시키기 위한 다양한 웰니스 프로그램을 운영하고 있다. 웰니스 프로그램의 일환으로 활동량 측정계를 사용하기도 한다. 직원들의 운동량을 측정해 운동을 열심히 하는 사람들에게 인센티브를 제공하고 있다.

예를 들어 BPBritish Petroleum는 자발적으로 참여한 1만 4,000명의 직원에게 활동량 측정계인 핏비트 집Zip을 무료로 나눠주었고, 백만 보 이상을 걸은 직원에게는 개인 보험료를 낮출 수 있는 포인트를 제공했다.[20] 또 아피리오 회사는 앤섬 보험회사로부터 2만 달러의 보조금을 받아서 핏비트를 이용해 클라우드핏이라는 웰니스 프로그램을 실시했다. 결과 데이터를 보험회사에 제출했고 보험료의 5퍼센트 정도에 해당하는 28만 달러(약 3억 원)을 할인받기로 했다.[21]

보험회사들도 건강 관련 앱 혹은 활동량 측정계 사용에 관심을 가지고 있다. 휴매나 보험회사는 가입자들을 대상으로 휴매나 바이털리티라는 웰니스 프로그램을 운영하고 있다. 앱을 통해서 사용자들이 건강과 관련된 미션을 설정하고 지속적으로 달성할 수 있는 기능을 제공한다.[22] 최근에는 한 단계 더 나아가 모든 가입자에게 활동량 측정계를 지급하는 보험회사도 나왔다. 2014년 말에 미국의 보험 스타트업인 오스카 헬스는 활동량 측정계 회사인 미스핏과 협력해 1만 6,000명 가입자 전원에게 미스핏 플래시 기기를 지급한다고 발표했다. 개인별로 매일의 활동량 목표를 설정하고 달성할 때마다 1달러씩, 한 달에 최대 20달러의 아마존닷컴 상품권을 지급하기로 했다. 신규 진입자가 보여줄 수 있는 혁신적인 조치가 아닐 수 없다.[23]

이렇게 보험회사들이 가입자에게 활동량 측정계를 지급하는 것은 자동차보험 시장에서 유사한 사례를 찾아볼 수 있다. 자동차보험 시장의 후발주자로 의료보험의 오스카 헬스처럼 혁신적인 보험회사인 프로그레시브는 가입자에게 블랙박스 같은 작은 장비를 지급해서 30일간 운전 습관을 모니터링하고 안전한 운전 습관을 지닌 가입자에게 할인을 제공했다. 이런 형태의 보험을 사용기반 보험UBI: Usage-based insurance이라고 한다. 시행된 지 15년이나 되었기 때문에 향후 의료보험에서 활동량 측정계를 어떤 식으로 얼마나 많이 사용하게 될지를 추정하는 단서를 얻을 수 있다.

사용기반 보험은 아직까지는 미국, 영국, 이탈리아에서 주로 시행되고 있다. 미국의 경우 소비자 인지도가 36퍼센트에 달한다. 하지만 이들 중 3퍼센트 정도만이 실제 사용하고 있어서 시장 점유율은 아직 1퍼센트 전후에 불과한 것으로 추정된다. 실제 이 분야

〈그림 3 - 8〉 오스카 헬스 홈페이지(출처: 오스카 헬스 홈페이지 캡처)

를 선도한 프로그레시브 보험회사는 고객들이 이를 받아들이게 하는 과정이 생각보다 힘들었다고 한다. 주된 이유로는 낮은 인지도와 비싼 장비 가격이 꼽힌다. 하지만 최근 3년간 인지도가 세 배 정도 늘었고 소비자 설문조사에서 보험료를 10퍼센트 절약할 수 있으면 가입하겠다는 사람이 50퍼센트에 달하기도 해서 개선되고 있는 것으로 보인다. 또한 2015년에는 장비 가격과 설치비 모두 50유로를 넘는 수준까지 떨어질 것으로 예상된다고 해 가격 문제도 어느 정도 해결될 것으로 보인다.[24]

사용기반 보험의 운영 현황을 살펴보자. 올스테이트 보험회사는 사용기반 보험 가입자에 대해 보험료를 올리지 않을 것을 보장하고 있는데 가입자 10명 중 7명은 보험료 할인을 받았고 할인 받은 사람들의 평균 할인율은 14퍼센트 정도였다. 소비자 설문조사 결과에서 보험료를 10퍼센트만 할인해주면 가입하겠다는 사람이 50퍼센트에 이르고 실제 보험에 가입한 사람들이 그 정도의 할인을 받고 있음에도(70퍼센트의 사람들이 평균 14퍼센트 할인을 받으며 나머지 30퍼센트는 할인을 받지 못하는 것을 평균한 수치) 아직까지 사용 기반 보험 가입자가 크게 늘지 않고 있는 점은 주목할 만하다.[25]

　이런 사실을 디지털 헬스에 적용해서 생각해보자. 스마트폰 시장의 혁신을 주도하는 샤오미와 같은 회사들이 파격적으로 저렴한 활동량 측정계들을 내놓고 있고 애플워치와 애플의 헬스케어 플랫폼인 헬스킷이 출시되면서 소비자 인시노가 향상될 가능성이 높다. 따라서 장애 요인이 해결되면서 보험회사가 가입자에게 활동량 측정계를 지급하는 것이 생각보다 빠르게 확산될 수도 있어 보인다. 다만 사용기반 보험에서 보이는 것처럼 소비자 설문조사가 말해주는 것과 실제 소비자 행동 간의 간극이 클 수도 있다는 점은 유의해야 할 것이다. 또 건강보험에서는 자동차 보험에 비해서 프라이버시에 대한 걱정이 훨씬 클 수밖에 없다는 점도 고려 대상이다.

　그렇다면 보험회사가 활동량 측정계로부터 수집되는 정보를 이용하게 되었을 때 보험료 책정은 어떤 방식으로 가게 될까? 지금까지 살펴본 것처럼 건강한 행동을 하는 사람의 보험료를 깎아주게 될까(인센티브 방식)? 아니면 이와는 다르게 건강을 해치는 행동을 하는 사람의 보험료를 늘리게 될까(페널티 방식)? 행동경제학 전문가들은 페널티를 적용할 가능성을 점친다. 행동경제학 연구 결과에 따르면 사람에게는 이익을 추구하는 심리보다 손실을 회피하고자 하는 심리가 더 강하기 때문이다.

　하지만 활동량 측정계가 아직 대중화되지 않았고 프라이버시 문제까지 겹쳐 있는 현실에서 보험회사 혹은 고용주들이 페널티 방식을 이용하기는 쉽지 않아 보인다. 만약 대다수의 사람들이 자연스럽게 활동량 측정계를 사용하는 세상이 온다면 순수한 행동경제학적 원칙에 따라 페널티 방식을 적용할 수 있겠지만 그전에는 힘들 것 같다.

또 한 가지 고려해야 할 것은 활동량 측정계를 나누어주었을 때 활동량이 많은 것으로 나타나는 사람들이 기기를 사용했기 때문에 활동량이 늘어난 것인지 아니면 원래 운동을 많이 하던 사람을 단순히 발견한 것에 불과한 것인지를 분리해서 생각해야 한다는 것이다. 만약 전자에 해당하는 사람들이 많다면 보험 가입자와 보험회사 모두 원원할 수 있겠지만 후자에 해당하는 사람들이 많다면 보험회사는 활동량이 적거나 활동량 측정계 사용을 거부하는 사람들의 보험료를 올리지 않으면 손해를 보게 될 것이다.

우리나라의 보험자인 국민건강보험공단은 디지털 헬스케어와 관련해 뚜렷한 움직임을 보이지 않고 있다. 흥미로운 것은 우리나라는 보험자가 하나이고 모든 국민이 건강보험에 의무적으로 가입해야 해서 디지털 헬스케어를 도입하기에 좋은 여건을 갖추었다는 점이다. 이는 미국의 보험 제도와 비교해보면 잘 이해할 수 있다. 미국은 고용주에 기반을 둔 민간보험 제도를 운영하기 때문에 보험 가입자가 몇 년 뒤에 이직하면 보험회사가 바뀔 수가 있다. 즉 어떤 민간보험회사가 비용을 투자해서 웰니스 프로그램을 운영하거나 디지털 헬스케어 제품을 사용해서 가입자의 건강을 증진시켰을 때 그 성과를 다른 회사와 나누어 가질 가능성이 있다.

이에 반해 우리나라는 다른 나라로 이민을 가지 않는 이상 국민건강보험에 가입해야 한다. 따라서 건강보험공단이 보험 가입자의 건강을 향상시키기 위해 투자했을 때 그 성과를 보험공단이 그대로 가져갈 수 있다. 또한 미국에서는 보험회사가 다수이기 때문에 새로운 디지털 헬스케어 제품이 나왔을 때 보험 적용을 받기 위해 개별 보험회사와 일일이 계약을 맺어야 한다. 하지만 우리나라는 한 곳의 적용만 받으면 된다. 민간에서 운영하는 실손보험은 건강보험 적용 여부를 그대로 적용하기 때문에 별도의 절차가 필요 없다.

이렇게 우리나라의 보험 여건은 디지털 헬스케어를 도입하기에 좋아 보이지만 실제 도입하기 위한 노력은 보이지 않는다. 건강보험공단은 보험 가입자인 국민들이 평소에 건강을 향상시킬 수 있도록 일종의 웰니스 프로그램인 건강증진센터를 운영하고 있다. 하지만 여기에 디지털 헬스케어를 접목하려는 시도는 없어 보인다. 그 이유는 여러 가지가 있을 수 있겠지만 기존에 안 해본 것은 하지 않으려고 하는 경로의존성 때문이라고 생각된다. 건강보험공단에 근무하는 한 지인은 "아마도 대통령이 나서서 디지털 헬스케어를 이용하라는 지시를 내리기 전에는 움직이지 않을 것"이라는 비관적인 전망을 하기도 했다.

이와 관련해 2014년 12월 취임한 국민건강보험공단 성상철 이사장의 행보는 주목할 만하다. 2015년 7월 1일 창립기념일에 맞춰 새로운 비전을 발표할 예정인데 비전 수립을 위한 컨설팅 용역 제안요청서에 유헬스U-Health에 대한 내용을 포함시킨 것이다.[26] 유헬스가 정확히 무엇을 의미하는지는 드러나 있지 않지만 디지털 헬스케어의 도입 가능성을 시사한다고 할 수 있다.

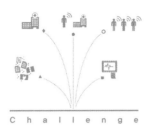

통제와 지침의 창구인 규제기관

디지털 헬스케어는 전통적인 의료 장비 및 서비스와 마찬가지로 사용자의 건강에 영향을 미칠 수 있기 때문에 규제기관의 통제를 받게 된다. 미국과 우리나라의 규제 상황에 대해 살펴보자. 디지털 의료기기 및 의료용 앱을 담당하는 미국 FDAFood and Drug Administration와 한국 식품의약품 안전처의 규제 현황과 원격진료 등 관련 규제에 대해서 살펴보겠다.

- 미국 FDA

FDA가 컴퓨터 혹은 소프트웨어 기반의 의료 관련 제품에 대해 관심을 보이기 시작한 것은 1989년이다. 당시 FDA는 컴퓨터 혹은 소프트웨어 기반의 제품 중 어떤 것이 의료기기에 해당하며 이에 대해 어떻게 규제하려고 하는지에 대한 지침을 준비해 소프트웨어

정책 초안Draft Software Policy를 제시했다. 당시 FDA 감독 범위에 대한 원칙을 제시했는데 소프트웨어가 제대로 작동하지 않았을 때 환자에게 미칠 수 있는 위험에 바탕을 두어야 한다는 것이었다. 이후 FDA는 IT기술이 빠르게 발전하기 때문에 하나의 정책을 가지고 이와 관련한 이슈를 모두 다루는 것은 적절하지 않다고 판단해 2005년 정책 초안을 폐기했다.

이후 디지털 헬스케이에 대한 FDA의 규제는 크게 6개 분야로 나누어볼 수 있다. 이를 간단히 정리하면 〈그림 3-9〉과 같다. 각 분야별로 살펴보자. 의료기기 데이터 시스템MDDS: Medical Device Data System은 의료기기 자체의 기능에 영향을 주지 않으면서 거기서 나오는 정보를 전송, 교환, 저장, 표시할 수 있는 장비를 의미한

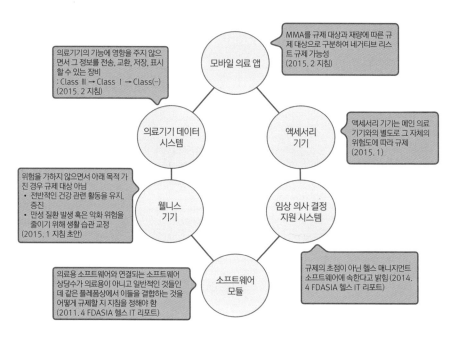

〈그림 3 - 9〉 FDA 규제 프레임 정리

다. 그 정의에서 알 수 있는 것처럼 의료기기의 기능에 영향을 주지 않기 때문에 위험성이 낮다고 할 수 있다. 따라서 2011년 FDA는 MDDS를 위험성이 높아 시판 전 승인이 필요한 3등급에서 위험성이 낮아 최소한의 규제만 적용되는 1등급으로 변경했다.[27) 이후 2015년 2월에는 MDDS 및 이와 유사한 의료 영상 저장기기 Medical image Storage Devices와 의료 영상 커뮤니케이션 기기 Medical image Communications System를 아예 규제대상에서 제외했다.[28)

FDA는 스마트폰의 보급과 함께 스마트폰에 설치해서 사용하는 의료 앱이 폭발적으로 늘어남에 따라 단계적으로 모바일 의료 앱 Mobile Medical App에 대한 규제지침을 내놓고 있다. 2013년 9월에 발표된 규제지침에서는 기존 입장과 마찬가지로 의료기기라고 볼 수 있으며 제대로 작동하지 않으면 환자의 건강에 해를 끼칠 수 있는 모바일 의료 앱에 대해서만 규제하겠다는 입장을 밝혔다. 이와 함께 모바일 의료 앱을 크게 비규제대상 not regulated, 규제대상 regulated, 재량에 따른 규제대상 enforcement discretion으로 구분했다. 여기서 특기할 만한 것은 재량에 따른 규제대상 항목을 설정했다는 점이다. 의료기기이기는 하지만 환자에 미치는 영향이 적어서 제한적으로 규제를 행사하는 경우를 의미한다.

예를 들면 일상생활 속에서 당뇨병이나 고혈압과 같은 질병 관리와 관련해 코칭이나 조력을 제공하는 앱, 혈압이나 약물 복용력과 같은 건강정보를 기록하고 관리하기 위한 도구, 질병 상태를 기록해 의료기관에 제공하기 위한 것 등을 의미한다. 보통 규제기관들은 가급적 많은 것을 규제대상으로 묶어놓고 권력을 행사하고자 하는 경향이 있다. 그런데 의료기기에 해당함에도 규제대상으로 삼지 않을 수도 있는 항목을 만든 것이다. 규제대상에서 풀어준 것은 아니지만 모바일 기술의 발달 속도를 감안해 일방적으로 규제를 가하지는 않겠다는 의도로 볼 수 있다.[29]

　2015년 2월 FDA는 모바일 의료 앱에 대한 기존 지침을 대체하는 새로운 지침을 발표했다.[30] 앞선 규제 지침과 다른 점은 비규제대상을 제외하고 규제대상과 재량에 따른 규제대상만으로 구분했다는 것이다. 규제대상에 포함되지 않는 것은 비규제대상으로 볼수 있다는 일종의 네거티브 리스트 방식의 규제를 하겠다는 의도가 있는 것 같다. FDA는 디지털 헬스케어와 관련해 의료기기에 해당하고 기능이 제대로 작동하지 않으면 환자의 안전에 위해를 가할 수 있는 경우에 한해서 규제를 하겠다고 지속적으로 천명하고있다. 규제 지침의 내용이 변화하는 것을 보면 이런 FDA의 의지를확인할 수 있다.

　다음으로 FDA는 2015년 1월에 웰니스 기기에 대한 규제지침초안을 발표했다.[31] 이 지침에서는 웰니스 기기를 정의하고 규제대상이 아닌 경우를 두 가지로 정리해서 밝히고 있다. 한 가지는질병과의 연관성을 드러내지 않는 제품이다. 예를 들어 체중 감량 혹은 피트니스와 관련된 경우로 레크리에이션 혹은 긴장을 풀기 위한 목적을 가진 것이다. 또 한 가지는 특정 질병과의 연관성을 드러내지만 질병의 위험을 줄이거나 질병이 있는 사람이 더 건강하게 살 수 있도록 하는 제품이다. 예를 들어 당뇨병 환자에게서체중 감량을 해주는 경우가 여기에 해당한다.

　또한 FDA는 같은 날 액세서리 기기에 대한 규제지침 초안을 내놓았다.[32] 액세서리 기기는 메인 의료기기에 동반해서 사용하는 기기를 말한다. 기존 지침에서는 액세서리 기기는 메인 의료기기와 같은 수준의 규제를 적용하는 것을 기본으로 하고 특수한 경우에 한해 별도의 규제를 적용했는데 새로운 지침 초안에서는 액세서리 기기는 그 자체의 위험도에 따라서 메인 의료기기와는 별도로 규제하겠다는 뜻을 밝혔다.

지침 발표 직후 FDA는 덱스컴 회사의 지속형 혈당 측정계Continuous Glucose Monitor 측정 결과를 전송할 수 있는 휴대용 장비를 2등급으로 승인했다. 이 결정이 주목할 만한 것은 메인 의료기기인 지속형 혈당 측정계가 3등급이기 때문에 이의 액세서리 기기로 혈당 측정계 데이터를 전송할 수 있는 크래들 장비가 3등급 분류를 받은 적이 있기 때문이다. 즉 FDA가 규제 지침에서 밝힌 바와 같이 액세서리 기기 자체가 큰 위험을 가져오지 않는다면 메인 의료기기의 규제 내용에 구애받지 않겠다는 의지를 실제 승인 과정을 통해 보여준 셈이다.33)

한편 FDA는 앞으로 구체적인 지침이 필요한 분야를 밝힌 바 있다. 2014년 4월 헬스케어 IT에 대한 규제와 관련된 입장을 정리한 「헬스 IT 보고서FDASIA Health IT Report」를 의회에 제출했다. 이 보고서에 향후 명확하게 규정되어야 하는 분야를 다섯 가지로 나누어 명시했다. 첫째, 임상 의사 결정 지원 시스템Clinical Decision Support System. 둘째, 웰니스 기기. 셋째, 액세서리 기기. 넷째, 소프트웨어 모듈. 다섯째, 규제 절차에 대한 부처 간 업무 지침이 포함되었다.34) 이 가운데 웰니스 기기와 액세서리 기기에 대한 규제 지침 초안이 발표되었다. 나머지 중 업무 지침은 규제와는 무관하니 별개로 하면 머지않은 미래에 임상 의사 결정 지원 시스템과 소프트웨어 모듈에 대한 규제 지침 초안을 발표할 것으로 예상된다.

특히 헬스 IT 보고서에서는 임상 의사 결정 시스템에 대해 상당히 많은 내용을 기술하고 있다. 이는 환자별 의료정보의 기반 위에 의학적 의사 결정에 이용되는 알고리즘을 활용해 환자의 진단과 치료에 사용될 수 있는 정보를 도출해내는 시스템을 의미한다. 지금까지는 의사가 진료 현장에서 활용하는 형태의 제품이 많았다. 예를 들어 환자의 병력을 기록하고 혈액 검사 결과가 나오면 알고리즘이 이를 분석해 진단과 치료를 제시해줄 수도 있다. 만약 이를 환자가 평소에 사용할 수 있게 된다면 굳이 의사를 만날 필요가 없어질 수 있어 의료 현장에 큰 변화가 생길 수 있다.

이 보고서에서는 다수의 임상 의사 결정 시스템이 환자 안전에 미치는 위험이 적기 때문에 규제의 필요성이 적다고 지적했다. 당시 미국 상·하원에서 발의된 법안에서 모든 종류의 임상 의사 결정 시스템에 대해 FDA가 전혀 규제를 행사하지 못하도록 규정했는데 이를 의식한 것으로 보인다. FDA는 임상 의사 결정 시스템에 대한 규제를 완전히 포기하는 것은 위험할 수 있다고 판단해 나름 타협을 본 것 같은 느낌이다.[35]

디지털 헬스케어에 대한 FDA의 규제 방향은 다음과 같이 정리할 수 있다. 첫째, 기존의 규제에 얽매이지 않고 환자에게 미칠 위험에 바탕을 두고 규제하겠다는 원칙을 세워 지키고 있다. 의료기기 데이터 시스템에 대한 규제를 지속적으로 완화한 것이나 액세서리 기기를 메인 의료기기와 별도로 규제하기로 정하는 등 환자에게 미치는 위험이 적다고 밝혀진 분야에 대해서는 과감하게 규제를 완화하는 모습을 보이고 있다.

둘째, 불확실성을 줄이기 위해 노력하고 있다. 규제 지침을 내놓을 때 지침에서 다루는 대상을 정의하고 지침이 다루지 않는 내용을 분명히 함으로써 혼동의 여지를 줄이고 있다. 또 앞선 지침 혹은 보고서에서 향후 명확하게 규정되어야 하는 분야를 명시하면 곧 이어 그에 대한 지침이 나오고 있다.

마지막으로 FDA는 민간 영역과 소통하기 위해 노력하고 있다. 규제 지침을 내놓기 전에 규제 지침 초안을 발표해 여론을 수렴하는 과정을 반드시 거치고 있다. FDA에서 생각하는 방향으로 규제를 바꾸어 가기보다는 민간 영역의 생각을 반영하기 위한 노력을 한다는 점에서 높은 점수를 주고 싶다.

미국 FDA의 규제 상황에 대해 자세히 알아본 것은 우리나라 식약처가 FDA 규제 변화를 시차를 두고 받아들이는 경향이 있기 때문이다. 앞으로도 국내에서 이 분야에 관심이 있는 사람들은 FDA 규제에 관심을 가질 필요가 있다.

– 한국 식약처

FDA가 2013년 9월 25일 규제 지침을 발표한 후 2013년 12월 식약처는 '모바일 의료용 앱 안전관리 지침'을 발표했다. FDA의 영향을 받은 것으로 보이는 이 지침은 FDA 지침과 유사하게 모바일 플랫폼과 모바일 앱 및 모바일 의료용 앱에 대한 정의로 시작한다. 하지만 FDA 지침과는 결정적인 차이가 있다. FDA는 2011년 이후 나오는 모든 규제 지침 및 초안에서 환자에 미치는 위험에 바탕을 둔 규제를 하겠으며 불필요한 규제를 줄이겠다는 입장을 반복해서 천명하고 있다. 반면 식약처 지침에서는 이런 언급이 없다.

오히려 서문에서 "의료 목적에 사용되는 앱의 경우, 일반적인 모바일 앱과 달리 제품의 미세한 오류 등에 따른 진단 및 측정값의 변화로 불특정 다수의 모바일 앱 사용자에게 의학적 오류 등 잠재적 위해요소가 내재되어 있으므로 위해요소 사전 예방 차원의 관리 필요성이 대두되고 있다"라고 해 규제의 필요성을 강조하는 모습을 보인다.

아울러 FDA와는 달리 모바일 의료용 앱을 '의료기기에 해당하는 모바일 의료용 앱'과 '의료기기에 해당되지 않는 모바일 앱'만으로 분류하고 있다. FDA 지침에서는 재량에 따른 규제대상을 설정해 의료기기이기는 하지만 환자에 미치는 영향이 적으며 규제를 행사하지 않는 경우를 두었다. 그런데 식약처 지침에서는 이것이 빠져 있어서 의료기기에 해당하는 모든 앱은 규제하겠다는 뜻을 밝힌 셈이다.

이후 식약처는 지금까지 규제 지침을 내놓지는 않고 있으며 삼성전자가 스마트폰에 새로운 헬스케어 센서를 탑재할 때마다 이와 관련된 규제를 완화하는 모습을 보이고 있다. 첫 번째 사건은 2014년 3월 삼성전자가 갤럭시S5에 심박 센서를 탑재했을 때 발생했다. 식약처는 이전까지 심박수를 표시하는 제품은 용도에 상관없이 의료기기로 관리하겠다는 입장이었다. 그런데 갤럭시S5 출시에 맞추어 운동 및 레저용 심·맥박수계를 의료기기와 구분해 관리하는 내용의 '의료기기 품목 및 품목별 등급에 관한 규정' 고시 개정안을 내놓았다. 식약처 관계자는 "의료용과 운동·레저용 제품으로 구분해 관리해야 할 필요성이 높아지고 있는 점을 고려해 이번 고시를 개정하게 됐다"고 했다. 하지만 관련된 내용에 대한 여론 수렴 혹은 검토에 대한 소식이 없다가 삼성전자의 제품 출시에 맞추어 갑작스럽게 규정을 바꾸었다는 점에서 비판을 받기도 했다.[36)]

두 번째 사건은 2014년 9월 갤럭시 노트4에 탑재된 산소포화도 측정기가 국내에서 의료기기로 간주되어 이를 비활성화하고 출시한 이후(미국에서는 레저용 산소포화도 측정기가 의료기기가 아닌 것으로 간주되기 때문에 활성화하고 출시되었다) 발생했다. 2015년 1월 식약처는 산소포화도 측정기를 의료용과 비의료용(레저용)으로 구분하는 '의료기기 품목의 소분류 및 등급' 제정 공고안을 행정 예고했다. 즉 의료기기로 규제받지 않고 스마트폰에 산소포화도 측정기를 탑재해서 판매할 길이 열린 것이다.[37)] 이 역시 앞선 조치와 마찬가지로 원칙 없이 특정 업체에 맞춰주기 식으로 규제를 적용한다는 비판을 받을 여지가 있다.

이런 비판을 의식한 식약처는 2015년 5월 대통령이 주재하는 규제개혁장관회의에서 단순 건강관리 용도로 사용된다면 의료기기 관리 대상에서 제외하겠다는 방침을 밝혔다. 식약처는 2015년 6월까지 건강관리용 웰니스 제품 구분 기준 가이드라인을 마련해 운동·레저 등 일상생활에서 건강관리에 도움을 주기 위한 목적으로 사용되는 밴드형 체지방측정기, 체지방, 심전도, 호흡, 심박수 등 건강상태를 측정하는 개인용 모바일기기, 생활습관 개선 등으로 당뇨와 고혈압 등의 관리를 위한 모바일기기 등을 의료기기 규제대상에서 제외할 계획이라고 밝혔다. 이는 그동안 뚜렷한 지침 없이 삼성전자가 출시하는 제품에 맞추어 규제를 완화하는 모습을 벗어나서 선제적으로 대응하는 모습을 보여준다는 점에서 주목할

만하다.[38]

　다만 규제 완화가 어떤 방향성 없이 급작스럽다는 느낌은 지울수 없다. 이렇게 이야기하면 규제 풀어달라고 해서 풀어줬더니 무슨 딴소리냐는 관계자의 볼멘소리를 들을 법하다. 그렇지만 FDA가 규제 지침 초안을 먼저 내놓고 여론을 수렴하는 것과는 달리, 어느 날 갑자기 대통령 보고 자리에서 계획을 밝히면서 한 달 뒤끼지 가이드라인을 마련하겠다는 자세는 규제를 받는 대상의 의견은 수렴할 생각이 없는 것이 아닌가 하는 느낌을 갖게 만든다.

　이런 식약처의 규제 방향은 FDA와 비교해 다음과 같이 정리할수 있다. 첫 번째, 규제의 폭이 넓다. 비록 건강 관리용 웰니스 제품에 대한 규제를 풀겠다고 밝히기는 했지만 FDA와는 달리 모바일의료용 앱을 규제대상과 비규제대상만으로 구분하고 있으며 의료기기에 해당하는 모든 앱은 규제하겠다는 입장을 보이고 있다. 두번째, 규제 내용을 보완하고 발전시키지 못하고 있다. FDA가 꾸준히 지침을 개정하면서 관련 기기들이 환자의 안전에 미칠 영향을지속적으로 평가하고 위험이 적다면 과감하게 규제를 완화하는 것과는 달리 한 차례 규제 지침 발표 후 추가 발표가 없다. 세 번째, 예측 가능성이 낮다. 디지털 헬스케어 가운데 아직 다루지 않은 분야가 무엇인지를 정의하지 않았기 때문에 향후 식약처가 어떤 분야에 대한 지침을 내놓을지 예측하기가 어렵다. 특히 삼성전자가새로운 제품을 내놓을 때 그에 대한 규제를 뒤늦게 완화하는 모습을 보이고 있어 이런 불확실성을 높이고 있다.

　식약처는 환자의 안전을 우선적으로 생각해야 하는 기관인 것은 맞다. 하지만 마찬가지 입장인 FDA가 하루가 다르게 발전하고 있는 기술을 의료에 적용하는 것을 전향적으로 받아들이는 데 비해서 식약처는 아직 규제에 치우친 입장을 보이고 있다. 이로 인해 우리나라 회사들이 최신 기술을 적용한 제품을 개발해 우리나라 국민들이 혜택을 보는 것이 점점 힘들어져가는 것이 사실이다.

– 한국 의료법

우리나라에서 디지털 헬스케어 규제와 관련해서 반복적으로 지적되는 것이 원격진료 허용 문제다. 현행 의료법에서 원격진료는 의료인 사이에만 허용되고 있다. 의료인과 환자 간에도 이루어질 수 있도록 허용하지 않기 때문에 국내에서 모바일 헬스케어 서비스가 발전하지 못한다는 주장이 있다. '정쟁에 갇힌 원격의료, 세계 모바일 헬스케어 시장 선점 멀어진다'는 제목하에 실린 다음 기사를 살펴보자.

> …의료계에 따르면 원격진료를 법적으로 허용하지 않는 우리나라 현실에서는 모바일 헬스케어 서비스를 개발하는 데 한계가 있다. 삼성전자 등 기업과 분당서울대병원 등 병원이 앞다퉈 모바일 헬스케어 서비스를 개발했지만 대부분 국내 상용화에는 실패했다……. 반면에 미국 등 원격진료를 허용한 국가에서는 모바일 헬스케어 서비스 산업이 급성장하고 있다. 모바일 기기를 활용해 심전도를 측정하고 원격으로 진단을 받는 얼라이브코 서비스는 국내에도 잘 알려져 이용자가 늘어나는 추세다……. 대형병원 한 의사는 "부정맥환자들은 부정맥 현상이 갑작스럽게 나타나 병원을 방문해서 심전도를 측정할 수가 없다"며 "부정맥이 발

생했을 당시 바로 측정해 의사에게 데이터를 전송해야 하는데 국내에서는 이러한 의료행위는 불법이어서 문제가 있다"고 말했다.

– 「전자신문」, 2014. 11. 20

2014년 말부터 2015년 초까지 여러 매체에서 비슷한 내용의 기사를 실었다. 기사들은 공통적으로 미국처럼 원격진료를 허용한 국가에서는 모바일 헬스케어가 발전하고 있지만 우리나라에서는 원격진료가 발전하지 못한다고 지적하고 있다. 하지만 생각해보면 원격진료가 허용되지 않았다고 해서 디지털 헬스케어를 이용하지 못할 이유는 없다.

위의 기사에서 예로 든 얼라이브코의 경우 우리나라에서는 전문의 진료를 받기가 쉽고 진료비가 저렴하기 때문에 부정맥이 발생했을 때 얼라이브코를 이용해 심전도를 측정한 다음 가급적 빠른 시일 내에 외래를 방문하거나 즉시 응급실을 방문해서 그 결과를 보여주는 것으로도 충분히 건강관리에 이용할 수 있다. 그리고 대부분의 다른 제품 역시 사용자가 평소에 건강 관련 정보를 저장한 다음 의사의 진료를 받을 때 그 결과를 보여주는 방식으로 충분히 이용할 수 있다.

오히려 문제는 엉뚱한 데 있을 수 있다. 디지털 헬스케어의 질병관리 서비스가 의료행위로 간주될 가능성이 있는 것이다. 현행 의료법에서는 "의료인이 아니면 누구든지 의료행위를 할 수 없다"고 하고 "의료인은…… 의료기관을 개설하지 아니하고는 의료업을 할 수 없다"고 규정하고 있는데 해석하기에 따라서는 질병관리 서비스 자체가 의료행위로 간주될 가능성이 있다는 것이다. 이렇게 되면 원격진료 허용 여부와 무관하게 미국의 블루스타와 같은 당뇨병 관리 서비스는 국내에서 허용될 수 없다.

이런 관측이 나오는 것은 (디지털 헬스케어를 염두에 둔 것은 아니지만) 과거 건강관리서비스법안과 건강생활서비스법안이 발의되었을 때의 상황에서 기인한다. 2010년과 2011년에 발의된 건강관리서비스법안에서 "건강관리서비스란 건강의 유지·증진과 질병의 사전예방·악화 방지 등을 목적으로 해로운 생활습관을 개선하고 올바른 건강관리를 유도하는 상담·교육·훈련·실천 프로그램 작성 및 이와 관련해 제공되는 부가적 서비스"라고 정의했다. 여기에는 고혈압이나 당뇨병 같은 만성질환에 대한 관리가 포함된다. 당시 복지부는 이러한 건강관리서비스가 의료서비스와 별개라고 주장했다. 반면 의사협회에서는 건강관리가 의료행위 일부라고 주장했다. 여기에 더해 시민단체에서 건강관리서비스가 사실상 의료 민영화라는 지적이 나오면서 결국 이 법안은 통과되지 못했다.[39]

이에 복지부는 2012년 건강생활서비스법 제정을 검토했다. 당시 제정 안에서 기존의 건강관리서비스는 의료행위와 관련된 서비스를 포함하는 것으로, 건강생활서비스는 의료서비스와 구분되는 생활습관의 관리 및 질병예방 차원의 서비스로 구분했다.[40] 즉 복지부가 고혈압이나 당뇨병 같은 만성질환에 대한 관리는 의료행위라고 해석한 것으로 볼 여지가 있다. 따라서 미국의 블루스타와 같은 당뇨병 관리 서비스는 국내에서 의료행위로 간주되어 디지털 헬스케어 서비스로 제공하는 것이 불법이 될 가능성이 있다.

정리하자면, 국내에서 디지털 헬스케어와 관련된 규제로 중요한 것은 원격진료의 허용 여부가 아니다. 보건복지부에서 디지털 헬스케어 서비스가 의료행위라고 규정한 적은 없지만 그렇게 해석될 여지를 남겼으며 이로 인해 불확실성이 초래된다는 점이 더 큰 문제라고 할 수 있다. 건강관리서비스법안을 둘러싸고 의사협회와 시민단체들이 반발했던 것처럼 디지털 헬스케어와 관련해서도 비슷한 논쟁이 빚어질 수 있다. 보건복지부의 과거 모습을 보면 이런 논쟁이 벌어졌을 때 디지딜 헬스케어 업계를 적극적으로 옹호할 가능성은 높지 않아 보인다. 그렇게 되면 피해는 스타트업이 대부분인 디지털 헬스케어 업체들이 고스란히 지게 될 것이다.

– 원격진료를 둘러싼 논의

앞서 원격진료 허용 여부와 디지털 헬스케어에 대해서 간단히 언급하였지만 국내에서 워낙 첨예한 문제라 여기서 한번 다루고자 한다. 규제 자체보다는 원격진료를 둘러싼 중요한 이슈를 짚어보는 것이 도움이 될 것이라 생각한다. 단, 여기서는 원격의료 전반을 다루지는 않고 의사 – 환자 간 원격진료만을 다루겠다.

보건복지부는 2014년 11월부터 원격의료 시범사업을 시작했다. 9곳 의료기관의 600명 환자를 대상으로 시작한 시범 사업은 2015년 50곳의 1800명으로 확대한다. 이외에 의료법에서 허용되는 의료진 간 화상 원격 협진을 확대하고 원양선박 선원 및 군장병 등 특수지를 대상으로 한 원격의료 서비스를 확대한다.[41]

우리나라에서 원격진료가 어떤 의미가 있을지를 생각해보기 위해 우리보다 앞서 도입되어 활발하게 이용되고 있는 미국의 경우를 먼저 살펴보자. 미국에서 원격진료가 활발하게 이루어지는 이유는 무엇일까? 땅이 워낙 크니까 의료의 접근성이 떨어지기 때문이라고 생각하기 쉽다. 물론 그것도 이유이긴 하지만 더 중요한 것은 돈 때문이라고 볼 수 있다. 미국에서 원격진료가 본격적으로 도입될 수 있었던 계기는 1997년에 균형예산법Balanced Budget Act 이 통과되면서 65세 이상 노인을 위한 국가 의료보험인 메디케어 Medicare에서 원격진료Telehealth에 대한 수가를 지불하기로 정해졌기 때문이다.

그러면 균형예산법은 어떤 법일까? 이 법은 2002년까지 연방 예산 균형을 맞추는 것을 내용으로 한다. 1998년에서 2002년 사이에 1,690억 달러의 예산을 절감하게 되어 있는데 이중에 1,120억 달러가 메디케어 비용 절감에 해당한다. 메디케어 비용을 절약하기 위한 활동의 일환으로 원격진료에 수가를 지불하겠다는 것이다.

이후 2002년에는 미국 최초 최대의 원격진료 회사라고 하는 텔

〈그림 3 - 10〉 텔라닥 홈페이지(출처: 텔라닥 홈페이지 캡처)

라닥Teladoc이 설립되었다. 텔라닥과 같은 원격진료 회사들은 감기와 같이 비교적 가벼운 질환을 가진 환자를 대상으로 40~50달러 정도의 비용에 진료 서비스를 제공한다. 원격진료 회사들은 원격진료가 없었을 경우 이들 환자들이 수백 불의 진료비가 발생하는 응급치료클리닉이나 응급실로 가게 되었을 것이라고 하면서 의료비 절감 효과를 내세운다. 원격진료가 시작된 계기가 되는 법률과 현재 서비스를 제공하는 회사들을 살펴보았을 때, 원격진료의 가장 큰 가치는 의료비 절감이라고 할 수 있다.

우리나라는 어떨까? 의원급 의료기관의 초진료는 1만 4,000원이고 재진료는 1만 원이다. 원격진료가 본격적으로 도입된다고 했을 때 그 진료비가 이보다 많이 싸질 수는 없을 것이라고 본다. 왜냐하면 원격진료의 경우, 기존 의원과는 달리 혈액검사와 영상 검사를 시행할 수 없고 영양수액 등 비급여 진료를 할 수 없어 진찰비가 수입의 전부일 가능성이 높기 때문이다. 그렇다면 원격진료 진료비는 기존 의원과 큰 차이가 없어 의료비 절감 효과는 사실상 없을 것이다. 뒤에서 자세히 살펴보겠지만 오히려 손쉽게 의료 서비스를 이용할 수 있게 되고 별도의 장비들을 설치해야 하는 상황을 감안하면 전체 의료비는 오히려 늘어날 가능성도 있다.

두 번째로 살펴볼 것은 원격진료가 허용되는 경우 누가 주로 이용할 것인가이다. 미국은 어떨까? 원격진료의 취지가 의료 접근성이 나쁜 사람들을 위한 것이니 와이오밍주 시골에서 농사를 짓는 분들이 주로 이용할까? 미국의 대표적인 싱크탱크인 랜드 연구소는 텔라닥의 청구 자료를 분석해 논문으로 발표했다. 이에 따르면 텔라닥을 이용하는 사람들은 외래 혹은 응급실을 방문하는 사람들에 비해 젊고 동반 질환이 적으며 그전에 진료를 받은 적이 적었다고 한다.[42] 즉 병원에 자주 갈 일이 없고, 테크놀로지에 비교적 친숙한, 건강한 젊은 층이 주로 이용한다는 뜻으로 볼 수 있다.

국내 한 매체가 미국에서 원격진료를 하는 한인 내과 의사를 인터뷰한 기사에도 비슷한 내용이 나온다. 이 기사에 따르면 원격 진료를 이용하는 "가입자는 대체로 직장에서 근무하는 사람들이기 때문에 젊고 심하게 아픈 사람들이 없다. 원격진료도 간단한 질환 위주로 실시하면 된다"고 하며 의료 장비를 이용하는 것과 관련해서는 "환자들이 젊고 건강하기 때문에 특별히 상태를 측정할 필요가 없"고 "디바이스의 신뢰성도 문제"이기 때문에 "책임 소재의 문제로 디바이스를 활용한 진단은 아직 활성화돼 있지 않다"고 했다.[43]

미국보다 의료 접근성이 훨씬 좋은 우리나라는 어떨까? 우리나라는 일부 지역을 제외하고는 의료 접근성이 매우 우수하다. 어지간한 시골을 가도 읍내에 의원 한 군데 없는 곳이 없다. 미국처럼 의료 접근성이 나쁜 지역이 많은 곳에서도 젊은 사람들이 간단한 질환이 있을 때 주로 이용하는 서비스가 우리나라에서 어떤 가치를 줄 수 있을지 의문이 들 수밖에 없다.

정리하자면, 우리나라에서 원격진료가 줄 수 있는 가치는 매우 제한적이다. 우리나라에서 큰 의미 없는 원격진료 및 이에 대한 시범 사업을 둘러싼 논쟁 때문에 디지털 헬스케어를 활용한 원격의료 자체가 자리 잡지 못하고 있는 여건이 아쉽다.

4장

흔한 오해들

Misunderstanding

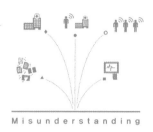

디지털 헬스케어 제품은 스마트폰과 연결해서 사용하는 모바일 기기의 형태가 많다. 또한 모바일 헬스케어 기기를 통해 생체신호를 실시간으로 인터넷에 연결해준다는 점에서 사물인터넷과 유사한 측면이 있다. 이런 점들 때문에 모바일 기기 산업 혹은 사물인터넷 산업에 접근하는 방식을 디지털 헬스케어 산업에 그대로 적용하려고 하는 경우가 있다.

하지만 헬스케어는 구조가 복잡하고 보수적인 성격이 강해서 쉽게 바뀌기 어려운 분야다. 스마트폰이 예상보다 빠르게 보급되었고 사물인터넷 열풍이 불고 있다는 사실에 근거해서 의료 분야에서도 빠른 속도로 변화를 일으킬 수 있으리라고 막연히 기대했다가는 낭패를 보기 십상이다. 그럼에도 헬스케어 사업은 접근 방법이 달라야 한다는 말을 들으면 모바일 기술이 새롭게 진입하는 분야에서 으레 나오는 이야기라거나 모바일 혁명에 저항하는 몸부림 정도로 생각하는 경우가 있다.

이 장에서는 디지털 헬스케어 사업에 뛰어든 업체들이 갖기 쉬운 오해들에 대해서 살펴보겠다.

모바일 기기 만들 듯
디지털 헬스 기기를 만든다

디지털 헬스케어가 유망 분야가 될 수 있었던 중요한 이유 중 하나는 많은 사람들이 스마트폰을 사용하면서 이동 중에 컴퓨터를 사용할 수 있게 되었기 때문이다. 스마트폰 및 이에 연결한 장비를 이용해 몸에 대한 정보를 더 많이 수집할 수 있고 수집한 정보를 실시간으로 분석할 수 있게 되어 걸어 다니면서 건강을 향상시킬 수 있는 환경이 조성된 것이다.

이런 특성 때문에 디지털 헬스케어에 진입하는 업체들 중에 스마트폰과 같은 모바일 기기 시장에서의 성공 경험을 디지털 헬스케어에 그대로 적용하려고 하는 곳들이 있다. 모바일 기기 산업에서 큰 성공을 거둔 업체들일수록 그럴 가능성이 높다.

하지만 디지털 헬스케어는 일반적인 모바일 기기와 제품의 성격이 다르다. 디지털 헬스케어는 의료서비스 혹은 의료기기의 한 형태라고 할 수 있다. 의료는 소비자인 환자나 보호자가 품질이나 수준을 정확하게 판단하기 어렵다. 중요한 수술을 받을 일이 있을 때 누가 명의인지를 알아보고 수술받을 의사를 선택하지만 실제로 최고 수준의 수술을 받았는지를 알기는 어렵다. 이렇게 소비자가 실제 사용해본 다음에도 품질을 파악하기 어려운 것을 신용재라고 한다.

이에 반해 스마트폰을 비롯한 모바일 기기는 사서 써본 후에야 알 수 있는 제품인 경험재 혹은 직접 사용해보지 않아도 시간을 투자해 노력하면 품질을 어느 정도 알 수 있는 제품인 탐색재에 해당한다.

경험재는 이미 구매한 사람들의 경험을 찾아보고 그 내용을 근거로 구매 여부를 결정한다. 따라서 특징과 품질에 대한 정보가 소비자에게 전달되는 과정을 관리하는 것이 중요하다. 소비자들의 경험이 쌓여서 만들어진 평판이 곧 경험재의 브랜드이자 가장 강력한 마케팅 무기라고 할 수 있다. 탐색재는 소비자의 고려 대상 가운데 높은 순위를 차지하는 것이 중요하다. 탐색 비용 때문에 소비자들이 가능한 모든 옵션을 고려하지는 않기 때문이다. 따라서 탐색재를 판매하는 회사들은 제품 이름만 반복해 노출함으로써 인지도를 높이는 홍보 방법을 쓰기도 한다. 따라서 스마트폰이나 모바일 기기는 엄청난 마케팅 예산을 편성해 지속적으로 광고를 하고 파워 블로거를 섭외해 제품을 사용해본 경험을 전파하도록 한다.

이에 반해 신용재는 소비자들이 품질을 평가하기 어렵다. 따라서 브랜드를 쌓을 기반을 마련하기가 어려워서 브랜드를 쌓는 데에는 시간이 걸리고 소비자의 마음속에 신뢰를 쌓는 데도 오랜 시간이 걸린다. 따라서 장기간에 걸쳐 지속적으로 신뢰를 구축해 소비자의 신용을 얻는 것이 중요하다.

현재 디지털 헬스케어 업계에서 탐색재 혹은 경험재에 해당하는 피트니스 및 체중감량 제품을 제공하는 회사들 중 일부는 마케팅 활동을 통해 독자적으로 브랜드를 쌓기 위해서 노력하기도 한다.

하지만 신용재에 해당하는 본격적인 의료서비스를 제공하는 회사들은 병원 혹은 의사들과 연계해 사람들이 기존 의료 시스템에 대해 갖는 신뢰를 이용하고자 노력한다.

예를 들어 휴대용 심전도인 얼라이브코는 독자적으로 심방세동을 진단할 수 있지만 의사가 판독을 하는 경우에 보험 적용을 받을 수 있다. 얼라이브코를 사용하는 환자는 이 기기가 보험 적용을 받는나는 사실을 늘고 의사가 판독하는 모습을 보면서 이 제품이 믿고 쓸 만하다는 신뢰를 하게 된다. 또한 당뇨병 관리 서비스인 웰닥은 의사의 처방을 받아야만 사용할 수 있다. 의사가 사용하는 전자의무기록과 연결해 의사가 진료 현장에서 사용할 수 있도록 하고 있다. 이 역시 의료진이 믿고 사용할 만한 의료서비스라는 신뢰를 쌓기 위한 노력이라고 할 수 있다.

제품을 구매하는 방식도 디지털 헬스케어와 모바일 기기를 구분하는 중요한 요소다. 모바일 기기는 기본적으로 소비자가 자신의 기호에 맞는 제품을 자신의 돈을 가지고 구매하게 된다. 이에 비해 의료는 서비스를 받는 주체와 돈을 내는 주체가 달라 소비자가 아닌 보험자가 의료서비스 비용을 지급하며 어떤 것을 구입할 지를 결정한다. 보험 적용이 되지 않는 의료서비스도 존재하지만 보험 적용을 받지 못하면 가격이 크게 오르기 때문에 사실상 소비자인 환자가 이용하지 못하게 된다. 그런데 보험자 나름의 이해관계가 존재하게 마련이며 환자의 이해관계와 반드시 일치하는 것은 아니다. 경우에 따라서는 환자에게 유리한 것이 보험자에게는 그렇지 않을 수도 있다. 이에 대해서는 다음 장에서 더 자세히 살펴보겠다.

제품 자체의 특성과 제품에 대한 지불 시스템의 차이는 디지털 헬스케어와 일반적인 모바일 기기를 구분하는 가장 중요한 특성이다. 이 점에 대한 고려 없이 기술적인 면만 고려해서는 디지털 헬스케어에서 성공을 거두기 어렵다.

디지털 헬스케어가
사물인터넷의 일부라고 생각한다

  디지털 헬스케어를 사물인터넷의 일부라고 보는 것 역시 흔한 오해다. 사물인터넷에 대해서 다루는 컨퍼런스의 한 세션으로 디지털 헬스케어가 포함된 경우가 많고, 회사에서도 사물인터넷을 담당하는 부서가 디지털 헬스케어를 관장하는 경우가 있다. 진부한 이야기일 수 있지만, 디지털 헬스케어는 사람을 대상으로 한다는 점에서 사람은 주체이고 사물이 대상이 되는 사물인터넷과 차이가 난다. 이는 생각보다 큰 차이일 수 있다. 사물은 주체인 사람의 의지에 따라 그대로 움직이는 반면 사람은 의지대로 움직이지 않는 경우도 많기 때문이다.

  핏비트 같은 활동량 측정계를 차고 다니면서 걸음 수를 확인하면 더 많이 걸어야겠다는 자극을 받을 수는 있다. 하지만 반드시 많이 움직이는 것은 아니다. 활동량 측정계가 헬스케어의 한 부분이 되기 위해서는 사용자를 자극하고 동기를 부여해 실제로 행동으로 옮기도록 하기 위한 방법이 있어야 한다. 활동량 측정계 사용자 가운데 3분의 1은 6개월이면 사용을 중단하는 것도 사람을 대상으로 하는 것이 그만큼 힘들기 때문이다.

활동량 측정계 외에도 많은 디지털 헬스케어 기기들이 사람이 건강 행동을 하도록 유도할 수 있다는 약속을 하고 있다. 하지만 아직 눈에 띄는 성공을 거둔 것은 많지 않아 보인다. 이는 디지털 헬스케어 제품을 만들 때 마치 사물인터넷 제품을 만들 때처럼 제품의 스펙과 용도에만 집중하는 경우가 많기 때문이다. 디지털 헬스케어에서 하드웨어보다 중요한 것은 사람의 행동을 바꿀 방법이다. 이에 대한 깊은 이해 없이는 성공하기 어려울 것이다.

2~3년 내 성과를 내려고 한다

애플은 매년 새로운 아이폰을 출시하고 있으며 삼성전자는 갤럭시S 시리즈 스마트폰과 갤럭시 노트 시리즈 스마트폰을 적어도 매년 한 개씩은 내놓고 있다. 이외에도 매년 수많은 스마트폰과 모바일 기기가 출시되고 있다. 모바일 기기는 출시 후 몇 개월만 지나도 구형 제품이 되기 일쑤이며 그만큼 제조 회사들의 제품 출시 주기가 짧아지고 있다.

또 대기업의 임원들은 보통 임기가 2~3년이다. 그 안에 성과를 내지 못하면 회사를 떠나야 한다. 스타트업은 임직원의 임기가 따로 정해져 있지는 않지만 투자하는 벤처캐피털들의 인내심이 그리 길지 않은 경우도 있다.

이로 인해 적지 않은 회사들, 특히 대기업들은 디지털 헬스케어에서도 길어야 2~3년 이내에 성과를 내야 한다고 생각한다. 현재 국내 회사들이 관심을 보인 지 1~2년 정도 지났다는 점을 고려하면 향후 1~2년 이내에 뚜렷한 성과가 나오지 않으면 디지털 헬스케어 사업을 접는 곳이 나올지도 모른다.

디지털 헬스케어, 특히 본격적인 의료 영역은 사업을 구축하는데 오랜 시간이 걸린다. 앞서 다룬 것처럼 신용재라는 제품의 특성 때문에 신용을 쌓는 데 시간이 걸리며 임상시험을 통해서 효용을 인정받고 규제 기관의 승인을 받으며 보험자의 보험 적용을 받아 의료진의 관심을 얻게 되기까지 오랜 시간이 걸린다. 당뇨병 관리 서비스인 웰닥은 5~6년에 걸쳐서 이 과정을 거쳤다. 하지만 오랜 시간을 견디고 제대로 된 제품을 내놓게 되면 그동안의 세월이 강력한 진입장벽이 된다. 아무리 자본이 많은 신규 진입자라 해도 거쳐야 할 시간을 단축시키는 데에는 한계가 있기 때문이다.

따라서 장기간에 걸친 투자를 감내할 수 없는 회사는 섣불리 디지털 헬스케어에 뛰어들지 않는 것이 낫다. 단 그 기간을 견뎌내고 좋은 제품을 내놓는 회사는 진입장벽 안에서 투자기간만큼이나 긴 시간 동안 그 과실을 누릴 수 있을 것이다.

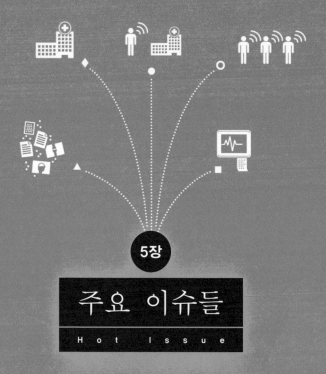

5장

주요 이슈들

Hot Issue

Hot Issue

디지털 헬스케어는 아직 초창기 단계에 있으며 지금까지 보여준 것은 그 잠재력의 일부분에 지나지 않을 것이다. 잠재력이 있다는 것은 가능성을 의미하기도 한다. 하지만 그 잠재력을 실현해나가는 과정에서 많은 어려움이 발생할 수 있다는 뜻이기도 하다. 이는 모든 성장 산업에서 공통적으로 발생하는 일이다. 그리고 이 중 일부는 업계가 발전하면서 자연스럽게 해결되기도 한다. 하지만 어떤 부분은 업계의 발달을 지연시킬 수도 있으며 심하면 그 가능성을 제한할 수도 있다.

이 장에서는 디지털 헬스케어와 관련한 이슈 가운데 해결이 쉽지 않거나 개별 업체의 노력만으로 극복하기 어려울 수 있는 것들을 짚어보도록 하겠다. 여기서 다룰 주요 이슈는 비용 효용성, 실질적인 효용 여부, 사람들의 건강에 대한 태도, 언론 보도와 현실 간의 간극 네 가지다.

비용 효용성이 있는가

헬스케어에서 신규 진입자라고 할 수 있는 디지털 헬스케어의 존재 가치 중 하나는 날로 늘어만 가는 의료비용을 줄이는 데 도움이 될 수 있다는 것이다. 미국은 GDP의 17퍼센트 정도를 의료비로 지출하고 있으며 우리나라를 비롯한 많은 나라들이 인구 고령화로 말미암아 늘어나는 의료비를 줄이기 위해 노력하고 있다. 디지털 헬스케어는 첨단 IT 기술을 활용해서 굳이 병원을 찾거나 의사를 만나지 않고도 질병을 관리할 수 있게 해줌으로써 의료비용을 줄여준다고 약속하고 있다. 투자비의 몇 배에 달하는 의료비를 절감해줄 수 있다고 하는 비용 효과 연구 결과를 내놓는 경우도 있다.

잘 설계된 비용 효과 연구 결과는 학술적으로 의미가 있으며 널리 신뢰를 받는다. 그런데 모든 연구가 그렇듯이 일정한 가정과 틀 안에서 연구가 이루어지기 때문에 실제 상황에 그대로 대입하기는 어려운 경우가 있다. 디지털 헬스케어는 아직 도입된 지 얼마 지나지 않았기 때문에 그런 한계가 더욱 도드라질 수 있다. 디지털 헬스케어가 비용 효용성이 없다고 가정했을 때 그 원인이 될 수 있는 요인들을 정리해보면 〈그림 5-1〉과 같다.

이 가운데 디지털 헬스케어의 효용은 개별 제품별로 차이가 클 것이기 때문에 효용이 실제보다 낮을 가능성은 평가하기가 어렵다. 따라서 추정한 것보다 더 큰 비용이 생길 가능성에 대해 살펴보고 마지막으로 전체적인 비용 효용성이 낮을 가능성에 대해 검

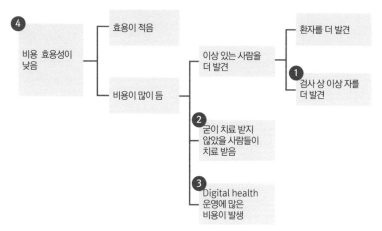

〈그림 5 - 1〉 디지털 헬스케어의 비용 효용성이 낮을 때 가능한 원인 분석

토해보겠다.

– 검사상 이상 있는 사람을 더 발견하는 것은 이로운 일인가

디지털 헬스케어는 일반인들이 주도적으로 자신의 건강을 관리할 수 있는 세상을 약속한다. 그 과정에서 사람들이 더 많은 장비를 이용하게 되고 평상시에 검사를 더 많이 하게 될 것으로 보인다. 그럼 이상이 발견되는 사람들도 늘어나게 된다. 조기에 질병을 찾아내 치료하는 것은 디지털 헬스케어가 줄 수 있는 혜택이라고 할 수 있다.

그런데 그게 전부가 아니다. 검사상 이상이 있는 것과 질환이 있는 것이 일치하는 것은 아니다. 검사를 받은 환자들에 대해 검사상 이상 유무와 질환 유무를 가지고 2×2표를 만들면 〈표 5-1〉과 같다.

	검사상 이상 있음	검사상 이상 없음
질환 있음	진양성True positive	위음성False negative
질환 없음	위양성False positive	진음성True negative

〈표 5 - 1〉 검사상 이상 유무와 질환 유무

실제 질환이 있는 사람 중에 검사에서 발견되는 경우를 진짜 양
성, 즉 진양성True positive이라고 한다. 실제로는 질환이 없지만 검사
에서 이상이 있는 것으로 나오는 경우를 가짜 양성, 즉 위양성False
positive이라고 한다. 아무리 좋은 검사라 해도 위양성이 없을 수는
없다. 게다가 소비자들이 직접 이용하는 디지털 헬스케어 장비는
아무리 좋다고 해도 병원에서 사용하는 전문 장비보다는 위양성이
많을 수밖에 없다.

따라서 디지털 헬스케어 장비가 널리 보급되어 많은 사람들이
검사를 더 많이 하게 되면 진양성도 많이 발견되지만 위양성도 늘
어나게 된다. 이렇게 1차 검사에서 이상이 나온 환자들은 확진을
위해 복잡하고 경우에 따라서는 위험할 수 있는 2차 검사를 받게
된다. 디지털 헬스케어 장비가 없었다면 굳이 검사를 받을 필요가
없었을 사람들이 2차 검사를 받게 되며 이로 인해 더 많은 검사 비
용이 들 수 있다. 경우에 따라서는 환자가 2차 검사 과정에서 해를
입을 수도 있다.

예를 들어 얼라이브코 같은 휴대용 심전도 장비를 개인들이 구매
해 널리 사용한다고 하자. 그렇게 되면 실제 건강에는 별문제가 없
는 사람들에서도 심전도 이상이 더 많이 발견될 것이다. 그런 결과
를 받아든 사람들은 병원을 찾게 된다. 그중 상당수는 의사가 심전

도를 보고 추가 검사 없이 별문제 없다고 판정할 수 있겠지만 일부는 정밀검사를 받아야 한다. 그리고 정밀검사 중 CT처럼 흔히 시행하는 검사도 조영제 부작용 등 문제를 일으킬 수 있다. 그리고 심장혈관 검사인 심혈관 조영술 같은 검사는 출혈, 혈관 손상, 심장마비 등 심각한 부작용을 일으킬 수도 있다.

이와 관련해 다양한 검사 및 처치가 얼마나 의학적 근거가 있는 지를 평가하는 미국 예방진료 특별심의회US Preventive Services Task Force의 권고사항을 참고할 수 있다. 심의회에서는 심장혈관 질환의 가능성이 낮은 환자에서 심전도 검사를 시행하는 것이 당뇨, 고혈압, 흡연 등 심장혈관 질환의 위험 인자가 있는지를 확인하는 것에 비해서 추가 이득이 없으며 오히려 추가 검사나 처치로 말미암아 해를 입힐 수 있으니 시행하지 말 것을 권하고 있다. 심의회의 권고 사항을 따르자면, 일반인들이 심전도를 자유롭게 사용하는 것은 그다지 바람직하지 않은 셈이다.

실제로 어떤 일이 일어날 수 있는지를 알아보기 위해 인간면역결핍바이러스HIV: Human Immunodeficiency Virus를 검출하는 검사를 예로 들어보겠다. 최근 컬럼비아대학교 공대 사무엘 시아 교수 연구팀은 스마트폰에 연결해 피 한 방울을 가지고 15분 만에 HIV를 진단할 수 있는 진단기기를 개발했으며 진단기기의 생산 비용이 34달러 정도밖에 되지 않을 것으로 추정된다는 보도가 나왔다.[1] 시아 교수는 이와 관련해 "심장 박동수 측정을 넘어 혈액 검사 같은 핵심적인 서비스가 제공되기 시작하면 스마트 헬스케어 산업은 새로운 국면에 접어들 것"이라고 언급했다고 한다.[2] 연구팀이 개발한 진단기기는 HIV에 대한 1차 검사에 사용되는 ELISA라는 검사 방식을 이용했다. ELISA를 이용한 HIV 검사는 질병이 있는 사람 중에 검사가 양성으로 나오는 비율(민감도sensitivity)이 99.7퍼센트, 질병이 없는 사람 중에 검사가 음성으로 나오는 비율(특이도 specificity)이 98.5퍼센트다.[3] 진단할 확률이 이렇게 높다니 대단하지 않은가?

그런데 여기서 해당 질병의 유병률을 고려하면 놀라운 일이 벌어진다. 위키피디아에 나오는 우리나라의 15~49세 인구 중 HIV 유병률 0.1퍼센트[4]를 가지고 생각해보겠다. 이 검사가 우리나라에서 출시되었다고 가정하고 가격이 싸고 신기해서 100만 명이 검사를 받았다고 해보자. 그 결과를 정리하면 〈표 5-2〉와 같다.

		검사 결과		계
		양성	음성	
HIV 감염 여부	감염	997명	3명	1,000명
	비감염	1만 4,985명	98만 4,015명	99만 9,000명
계		1만 5,982명	98만 4,018명	100만 명

〈표 5 - 2〉 HIV 검사 결과

우리나라 HIV 유병률이 0.1퍼센트이기 때문에 100만 명 중 실제로 감염된 사람은 1,000명이다. 이 검사의 민감도가 99.7퍼센트이기 때문에 이 중 997명은 양성으로 나오고 3명은 음성으로 나온다. 마찬가지로 100만 명 중 감염되지 않은 사람은 99만 9,000명이며 검사의 민감도가 98.5퍼센트이다. 따라서 이 중 98만 4,015명은 음성으로 나오고 1만 4,985명은 양성으로 나온다. 여기까지는 이상할 게 없다. 그런데 축을 바꾸어서 검사 결과 양성이 나온 사람을 가지고 생각해보면 HIV 검사에서 양성이 나온 1만 5,982

명 중에 실제로 HIV에 감염된 사람은 997명밖에 되지 않아 그 비율은 6퍼센트 정도에 지나지 않는다. HIV 검사에서 양성이 나온 사람들은 확정 검사 결과가 나올 때까지 불안해서 잠을 이루지 못할 텐데 그중 94퍼센트는 불필요하게 불안해한 셈이다.

즉 질병의 유병률이 낮은 경우 검사에서 양성이 나온 사람 중 실제로 질병이 있는 사람의 비율은 매우 낮을 수 있다. 검사의 이런 한계는 병원에서 실시하는 기존 검사들도 마찬가지다. 하지만 일반인들이 수많은 검사를 집에서 하게 되면 불필요한 검사가 훨씬 많이 이루어질 수 있다. 덤으로 불필요하게 걱정하고 확정 검사받으러 의료기관을 방문하느라 시간을 낭비할 수 있다.

이런 경우도 있다. 내가 맥킨지에서 근무하던 시절, 일 년에 한번 비용 제한 없이 건강검진을 받을 수 있었다. 입사 첫해에는 기본 검사만 받았다. 이후에는 왠지 손해보는 것 같은 느낌을 받았다. 그래서 나이가 젊기 때문에 굳이 받을 필요가 없다는 건강검진 센터의 만류를 뿌리치고 암을 정밀하게 진단할 수 있다고 하는 PET 검사를 받기도 했다. 다행히도 내겐 별다른 이상이 발견되지 않았는데 함께 일하던 팀장은 PET 검사에서 암일 가능성이 있는 덩어리가 발견되었다. 추가로 복부 CT를 찍었지만 여전히 암 여부를 확실하게 알 수 없었고 위치 때문에 조직 검사도 쉽지 않았다. 결국 수술을 하기로 했고 전신 마취하에 몇 시간에 걸친 수술 끝에 덩어리를 제거했다. 수술 후 병리 검사 결과에서 그 덩어리는 암이 아니고 건강에 별다른 영향을 끼치지 않는 양성인 것으로 판명되었다.

암 진단을 받지 않은 건강한 사람에게서 PET 검사를 시행하는 것은 일반적으로 권고되지 않는다. 그런데 그 팀장은 검사 한번 받은 것 때문에 졸지에 전신 마취에 수술까지 받게 된 것이다. 다행히 수술 과정에서 별다른 문제는 없었지만 수술에 위험이 따를 수 있다는 점을 생각하면 내 돈 내지 않는다고 섣불리 검사를 받을 일이 아닌 셈이다.

디지털 헬스케어의 도입으로 불필요한 검사가 이루어져 의료비가 증가할 수 있으며 일부 환자는 불필요한 검사로 말미암아 해를 입을 수도 있다. 이는 모든 종류의 검사에 따르는 문제이며 기술 전문가들이 오해하는 것처럼 디지털 헬스케어 기기의 정확성이 높아진다고 해결될 수 있는 성질의 문제가 아니다. 특히 일반 대중을 대상으로 하기 때문에 그 파급이 매우 커질 수 있다는 점을 기억해야 한다.

– 굳이 치료받을 필요가 없는 사람들이 치료받게 될 수 있다

앞에서 진단에 관한 이야기를 했다면 이번에는 치료에 관한 이야기를 해보겠다. 디지털 헬스케어는 더 많은 사람들이 의료기기를 사용해서 질병을 진단받고 손쉽게 치료받을 수 있는 방법을 제공한다. 이를 통해 더 많은 사람들이 치료를 받는 것은 개인의 입장에서는 큰 혜택이다. 하지만 치료비를 내야 하는 보험회사 입장은 다를 수 있다.

원격진료의 경우를 살펴보자. 미국에서 최초로 설립되었고 현재 최대 규모의 원격진료 회사로 성장한 텔라닥은 홈페이지에 대상 질환을 명시하고 있으며 이는 〈그림 5-2〉와 같다.

이 가운데 사람들이 텔라닥을 이용하는 가장 흔한 질환은 감기, 요로 증상, 피부질환이라고 한다. 그런데 이 가운데 감기는 굳이 치료를 받지 않아도 저절로 낫는 경우가 많다. 물론 증상이 너무 심해서 일상생활을 방해받는 사람도 있을 것이고 폐렴과 구별하기 어려운 사람도 있을 것이다. 하지만 원격진료가 없었다면 약국에 가서 일반 감기약 먹고 말았을 사람들이 원격진료를 이용하고 처방전을 발급받아 전문 의약품을 구매해서 복용하게 될 가능성이

Telehealth services for when you...

have a non-emergency medical issue	If you're having trouble getting in to see your existing doctor, our U.S. board-certified, state-licensed doctors can diagnose, recommend treatment, and prescribe medication for many of your medical issues, including: . **Cold and flu symptoms** · **Bronchitis** · **Allergies** · **Poison ivy** · **Pink eye** . **Urinary tract infection** . **Respiratory infection** · **Sinus problems** · **Ear infection** · **and more!**
need a short-term prescription	If appropriate, the Teladoc doctor can write a short-term prescription and have it sent to the pharmacy of your choice. Some common prescriptions include: · **Amoxicillin™** · **Azithromycin™** · **Bactrim DS™** · **Augmentin™** · **Cipro™** . **Tessalon Perles™** . **Flonase Nasal Spray™** · **Pyridium™** · **Prednisone™** · **Diflucan™**
need a specialist	Teladoc doctors can advise you on whether you need a specialist and the type of specialist you should see – saving you guesswork, time and money.
have kids	Teladoc is the only telehealth provider with a national network of U.S. board-certified pediatricians, able to treat children from 0-17.

〈그림 5 - 2〉 텔라닥 홈페이지에 게시된 원격 진료 대상 환자(출처: 텔라닥 홈페이지)

있다. 원격진료 업체들은 원격진료의 대안이 응급치료 클리닉이나 응급실 진료이기 때문에 많은 의료비를 절약해줄 수 있다고 주장하는데 적어도 일부 환자들에게는 원격진료의 대안이 약국 가서 자기 돈 내고 감기약 사 먹는 것일 수도 있으며 이들 환자에게는 오히려 진료비가 더 발생했다고 볼 수 있다.

이는 원격진료라고 하는 의료의 공급이 수요를 유발하는 일종의 유도 수요induced demand라고. 볼 수 있다. 이 경우, 개인은 약국 가서 종합 감기약 사 먹는 대신에 손쉽게 의사의 진료를 받고 증상에 맞는 약을 처방받아 복용했기 때문에 행복하겠지만 의료비는 늘어나게 된다.

원격진료 이외의 영역에서도 유도 수요는 발생할 수 있다. 건강할 때 일상생활 속에서 사용한다는 디지털 헬스케어 장비의 특성상, 건강과 질병 사이의 중간 상태에 대한 정보를 더 많이 찾아내게 될 것이다. 이 가운데 질병으로 진행하는 것을 예방할 수 있는 방법이 있는 것도 있겠지만, 그럴 방법이 없는 것도 많이 발견될 것이다. 예방 방법이 없는 상태는 그에 대해서 할 수 있는 것이 없기 때문에 알아내는 것이 큰 의미가 없다. 하지만 본인이 그런 상태에 있다는 것을 알게 되면 걱정이 되어 한 번이라도 더 병원을 찾고 의사를 만나게 되기 마련이다.

예를 들어 치료법이 없는 유전질환들을 생각해보자. 증상이 나타나기 전에 유전자 검사를 통해 조기에 유전 질환을 진단받았을 때, 어차피 치료 방법이 없다면 그 환자의 건강을 위해 해줄 수 있는 것이 없다. 하지만 그 사실을 알게 된 개인은 불안에 시달리면서 평소라면 그냥 넘어갔을 소소한 증상 하나하나 때문에 병원을 찾게 될 가능성이 높다.

– 디지털 헬스를 운용하는 과정에서 생각보다 큰 비용이 들 수 있다

디지털 헬스케어는 개인들이 일상생활에서 사용할 수도 있지만 병원에서 사용하거나 병원 시스템과 연결해 사용할 수도 있다. 그러다 보면 기존 시스템과 의료진이 이에 익숙하지 않아 이를 보완하기 위한 추가 비용이 발생할 수도 있다. 시간이 지나면서 해결될 부분이라고 넘길 수도 있지만 생각보다 오랜 시간이 걸릴 수도 있다.

종이 차트에 손으로 쓰는 대신 컴퓨터를 이용해서 차트를 쓰는 전자의무기록의 사례를 보자. 전자의무기록은 환자 안전을 향상시키고 의무기록 관리에 따르는 비용을 줄여준다는 장점을 앞세워 빠르게 도입되었다. 그런데 일부 연구에 따르면 전자의무기록 도입 후 기존 병원 인력들이 전자의무기록에 익숙하지 않아 업무에 지장을 줄 수 있기 때문에 추가 인력을 채용하게 되어 오히려 비용이 증가한 경우가 보고되기도 했다.5)

디지털 헬스케어 역시 사용하기 편리하다는 점을 내세우고 있지만 병원 전자의무기록과의 연계 등 여러 가지 측면에서 아직 이에 익숙하지 않은 의료 인력들의 업무 부담을 늘려 적어도 단기적으로는 의료비용을 높일 가능성도 있다.

– 디지털 헬스케어가 비용 효용성이 있다는 결정적인 증거가 있는가

지금까지 디지털 헬스케어가 예상보다 큰 비용을 발생시킬 가능성에 대해 살펴보았다. 지금부터는 전반적인 비용 효용성에 대해 살펴보겠다.

아직 디지털 헬스케어 업계가 초창기이기 때문에 비용 효용성에 관한 연구 결과는 많지 않다. 몇몇 회사들이 자체적으로 데이터를 분석해 의료비를 크게 절감해준다거나 비용 효용성이 높다는 결과를 발표하기도 했다. 우선 디지털 헬스케어 사용 여부와 무관하게 웰니스 프로그램을 평가한 결과를 살펴보겠다.

미국의 보험회사인 휴매나의 자회사로 가입자들의 건강 향상 프로그램인 웰니스 프로그램을 운영하는 휴매나 바이털리티는 웰니스 프로그램의 효용에 대한 데이터를 발표한 바 있다(단, 디지털 헬스케어 기기 사용 여부는 명시하지 않고 있다).[6]

웰니스 프로그램에 2년간 참석한 사람에 비해 2년 모두 참여하지 않은 사람은 매월 평균 53달러의 의료비가 더 들었고 예정 없는 결근율이 56.3퍼센트가 높았다. 그리고 첫해에는 참여하지 않고 두 번째 해에만 참여한 사람은 매월 평균 28달러의 의료비가 더 들었고 예정 없는 결근율이 29퍼센트 더 높았다고 한다.

이 데이터만 가지고는 휴매나 바이털리티 프로그램이 효과가 있다고 말할 수는 없다. 이 프로그램에 참여하지 않은 사람은 원래 결근율이 높은 부류의 사람들이고 참여한 사람들은 원래 건강하고 결근율이 낮은 부류의 사람들이었던 것에 불과했을 수도 있기 때문이다. 이에 대해서 휴매나 보험회사는 나이, 성별, 급여, 보험청구 명세서 측면에서 각 그룹 구성원들의 특징이 통계적으로 유의미하게 차이가 나지 않았다고 발표해서 의미 있는 연구 결과임을 강조했다.

미국의 대표적인 싱크탱크인 랜드RAND 연구소는 웰니스 프로그램에 대한 기존 연구 결과와 청구 자료를 분석해 보고서로 발표

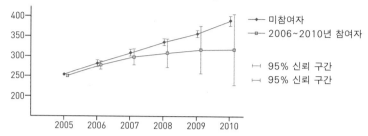

웰니스 프로그램 참여 여부에 따른 월간 의료비 변화

〈그림 5-3〉 웰니스 프로그램 참여 여부에 따른 월간 의료비 변화(출처: 직장 웰니스 프로그램 보고서, 2013 (Workplace Wellness Program Study, 2013). Reprinted with permission from RAND Corporation, Santa Monica, CA)

했다.7) 그 결과를 보면 웰니스 프로그램에 참여한 사람이 그렇지 않은 사람에 비해서 의료 비용이 줄어드는 경향을 보여주었다. 하지만 95퍼센트 신뢰 구간의 범위가 매우 넓어서 통계적으로 유의미한 결과는 나오지 않았다. 웰니스 프로그램이 의료비 절감에 도움을 줄 가능성이 있지만 프로그램별로 다른 결과가 나오는 경우가 많아서 전체적으로 보았을 때 이런 결과가 나왔다고 해석할 수 있다. 디지털 헬스케어를 적용했을 때에도 비슷한 결과가 나오리라 생각한다.

이번에는 원격 모니터링에 대한 연구 결과들을 살펴보겠다. 최근에 노인들을 대상으로 원격 모니터링의 효용성을 평가한 연구 결과가 발표되었다. 메이요 클리닉과 퍼듀대학교가 실시한 연구에서 205명의 환자를 무작위로 기존 진료 그룹과 원격 모니터링 그룹으로 나누어 배정했다. 원격 모니터링 그룹은 집에서 전자저울, 혈압계, 혈당 측정계, 산소 포화도 측정계를 사용하도록 했으며 그 측정 결과는 자동으로 병원으로 전송되어 간호사가 모니터링했다. 1년간 추적했을 때 두 그룹 간에 입원 횟수, 응급실 방문 횟수, 입

원 기간 모두 차이를 보이지 않았다.[8]

　2013년 영국 정부의 주도로 실시한 연구에서도 심부전, 만성 폐질환, 당뇨 환자를 대상으로 한 원격 모니터링이 비용 효율적이지 않으며 삶의 질을 향상시켜주지도 못했다는 결과가 나온 바 있다. 원격 모니터링이 비용 효율적이라는 연구 결과들도 있기는 하지만 적어도 아직은 디지털 헬스케어 업계가 만들어내는 수많은 장비들이 의료비를 절감해줄 것이라는 약속은 다소 섣부른 감이 있다.[9]

　지금까지 디지털 헬스케어의 비용 효용성에 대해 살펴보았다. 현재 미국의 보험회사들은 디지털 헬스케어의 의료비 절감 약속을 신뢰하고 이에 대해 전향적인 자세를 가진 것처럼 보인다. 하지만 향후 생각보다 많은 의료비가 발생하는 경우, 업계 전반이 불신을 받을 수 있고 최악의 경우 보험에서 배제되어 업계 전체가 위기를 맞이할 수도 있다. 따라서 디지털 헬스케어 업계는 일부의 환자에게서 단기간에 그치는 비용 절감 결과가 아닌 장기적인 의료비 절감 효과를 입증하기 위해 노력해야 할 것이다.

　비용 효용성과 관련된 개별 이슈들의 해결책에 대해서도 미리 고민할 필요가 있다. 위양성은 주로 일반 대중이 일상생활에서 사용했을 때 문제가 될 수 있다. 따라서 의사의 처방을 받아 사용하거나 특정한 문제가 있는 사람들만을 대상으로 제한적으로 판매할 수 있을 것이다. 또 굳이 치료받을 필요가 없는 환자에 대한 의료 제공은 서비스 제공 대상이나 범위를 조절하는 식으로, 병원 시스템과의 결합에 따른 추가 비용 문제는 사용자 인터페이스User Interface나 사용자 경험User Experience을 향상시키는 등의 노력을 통해 상당부분 해결할 수 있을 것이다.

실질적인 효용을 제공할 수 있는가

한 벤처캐피털리스트와 디지털 헬스케어에 대한 이야기를 나누었는데 체중 감량 앱에 대해 이렇게 말했다.

"우리나라에서 엄청나게 크고 있고 벤처캐피털들이 앞 다투어 투자하는 모바일 게임의 경우 사용자가 아이템을 구매하면 캐릭터가 힘이 세지거나 속도가 빨라지는 등 투자 대비 효용이 분명하다. 이에 비해 체중 감량 앱의 경우 유료 회원이 되었다고 해서 무료 회원일 때에 비해서 살을 뺄 수 있는 효용을 확실하게 제공할 수 있을지 모르겠다."

무료로 앱을 내놓고 일부 사용자에게 유료 서비스를 제공하는 프리미엄 모델과 관련한 언급이기는 하지만 디지털 헬스케어의 효용에 관해서도 적용할 수 있는 통찰력 있는 말이라고 생각한다.

소비자에게 실질적인 효용을 제공하지 못한 제품은 시장에서 살

아남을 수 없다. 디지털 헬스케어에서도 마찬가지다. 단순히 어떤 측정치를 알려주는 것만으로는 부족하다. 측정 결과를 바탕으로 소비자의 건강 증진에 도움을 줄 방법을 구체적으로 제시하지 못하면 그 가치를 인정받을 수 없다.

– 실질적인 효용을 제공하지 못해서 망한 '제오'

실질적인 효용을 제시하지 못한 대표적인 사례로 디지털 헬스 시대의 총아로 인정받았으나 재정적 어려움을 겪다가 결국 2013년에 서비스를 종료한 제오Zeo가 있다. 수면 패턴을 측정해주는 장비로 사용자가 띠로 된 장비를 머리에 두르고 자면 수면 패턴을 측정하고 분석해 전용 앱이나 장비를 통해 수면 양상을 알려준다. 수면 시간 중 렘 수면이라고 하는 수면 시간과 논–렘수면이라고 하는 수면 시간을 측정해주는 등 수면의학적으로 의미 있는 결과를 알려주었다.

〈그림 5 - 4〉 제오의 슬립 매니저 제품과 앱(출처: 아마존 닷컴 제품 판매 화면)

제오 퍼스널 슬립 매니저Zeo personal sleep manager는 400달러의 가격에 팔렸는데 유명한 의료기기 회사인 존슨앤존슨과 전자제품 유통 회사인 베스트바이의 벤처캐피털 자회사로부터 전망을 인정받아 투자를 받았으며 총 2,700만 달러에 이르는 투자를 유치했다. 또한 『청진기가 사라진다』는 책으로 유명한 에릭 토폴 박사가 여러 강연에서 사례로 다루는 등 몸에서 나오는 신호를 기록하고자 하는 자가측정Quantified Self 운동가들로부터 각광을 받았다.

제오의 실패 원인에 대해서는 여러 가지가 언급되는데 가장 중요한 것은 "당신은 잠을 잔다고 생각하지만 사실은 렘 수면 시간이 길어서 양질의 수면을 취하는 것이 아니다"라는 정도밖에 알려주지 못하는 제품의 한계다. 수면의 질이 나쁘다는 것은 굳이 이렇게 이야기해주지 않아도 당사자가 가장 잘 아는 부분이다. 또한 렘 수면 시간이 길어서 수면의 질이 나쁘다고 할 때 어떻게 하면 개선할 것인지를 제시하지 못했기 때문에 실질적인 도움을 제공하지 못했다. 핏비트나 조본 같은 활동량 측정계들도 어느 정도 수면 측정을 해줄 수 있는 상황에서 수면을 좀 더 정밀하게 분석해준다는 것에 대해 400달러를 낼 소비자는 많지 않았던 셈이다.

그런데 최근 미국에서는 수면 검사와 관련해 흥미로운 일이 발생하고 있다. 미국에서는 수면 이상을 진단하는 전문적인 검사인 수면 다원 검사를 수면검사센터에서 시행하는 경우가 많은데 이들 중 문을 닫는 곳들이 나오고 있는 것이다. 제오가 어려움을 겪고 있던 2013년 1월 미국 내 19개의 수면 검사 센터를 운영하던 슬립 헬스 센터Sleep Health Centers라는 영리 기관이 갑작스럽게 문을 닫았다.[10] 그 원인은 보험자들이 650~1,000달러에 달하는 비용이 들고 수면 검사센터에서 시행하는 수면 다원 검사에 대한 보험 적용을 줄이고 비용이 3분의 1 정도밖에 안 되지만 수면 다원 검사와 비슷한 수준의 결과를 내놓을 수 있는 가정용 수면 진단 장치에 대한 보험 적용을 확대했기 때문이다. 이전까지 미국 내에서는 수면 센터가 크게 늘어났는데 2002년에 623개에서 2012년 2,517개로 늘어났다. 또한 2009년 미국의 노령자를 위한 국가 건강보험인 메디케어에서 수면 다원 검사에 지출한 비용은 2억 3,500만 달러(약 2,500억 원)에 달했다. 보험자 입장에서는 수면 다원 검사로 날비임온 비용이 부담스러워져서 가정용 진단 장치로 대체함으로써 비용을 절감하려고 했던 것이다.[11]

디지털 헬스케어 기기인 제오는 소비자의 외면을 받아 시장에서 사라진 반면 아날로그 장비인 가정용 수면 진단 장치는 파괴적 의료 혁신을 일으킨 셈이다.

그런데 가정용 수면 진단 장치는 그렇게 복잡한 기기가 아니다. 제오가 뇌파만 측정할 수 있는 장비이기는 하지만 간단한 장비 몇 가지만 더했으면 가정용 수면 진단 장치와 비슷한 기기를 만들 수 있었을 것이다. 만약 제오가 뇌파만 측정하면서 일반인들에게 수면 정보를 제공하는 제품을 만드는 대신에 가정용 수면 진단 장치를 만들고 본격적인 의료 시장을 공략했다면 실패하지 않을 수도 있었다.

우리는 이 사례에서 두 가지 교훈을 배울 수 있다. 첫 번째는 디지털 헬스케어 회사들이 본격적인 의료 시장으로 들어가기보다는 피트니스와 같은 주변부의 건강 관련 시장에 우선 접근하는 경우가 많은데 시장에 따라서는 의료 시장으로 바로 접근하는 것이 바

〈그림 5 - 5〉 프라센 수면 안대(출처: 프라센http:frasen.io)

람직할 수도 있다는 것이다.

두 번째는 수면 다원 검사 시장이 성능은 크게 떨어지지 않으면서 훨씬 저렴한 가정용 수면 진단 장치에 의해서 잠식당하는 것처럼 다른 의료 분야에서도 성능이 다소 떨어진다고 해도 어느 정도 수준을 유지할 수 있는 장비를 만들 수 있다면 충분히 파괴적 혁신을 일으킬 수 있다고 할 수 있다.

제오와는 다르게 수면 관련 정보 측정과 함께 실질적으로 수면의 질을 개선할 방법을 제시하고자 하는 회사도 나오고 있다. 우리나라의 프라센이라는 회사가 개발 중인 수면 안대는 뇌파, 심박수, 혈중 산소 포화도 등을 측정해 수면 상태를 파악하고 분석하며 수면 상태에 맞추어 색 패턴과 소리를 냄으로써 사용자가 깊은 잠을 잘 수 있도록 하고 피곤을 덜 느끼는 시점에 잠에서 깰 수 있도록 도와준다고 한다.[12] 수면과 관련한 웨어러블 장비의 경우 아직도 제오처럼 수면과 관련된 지표 몇 가지를 측정하는 수준을 벗어나지 못하는 경우가 많다. 그런데 프라센의 경우 이를 넘어선 효용을 전달하고자 한다는 점에서 주목할 만하다.

– 뚜렷한 효용이 없는 심박변이도

소비자에게 주는 효용이 부족한 또 다른 사례로 심장 박동수가 변화하는 정도(심박변이도Heart rate variability)를 통해 스트레스 레벨을 측정해주는 경우를 들 수 있다. 갤럭시 S5와 노트4 스마트폰에 이 기능이 탑재되었다고 알려졌다.

생각해보면 이 역시 수면 분석과 비슷하다. 스트레스가 높은 상황은 굳이 심박변이도를 통해 측정해보지 않아도 본인이 먼저 알 수 있는 경우가 많다. 또한 객관적으로 스트레스가 높다는 사실을 안다고 해도 본인이 당장 조절하기 어려운 상황으로 말미암은 경우가 많아서 스트레스를 낮추기 위해 어떤 조치를 취하기가 어렵다.

추정컨대 헬스케어가 각광을 받고 있으니 스마트폰에 건강과 관련된 기능을 탑재하고 싶어 심박 센서를 넣었을 것 같다. 이를 활용할 방법을 찾다가 심박변이도라는 것이 현대인의 큰 이슈인 스트레스를 측정하는 데 이용할 수 있다는 연구 결과를 보고 적용한 것으로 보인다. 소비자에게 얼마나 효용을 줄 수 있을지에 대한 고민 없이 하드웨어 성능에 기반을 두고 제품을 개발한 사례라고 할 수 있다. 얼마나 많은 소비자들이 갤럭시 S5의 스트레스 측정 기능을 이용했는지 알 수 없다. 하지만 이를 내세우는 글을 본 적이 없는 걸로 보아서 대다수의 소비자들은 이용하지 않거나 호기심에 한두 번 이용하는 데 그치지 않았을까 싶다.

- 효용에 대한 의문을 뒤집은 얼라이브코

휴대용 심전도 가운데 가장 유명한 얼라이브코는 초기에는 그 효용에 대한 의문이 있었다. 얼라이브코는 한 개의 심전도만을 측정할 수 있기 때문에 병원에서 사용하는 기존의 심전도를 대체할 수는 없으며 심장 리듬 이상을 의미하는 부정맥을 진단하기 위한 용도로 사용된다. 얼라이브코는 2010년 10월 1세대 제품 출시 후 최근 3세대 제품을 출시한 이후까지 심방세동이라는 비교적 흔한 부정맥 진단에 초점을 맞추고 있다.

그런데 얼라이브코의 장비를 사용하지 않고 아이폰 4S의 카메라를 이용한 아이폰 앱만으로도 그와 비슷한 수준으로 심방세동을 진단해낼 수 있다는 연구 결과가 있었다.[13] 굳이 얼라이브코를 살 필요가 없는 셈이다. 실제로 미국 의사들이 운영하는 의학용 앱 리뷰 사이트에서는 그런 점을 지적하기도 했다.[14]

얼라이브코는 효용을 강화함으로써 이 상황을 벗어났다. 얼라이브코는 2014년 8월 심방세동 진단 알고리즘에 대해 FDA 승인을 받았다. 이전까지는 공인받지 못한 채 진단명을 알려주는 기능만 있었고 정확한 진단은 협력 의사에게 유료로 의뢰하도록 했다. 즉 얼라이브코는 심전도를 기록해주는 장비를 판매하는 회사에서 심방세동에 대한 진단을 제공하는 회사로 거듭남으로써 효용에 대한 의문을 뒤집었다고 할 수 있다. 2015년 1월에는 정상 심전도 진단 알고리즘에 대해서도 FDA 승인을 받기도 했는데 일부 소비자들이 단순히 심전도가 정상인지를 알기 원한다고 한 피드백을 반영한 것이라고 한다.

효용과 관련해서 디지털 헬스케어 사례는 아니지만 발기부전 치료제 시장과 조루 치료제 시장의 엇갈린 운명은 많은 시사점을 준다. 발기부전 치료제는 최초의 약물인 비아그라 출시 후부터 크게 성장했으며 현재 우리나라 연 시장 규모는 1,000억 원에 달한다. 이를 본 제약회사들은 이와 비슷한 성 기능 질환이라고 할 수 있는 조루 치료제를 개발하면 대박을 칠 수 있으리라고 생각했다. 이에 비아그라보다 약 10년 정도 후인 2009년에 최초의 조루 치료제인 프릴리지가 출시되었다.

조루 치료제는 2014년 1~3분기 기준으로 국내 매출이 28억 원 정도로 같은 기간 매출이 740억 원에 달한 발기부전 치료제의 극히 일부밖에 되지 않았다. 기대에 비해 처참할 정도의 성과를 거둔 셈이다.

여기서 생각해볼 수 있는 것은 어떤 문제가 존재하고 소비자 설문조사에서 이의 해결을 원한다고 하며 그럴 만한 제품이 있다고 해서 시장에서 성공할 수 있는 것은 아니라는 사실이다. 조루가 있는 사람들에게 설문조사를 해보면 조루가 성생활에 방해된다고 대답하는 사람들이 많을 것이다. 하지만 사람들은 조루를 약물로 해결하는 의학적 문제라고는 생각하지 않는 것으로 볼 수 있다. 프릴리지가 성공을 거두지 못한 이유에 대해 비뇨기과 의사의 의견을 들어보면 사람들은 조루를 질병이라기보다는 남자의 성적 능력의 일부라고 생각하는 것 같다는 의견도 있다.[15] 즉 사람들은 일견 서로 비슷해 보이는 발기부전과 조루에 대해 한쪽은 약물의 도움을 받는 질환의 하나로 인식하지만, 다른 쪽은 그렇게 보지 않는다는 것이다. 지금 나오는 수많은 디지털 헬스케어 제품들 중에 조루 치료제가 되기 위해 노력하는 것들이 많지는 않은지 생각해볼 일이다.

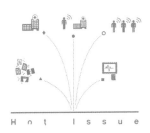

Hot Issue

사람들은 건강해지기 위해 노력하는가

누구나 자신의 건강에 신경을 쓴다고 이야기한다. 주요 언론에서 건강 관련 정보는 꾸준히 잘 읽히는 아이템이라고 하며 홈쇼핑에 나오는 건강 제품은 불티나게 팔린다고 한다. 건강관리 혹은 건강 증진의 새로운 패러다임을 제시하겠다고 하는 디지털 헬스케어는 이런 건강에 대한 욕구를 충족시켜주기 때문에 성공할 수밖에 없을 것 같다. 실제 설문조사 결과를 보면 많은 사람들이 디지털 헬스케어에 큰 기대를 하고 있으며 아직 이용하지 않고 있다고 해도 앞으로 이용하고 싶다고 말한다.

그런데 사람들은 말하는 것처럼 실제로 건강에 신경을 쓰고 건강을 향상시키기 위해 노력하고 있을까? 진료 현장에서 보면 좋은 것 먹고 운동 열심히 하면서 건강검진을 정기적으로 받고 그 결과에 따라 건강 행동을 조절하는 사람들은 드물다. 늘 건강에 신경

쓰기보다는 일 년에 한 번 건강검진을 받는 것만으로 건강에 대한 의무를 다했다고 자위하면서 지내는 경우가 훨씬 많다. 또 거리 곳곳마다 보이는 헬스클럽들이 먹고살 수 있는 것은 매일 나와서 열심히 운동하는 사람들 때문이 아니라 매년 새해가 되면 굳은 결심을 하고 헬스클럽에 와서 장기 등록하는 사람들 때문이라고 한다. 이들은 할인해준다는 말에 6개월 회비를 내고 서너 번 러닝머신을 이용한 후 다시는 돌아오지 않는다. 많은 사람들에게 건강은 내 인생에서 가장 중요한 것이기 때문에 지키기 위해 기꺼이 노력해야 할 대상이라기보다는 귀찮고 가능하면 신경 쓰고 싶지 않은 대상이다.

이런 모순적인 현상은 질병이 발생하는 원인 및 과정과 연관이 있다. 현대인에게 문제가 되는 당뇨, 고혈압, 심장질환, 중풍, 각종 암과 같은 질환들은 대개 식생활습관, 생활습관, 흡연, 음주 등과 관련이 많다. 따라서 일상생활을 잘 관리함으로써 예방하거나 관리할 수 있고 디지털 헬스케어가 이를 도울 수 있으리라 생각한다. 그런데 이들 질환에는 두 가지 특성이 있다.

한 가지는 어떤 원인이 있다고 해서 반드시 질병이 생기는 것은 아니라는 것이다. 평생 줄담배를 달고 살았지만 폐암에 걸리지 않는 사람도 있다. 반면 담배를 입에 대지 않았고 주위에 담배를 태우는 사람이 없었지만 폐암에 걸리는 사람도 있다. 그 이유는 질병이 어느 한두 가지 원인 때문에 생기는 경우는 드물고 다양한 요인들이 관여하기 때문이다.

두 번째 특성은 원인이 질병으로 이어지는 데 오랜 시간이 걸린다는 것이다. 또한 1, 2년 관리하지 않은 것이 큰 문제를 일으키지 않는 경우가 많다. 몇 년 담배 피운다고 금방 폐암이 생기는 것은 아니다. 혈당 수치를 열심히 관리하지 않았거나 체중을 당장 빼지 않는다고 해서 건강에 큰 문제가 생기는 것도 아니다.

즉 현대인을 위협하는 질병들은 예방 활동을 했다고 해서 그 결과를 빠르게 확인할 수가 없다. 또 먼 미래에 발생할 문제 때문에 지금 당장의 행동을 바꾸기란 쉽지가 않다. 그러다 보니 세상에서 가장 중요하다는 본인의 건강을 위해 노력하는 모습을 보기가 어려운 것이다.

구체적인 데이터로 살펴보자. 정부에서 매년 조사하고 있는 국민건강영양조사 결과를 보면 고혈압 혹은 당뇨병이 있지만 그 사실을 모르고 있는 사람이 각각 40퍼센트, 30퍼센트에 달하며, 진단된 사람 가운데 40퍼센트 정도는 치료를 받지 않고 있는 것으로 나타나고 있다. 조사를 처음 시작했던 2001년에 이들 비율이 60~80퍼센트에 달했던 것에 비하면 그 비율이 현저하게 개선되었기 때문에 국가 차원 건강검진이나 대국민 홍보 등 다양한 정책 수단들이 효과를 발휘했다고 볼 수 있다. 하지만 최근 수년간은 큰 변화가 없어서 한계에 달한 모습을 보이고 있다. 이미 국가 차원에서 시도해볼 만한 방법들을 모두 써본 후에도 상당수 사람들이 고혈압과 당뇨병을 잘 관리하지 않는 것이기 때문에 이를 더 개선하기는 쉽지 않아 보인다.

당뇨병의 자가 관리에 대해서 더 살펴보자. 당뇨병 환자들은 정기적으로 손가락을 바늘로 찌르고 피 한 방울을 혈당 측정기에 떨어뜨려 혈당을 측정해서 혈당 수치를 확인해야 한다. 즉 당뇨병 환자들은 디지털 헬스케어가 내세우는 것 중 하나인 자가관리selfmonitoring를 통한 건강관리를 예전부터 실행하고 있었던 셈이다.

월간지 『더 애틀랜틱The Atlantic』 2013년 4월호에는 「당뇨병 환자에게서 관찰되는 역설The Diabetic's paradox」이라는 제목의 기사가 실렸다. 당뇨병 환자들은 혈당 수치를 측정함으로써 병을 관리할 수 있는 방법을 갖고 있다고 볼 수 있다. 하지만 환자들이 이를 그렇게 호의적으로 받아들이지 않는다는 것이다. 이 기사에서는 당뇨병 관리에 따르는 이슈로 다음 세 가지를 지적하고 있다.

1. 자가측정 및 그에 따른 관리의 번잡성
2. 혈당 측정기 사용의 불편함
3. 당뇨병 관리에 따르는 감정적인 부담감

즉, 당뇨병 환자들은 자신의 손가락을 바늘로 찔러서 혈당을 검사하는 행동 자체에 대해서 감정적인 거부감을 가지고 있으며 검사 과정과 측정기 사용 과정에서 불편함을 느끼고 있는 것이다. 이로 인해 많은 당뇨병 환자들은 혈당 자가측정이 자존감을 떨어뜨리며 불안감과 우울함을 유발하기도 한다고 이야기한다. 그래서 5퍼센트의 당뇨병 환자들만이 매일 혈당 수치를 체크하고 있으며 65퍼센트는 한 달에 한 번도 채 실시하지 않는다고 하고 있다.

이 기사에서 자세히 다루지는 않지만 흥미로운 것은 당뇨병 치료 방법에 따라 혈당 측정을 하는 환자의 비율에 차이가 난다는 사실이다. 인슐린 주사를 사용하는 환자들은 혈당 측정 결과에 따라서 인슐린량을 조절하기 때문에 혈당 측정이 매우 중요하다. 그러다 보니 이들 환자가 매일 1회 이상 측정하는 비율은 40퍼센트에 육박했다. 이에 비해 경구 약물만 복용하거나 식이 조절만 하기 때문에 혈당 측정치가 당장 약물 복용이나 생활에 미치는 영향이 적은 환자들은 4~6퍼센트만이 매일 1회 이상 측정했다. 즉 당뇨병 환자 중에서도 자가 관리가 꼭 필요한 사람들은 비교적 실행을 잘하는 셈이다.[16]

당뇨병 이외의 질병을 살펴보자. 심장 기능이 저하된 심부전 역시 자가관리가 필요한 질환이다. 심부전 환자들은 심장기능이 나빠지면 몸 안에 수분이 축적되는데 심해지면 폐에 물이 차서 숨이 차게 되고 이 상태가 더 진행되면 사망에 이를 수 있다. 따라서 심부전이 있는 환자가 입원치료를 받고 퇴원하면 매일 몸무게를 재고 만약 몸무게가 늘어난다면 심부전이 악화되는 것으로 보고 빨리 진료를 보도록 권고받는다.

생각해보면 몸무게를 매일 재는 정도는 당뇨병 환자들이 손가락 끝을 바늘로 찔러 피를 빼 기계로 혈당치를 측정하는 것에 비해 훨씬 간편해 보인다. 그렇다면 환자들은 얼마나 열심히 몸무게를 잴까? 한 연구 결과에 따르면 퇴원 당시 교육받은 대로 매일 몸무게를 측정한 환자의 비율은 14퍼센트에 불과했다. 심지어 47퍼센트의 환자들은 한 번도 체중을 재지 않았다.[17] 하루 한 번 체중계에 올라서는 사람이 14퍼센트에 지나지 않는다는 것은 놀라운 현상이다. 아마도 하루이틀 체중계에 올라가지 않아도 당장 숨이 차거나 증상을 느끼지는 않기 때문이 아닌가 한다. 조금씩 계속 체중이 늘어나다 보면 어느 순간 갑자기 심각한 증상이 올 수 있다. 그럼에도 그때그때 느끼는 변화가 없으면 이렇게 간단한 행동도 실천에 옮기기 어려워할 만큼 인간은 나약한 존재일지도 모른다.

우리는 당뇨병과 심부전 환자들을 보면서 자가측정을 통해 건강을 관리한다는 것이 그렇게 쉽지 않을 것이라는 생각이 든다. 물론 이것이 바로 디지털 헬스케어가 해결하고자 하는 문제점, 즉 페인 포인트pain point라고 할 수 있으며 실제로 많은 회사들이 이런 문제점을 해결하기 위한 제품을 내놓고 있다.

그렇다면 디지털 헬스케어 업체들이 환자들의 자가관리를 향상시키기 위해 위에서 살펴본 연구 결과들로부터 배울 수 있는 것은 무엇일까? 다음처럼 정리할 수 있겠다.

1. 질환 자체의 중증도가 높다고 해서 환자가 열심히 자가관리를 하는 것은 아니다.
2. 번거로움이 덜하다는 이유만으로 자가관리를 잘하는 것은 아니다.
3. 일상생활에 미치는 영향이 큰 행동은 더 잘 지킬 가능성이 높다.

즉 디지털 헬스케어는 자가측정 자체의 번거로움을 줄이는 것도 중요하지만 이보다는 매일의 행동에 영향을 미칠 수 있는 시스템을 만들어내는 것이 더 중요하다고 볼 수 있다. 이미 많은 서비스들이 하는 것처럼 매일 작은 인센티브를 제공하는 것도 이에 해당한다고 볼 수 있다.

사람들이 생각보다 건강해지기 위해 노력하지 않는다는 사실은 디지털 헬스케어 업계가 마주하는 이슈라기보다는 사업 기회라고 볼 수 있겠다. 다만 사람은 잘 바뀌지 않기 때문에 그런 행동의 근

저에 있는 특성을 이해하고 잘 활용해야 한다. 그런 기업에는 이러한 사실이 기회가 될 것이고, 그렇지 못한 기업에는 넘지 못할 장벽이 될 것이다.

언론 보도와 현실 간의
간극이 만들어지지는 않는가

이야기 하나로 시작하겠다. 2012년 5월 피츠버그. 인텔 주최 청소년 대상 최대의 과학경진대회Intel International Science and Engineering Fair에서 잭 안드라카라는 15세 소년이 최고상인 고든 무어 상을 받았다. 이 소년은 메소셀린mesothelina이라는 단백질을 이용해 췌장암을 조기 발견하는 검출 기구와 방식을 발명한 것을 인정받아 최고상의 영예와 함께 7만 5,000달러의 장학금을 받았다. 이후 이 소년은 포브스, ABC, BBC 등 전 세계 주요 언론들과 인터뷰하고 명사들이 강연하는 것으로 유명한 TED에서 강연하기도 했다. 또한 오바마 대통령의 의회 국정연설에 백악관 게스트로 초청받기도 했다.[18]

여러 보도에 따르면 이 소년은 메소셀린을 이용해서 췌장암을 진단할 수 있는 기존의 기술보다 168배 빠르고 2만 6,667배 저렴하며 400배 민감하게 검사할 방법을 개발했다고 한다. 췌장암은 조기진단이 어렵고 진행속도가 빨라서 진단받은 사람들 다수가 수술 시기를 놓치고 항암치료를 받아도 몇 개월 생존하기 어렵다. 그런 췌장암의 조기진단법을 15세 소년이 개발하다니 얼마나 대단한 일인가? 이 소년에 대한 소식을 처음 들었을 때 대단한 천재가 한 명 나왔구나 하는 생각을 했다.

그런데 곰곰이 생각해보니 이상하다는 생각이 들었다. 메소셀린이라는 단백질을 이용해서 췌장암을 조기 진단할 수 있다는 방법을 들어본 적이 없었던 것이다. 췌장암 환자를 주로 진료하는 소화기 내과 의사들에게 물어보니 진료 현장에서 이용할 수 있는 췌장암 조기 진단 방법은 아직 없으며 메소셀린을 조기진단에 이용한다는 이야기 역시 들어본 적이 없다는 것이다.

2014년 1월 『포브스』에 이에 대한 기사가 실렸다. 『포브스』는 매년 30명의 30세 미만의 혁신가를 선정해 '30 under 30'라는 이름으로 발표하는데 여기에 잭 안드라카를 포함시킬지를 놓고 고민했던 과정을 다루었다. 편집자는 전문가 패널의 추천에도 불구하고 이 소년을 포함시키지 않기로 했다. 이 소년의 업적이 아직 학회지에 논문으로 발표되지 않았기 때문에 과학자로서의 성과를 평가하기는 이르다는 이유 때문이다. 편집자는 논문 초안을 제출받아서 몇몇 전문가들의 의견을 받았다. 이들의 의견은 이 소년이 만들었다는 센서가 논문으로 출판될 만한 내용이며 고등학교 학생으로서 놀라운 업적이기는 하지만 과학을 뒤흔들 정도는 아니며 암진단 기술 개발 과정에서 그저 작은 발걸음 정도라는 것이다. 이와 함께 이 소년의 기술이 제대로 개발되었다고 가정하고 이에 대해 평가를 했는데 검사 속도, 비용, 민감도 모두에 상당한 과장이 있는 것으로 드러났다. 기존 검사법과 비교하는 과정이 객관적이지 않았던 것이다.

검사 속도의 경우 비교 대상인 ELISA 검사법이 14시간 걸리는 것으로 해서 비교했는데 실제로는 보통 1시간 정도가 걸렸다. 비용의 경우 기존 검사 키트 중 가장 값싼 것은 검사당 6.5달러짜리가 있음에도 더 비싼 912달러로 계산했다. 이 소년이 개발한 검사의 경우, 10회 검사에 3달러가 든다고 했다. 여전히 기존 검사와 비교해 싸다고 볼 수 있지만 비교 대상인 상업용 키트는 소매가격이고 이 소년이 제시한 비용은 재료비이므로 비교하기는 적당치 않다. 민감도의 경우 이 소년이 시행한 실험의 편차가 심해 객관적으로 비교하기 어려워 보였다. 물론 여전히 검사 속도가 12배는 빠르고 가격이 저렴할 가능성이 있기는 하지만 적어도 성과와 관련해 과장이 있을 가능성이 있다. 또한 논문으로 나오거나 실제 제품으로 개발되지 않았기 때문에 아직 객관적인 평가는 힘들다.

그리고 더 큰 이슈는 과연 메소셀린이 췌장암을 조기 진단하기에 적절한 단백질인가 하는 점이다. 의사들은 CA 19-9이라는 단백질을 이용해서 췌장암의 치료 결과와 재발 여부를 판단하는 데 도움을 받는다. 다만 이에 전적으로 의존할 정도는 아니며 특히 조기 진단에 이용하는 것은 적절하지 않다고 한다. 안드라카는 메소셀린이 CA 19-9보다 췌장암 추적에 좋은 마커라고 주장하는데 여러 연구 논문을 읽어보고 전문가의 의견을 들어보면 그렇지 않다는 의견이 우세하다. 적어도 현재의 의학 지식으로는 메소셀린은 췌장암 진단에 이용하기에 적절치 않아 보인다.

『포브스』의 기사는 끝 부분에 이렇게 언급하고 있다.

> 안드라카의 말을 빌리자면 그동안 있었던 일은 '미디어 서커스media circus'와 같았다. 안드라카는 "나는 처음으로 실험실에서 실험해보았으며 본격적인 과학 연구를 해볼 수 있었다. 그리고 내 연구에 관해 미디어에 이야기할 수 있는 것에 흥분했다"라고 말했다. 이 소년의 흥분을 받아들여 이를 통해 그를 영웅으로 바꾸어놓음으로써 TED와 포브스를 포함한 많은 언론 매체들은 암환자들에게 그릇된 희망을 주고 일반 대중에게는 의학적 지식이 어떻게 발전하는지에 대한 잘못된 인식을 심어주었다.19)

이런 사례는 첨단 과학 분야에서 얼마든지 찾아볼 수 있다. 저녁 뉴스 시간에 보도되는 내용만 보면 암은 지금쯤 이미 완치되었어야 하며 하반신 마비가 있는 사람들이 걸을 수 있는 세상이 이미 열렸어야 한다. 당사자가 직접 과장하는 경우도 있을 것이고 언론에 보도되는 과정에서 실체보다 과장되는 경우도 흔하다. 디지털 헬스케어 역시 마찬가지다.

엠패티카Empatica 회사가 만드는 웨어러블인 엠브레이스embrace의 사례를 보자. 엠브레이스는 일반적인 피트니스 밴드의 센서와 체온 센서에 더해 피부 전기 활동Electrodermal Activity 센서가 내장되어 있다. 피부 전기 활동은 뇌에서 두려움, 불안, 흥분과 관련된 부위에 의해 높아져서 특정한 종류의 간질과 관련이 있다고 한다. 그래서 이 장비는 피부 전기 활동 센서를 통해 간질 발작의 발생을 읽어낼 수 있다고 한다.

그런데 『기즈맥gizmag』이라는 IT 매체에서는 "엠브레이스는 간질 발작을 예측하는 것을 도와주는 최초의 의료 등급 스마트워치다"라고 소개하고 있다.[20] 또 엠패티카 회사의 홈페이지에는 엠브레이스에 대한 언론의 평을 싣고 있는데 이 중에 "엠브레이스는 애플, 삼성 및 모토롤라의 최신 제품들과는 다르다: 이 제품은 간질 발작의 위험 신호를 알아낼 수 있다"는 인용문이 있다. 간질 발작의 발생을 읽어내는 것과 간질 발작을 예측하는 것은 완전히 다른 것이지만 이렇게 보도 내용이 엇갈리는 것이다.

그런데 『와이어드』라는 유명한 IT 잡지 기사와 엠패티카 회사의 홈페이지를 보면 이 회사 관계자들이 피부 전기 활동을 연구하는 과정에서 간질 발작을 예측해준 경우가 한 번 있었고 그래서 엠브레이스 제품 개발에 나서게 되었다는 언급이 있기는 하다. 하지만[21] 엠브레이스 장비가 간질 발작을 예측해줄 수 있다는 내용은 어디에도 없다. 즉 아직 FDA 승인을 받지 못한 이 제품은 간질 발작이 발생했을 때 이를 읽어줄 수 있을 뿐 간질 발작을 예측해줄 수는 없음에도 언론에 보도되는 과정에서 그런 기능이 있는 것처럼 알려진 것이다.

삼성전자가 개발하는 제품과 관련해서도 비슷한 일이 있었다. 2015년 1월 여러 매체에서는 삼성전자에서 뇌졸중 예고 모자 시제품을 개발했으며 윤부근 삼성전자 대표이사가 2015년 CES 기조연설에서도 그 콘셉트를 소개했다고 보도했다. 기사에 따르면 모자를 이용해서 뇌파를 취득할 수 있는 장치를 개발했고 뇌파의 정상 여부를 판별하는 알고리즘도 개발해 해당 뇌파가 정상 뇌파인지, 뇌졸중의 위험이 있는 뇌파인지 90퍼센트의 정확도로 판별해 내는 자체 결과를 확보했다고 한다.[22]

이런 모자가 나오기 위해서는 뇌졸중이 발생하기 전에 나타나는 뇌파의 변화가 어떤 것인지 의학 지식으로 확립되어 있다는 전제가 있어야 한다. 그런데 신경과 의사들에 따르면 건강한 사람들에서 뇌졸중이 생기기 전의 뇌파를 측정해서 분석한 데이터가 충분치 않아서 그런 자료는 없다고 한다. 앞서 2차 예방에 대해 다루면서 기존의 의학 지식은 일단 질병이 발생한 다음을 다루고 있기 때문에 그전에 어떤 일이 생기는지에 대한 이해가 부족하다고 언급했던 것과 같은 맥락이다.

신경과 의사들은 그럴 수 있는 지식이 아직 없다고 하는데 삼성전자에서는 이미 시제품을 개발했다고 한다. 이를 어떻게 이해해야 할까? 삼성전자에서 이 제품 개발팀을 대상으로 만든 동영상에 답이 있다. '줌인삼성 14편 - 뇌졸중을 예고하는 모자팀'이라는 제목의 동영상이다.[23] 제품 개발팀의 팀원들에 따르면 "하지만 아직 뇌졸중을 미리 알려주는 단계에는 이르지 못했"고 "최종목표인 뇌졸중 감지에는 실패했다 하더라도 그것은 실패가 아니라"고 한다.

"에베레스트 산도 언젠가 다 정복됐듯이 지금은 에베레스트 산에 오를 수 있는 장비를 저희가 개발한 상태라고 보면" 된다는 언급이 있는 것으로 보아 병원에서 사용하는 복잡한 장비가 아니라 모자와 같이 간편한 장비를 이용해서 뇌파를 상당히 정확하게 측정할 수 있는 장비를 개발했지만 아직은 뇌졸중 예고를 다룰 만한 정도는 아닌 것 같다.

몇 가지 사례만 살펴보았지만 디지털 헬스케어 제품의 실체와 언론에 보도된 내용 사이에 상당한 간극이 존재하는 경우가 많다. 자세한 내용이 공개되지 않아 평가하기는 어렵지만 그런 혐의가 느껴지는 경우도 상당하다. 이 책에서 소개한 제품들 가운데에도 그런 것들이 있을 수 있다고 생각한다. 그중 상당수는 투자를 받지 못하거나 FDA 승인을 받지 못하는 등의 이유로 제대로 평가할 기회도 없이 사라져버릴 수 있다.

　이렇게 실체와 언론 보도 사이에 간극이 발생하는 데는 몇 가지 이유가 있다. 관심과 투자에 목마른 업체가 과장된 자료를 발표해 언론을 비롯해 투자자와 소비자 모두가 현혹되는 경우도 있을 것이다. 그리고 언론이 기사화할 때 제품에 대한 이해가 떨어지는 상태에서 기사에 대한 주목도를 높이기 위해 의도 반 실수 반으로 과장하는 경우도 있을 것이다.

　그런데 이런 과장이 반복되고 확대된다면 어떤 일이 벌어질까? 디지털 헬스케어에 큰 기대를 걸고 있는 대중을 실망시키겠지만 지속적으로 관심을 두고 지켜보지 않는 이상 그런가 보다 하고 넘어가게 될 가능성이 높다. 문제는 디지털 헬스케어의 중요한 파트너가 되어야 할 벤처투자자와 의료계를 실망시키는 것이다. 디지털 헬스케어에 대한 관심이 높아지면서 업계에 투자했는데 약속에 미치지 못하는 제품들만 나온다면, 또는 거짓말로 드러나 제품으로 나오는 것조차 불가능해지는 일이 자주 발생한다면 다른 유망한 제품에도 투자를 꺼리게 되어 벤처캐피털에 자금을 의존할 수밖에 없는 디지털 헬스케어 업계가 타격을 받게 될 수 있다. 또한 디지털 헬스케어 분야를 기대 반 의심 반으로 보는 의료계는 냉소적으로 변해 신기술을 도입하는 것을 망설일 수밖에 없다.

대중의 기대를 불러일으켜 투자를 유치해 더 많은 디지털 헬스케어 업체들이 사람들에게 실질적으로 도움을 줄 수 있는 제품을 만들어내는 것은 필요한 일이다. 하지만 실체를 벗어나는 과장이 반복된다면 오히려 신뢰를 떨어뜨려 업계의 성장을 막을 수 있다는 사실을 잊지 말아야 한다.

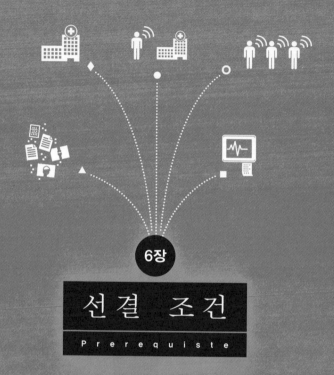

6장

선 결 조 건

Prerequiste

Prerequisite

건강한 상태에 대한
데이터 축적 작업이 필요하다

　앞서 다루었던 것처럼 애플의 헬스킷과 구글의 구글핏 같은 건강 플랫폼이 성공적으로 만들어지면 서로 독립적으로 존재하던 건강정보가 한군데에서 결합됨으로써 큰 시너지가 생겨 이전에 잘 보이지 않던 의학적 사실들이 잘 드러나는 계기가 될 것이다. 특히 헬스킷의 경우, 메이요 클리닉 등 의료기관들과 협업을 하면서 디지털 헬스케어가 피트니스 영역에서 본격적인 건강관리 영역으로 넘어가기 위한 시도들이 이루어질 것이다.

　그런데 문제는 현대의학이 질병이 발생했을 때의 변화에만 초점을 맞추고 있다는 사실이다. 그래서 건강한 사람에게서 질병이 생기기 전에 나타나는 변화에 대한 지식이 별로 없다. 즉 디지털 헬스케어가 약속하는 것처럼 건강할 때 몸에 무엇인가를 차고 다니다가 질병이 생기기 전에 그 사실을 알게 되어 미리 대처한다는 것은 현재의 의학 지식수준에서는 요원한 일이다.

이러한 상황에서 구글은 건강한 사람의 몸에서 나타나는 변화를 연구하기 시작했다. 이 연구는 베이스라인 스터디Baseline Study라는 이름의 프로젝트로 무인 자동차와 구글글래스 등을 개발하는 구글 X에서 담당한다. 연구 책임자는 HIV 검사를 대량으로 저렴하게 하는 방법에 대한 연구를 선도했던 분자 생물학자 콘래드 박사다. 콘래드 박사는 2013년 3월에 구글 X에 합류했고 70~100명의 전문가팀을 구성했다.

2014년 여름부터 시작된 이 연구에서는 175명의 참가자를 대상으로 유전자 정보뿐만 아니라 소변, 혈액, 타액, 눈물 등 다양한 체액 정보를 수집한다고 한다. 구글 X의 다른 팀이 개발하는 다양한 웨어러블 장비를 이용해 심박수, 심장 리듬, 산소 포화도 등 다양한 정보를 모을 것이라고 한다. 흥미로운 것은 구글이 아직 개발 중으로 콘택트렌즈를 끼는 것만으로 혈당 수치를 지속적으로 체크할 수 있는 스마트 콘택트렌즈를 사용할 수도 있다는 것이다. 이외에 음식과 약물을 어떻게 대사하는지, 스트레스 상황에서 심박수는 어떻게 변하는지, 화학 반응이 유전자 활동에 어떤 변화를 주는지까지 보겠다고 한다. 175명을 대상으로 한 연구는 파일럿이며, 궁극적으로는 수천 명이 참여할 수 있는 대규모 프로젝트를 진행할 것이라고 한다. 그 스케일이 어마어마하다.

구글은 베이스라인 스터디를 통해 심장병이나 암을 훨씬 조기에 발견해 치료 중심 의학이 예방 중심으로 전환하기 위한 기초 자료를 마련하고자 한다. 기존에 발견된 바이오마커biomarker*는 환자에 초점을 맞추었기 때문에 어느 정도 질환이 진행된 다음에야 이상을 발견할 수 있었다. 현재 의학계에서는 기존의 바이어마커를 건강한 사람에 적용해서 질환을 찾아내기 위해 노력하기도 하지만 그리 성공적이지는 않았다. 베이스라인 스터디는 질환을 조기에 혹은 사전에 발견하기 위해서는 이미 질병이 진행한 환자에서 발견되는 것과 완전히 다른 바이오마커를 찾아내야 하는 것이 아닌가 하는 가정하에 연구하겠다는 것이다.

예를 들자면, 현재의 심전도로는 심장마비가 오고 나서의 변화는 알 수 있지만 오기 전에 발생할 수 있는 변화를 읽어내지는 못한다. 만약 다수의 건강한 사람들이 심전도를 측정할 수 있는 장비를 가지고 다니면 평소의 심전도가 대량으로 수집될 것이다. 이를 분석해 심장마비가 오기 전의 미세한 변화가 밝혀진다면 개인에게 그런 변화가 나타나는 것을 감지하고 알려주어 미리 병원에 가게 한다든지 하는 식으로 대처하도록 할 수 있을 것이다.

구글의 베이스라인 스터디와 같은 프로젝트가 가능해진 것은, 유전자 분석 비용을 비롯해 다양한 분석 장비의 비용이 많이 떨어졌기 때문일 것이다. 이 프로젝트에 참여하는 갬비르Gambhir 박사는 10여 년 전에 유사한 프로젝트를 시작했으나 비용 때문에 중단한 적이 있다고 언급했다.

이 프로젝트는 현대의학이 지난 수십 년간 찾아내지 못한 새로운 것을 발견해내려는 것이다. 따라서 상당한 기간이 소요될 것으로 보인다. 한 관계자는 "이는 1, 2년 내에 완료할 수 있는 프로젝

---

* 원래 체내에 있거나 질환으로 말미암아 생겨나는 물질을 말한다. 이들 물질의 변화를 측정함으로써 정상 혹은 이상 여부를 알게 된다

트가 아니다. 예전에는 암을 수년 내에 완치하겠다고 얘기했는데 이제는 누구도 그렇게 이야기하지 않는다"고 언급하기도 했다.[1]

구글은 건강한 사람들의 평소 건강정보를 대량으로 수집한 뒤 분석하여 아직까지 잘 알려지지 않은, 질병 발생 전 단계에 어떤 신호가 나타나는지를 밝혀내고 이를 통해 질병이 발생하기 전에 예방하는 시대를 열기 위한 초석을 놓고 있다. 구글이 헬스 플랫폼으로 구글핏을 내놓고 본격적인 의료보다는 피트니스에 초점을 맞춘 것도 현재 의학적으로 밝혀져 있는 정보 수준으로는 제대로 된 모바일 헬스를 구현하기 어렵다고 판단했기 때문이라 생각할 수 있겠다. 이와 함께 장기적으로, 제대로 된 모바일 헬스 서비스를 제공하기 위해 베이스라인 스터디를 진행하는 것이 구글의 헬스케어 전략이 아닌가 한다. 이런 엄청난 규모의 연구를 한 기업이 나서서 하려고 한다는 점이 인상적이다.

2015년 4월 애플이 출시한 애플워치는 헬스케어 센서를 장착한 제품일 것이라는 예상과 달리 피트니스 센서를 탑재한 웨어러블 기기이다. 애플워치에 헬스케어 센서가 탑재되었다고 해도 아직 건강한 사람들에게 도움을 줄 수 있을 만한 정보는 제한적일 것이다. 그래서 헬스케어가 애플워치의 킬러 기능이 되기는 어려울 것이라고 생각한다. 그럼에도 만약 애플워치 미래 버전에 헬스케어 센서가 장착되고, 애플 제품이라는 이유만으로 많은 사람들이 이를 구매하게 되면 건강한 사람들이 굳이 살 필요가 없고 아직은 큰 도움을 받을 일이 없는 센서들이 달린 기기를 구매하는 계기가 될 수 있을 것이다. 이렇게 되면 구글의 베이스라인 스터디와 비슷한 연구를 수백만 명을 대상으로 시행하는 것과 같은 효과를 얻어 건강한 사람이 어떤 단계를 거쳐 질환으로 발전하는지에 대한 이해를 넓힐 수 있을 것이다.

실제로 애플은 리서치킷이라는 의학 연구용 플랫폼을 만들고 연구자들에게 공개했다. 리서치킷의 초기 버전은 세 가지 기능을 제공한다. 참가자 동의를 받고 참가자에게 설문 조사를 실시하며 iOS의 각종 데이터를 수집할 수 있다. 애플 사용자를 대상으로 임상시험을 실시하기 위한 필수 기능이라고 할 수 있다.[2] 지금까지는 개별 병원을 통해서 임상시험을 진행했기 때문에 참가자를 모으는 데에만 상당한 기간이 소요되었다. 그런데 이제 전 세계 아이폰 사용자를 대상으로 참가자를 모을 수 있어 매우 빠르고 저렴하게 임상시험을 실시할 수 있게 된 것이다.

아이폰 사용자들의 반응은 예상대로 매우 뜨거웠다. 리서치킷 공개 24시간 만에 스탠퍼드대학교의 심장 혈관 연구에 1만 1,000명, 마운트시나이병원의 천식 연구에 2,500명, 또 다른 파킨슨병 연구에 5,589명이 신청한 것이다. 이 중 임상시험 참여 조건을 만족시키지 못하는 사람도 있을 것이며, 리서치킷 발표 직후로 인한 홍보의 영향도 있겠지만 실로 엄청난 규모라 할 수 있다.[3] 연구자들이 여러 가지 조건을 철저하게 통제하는 기존의 임상시험에 비해서 한계가 있을 수 있겠지만 임상시험 참가자 규모와 진행 속도 면에서 기존의 임상시험을 압도하기 때문에 나름 의미 있는 결과를 내놓을 수 있을 것으로 예상한다.

구글과 애플의 이런 노력에 힘입어 질병이 발생하기 전에 나타나는 변화에 대한 지식을 쌓게 되면 건강한 사람을 더욱 건강하게 만들어준다는 디지털 헬스케어의 약속이 실현될 수 있을 것이다.

다만 그때까지 생각보다 오랜 시간이 걸릴 수가 있다. 디지털 헬스케어에 뛰어드는 회사들은 이 점을 염두에 두어야 할 것이다.

Prerequisite

행동을 일으키는 동기부여에 대해
더 많이 이해해야 한다

사람들은 건강해질 수 있다는 이유만으로 건강 행동을 실행하지는 않는다. 심부전 환자들은 퇴원 후에 매일 한 번씩 체중계에 올라서서 체중을 재기만 하면 되는데도 불과 14퍼센트만이 그렇게 하고 있다. 체중을 재지 않는 동안 심장 기능이 다시 나빠져 어느 날 갑자기 숨이 차서 응급실에 실려갈 수 있고 잘못하면 생명을 잃을 수 있는데도 그렇다. 상식적으로 이해가 가지 않는 일이다.

달리 말하자면, 아직 우리는 사람들이 왜 특정 행동을 하고 또 어떤 행동은 하지 않는지에 대해서 충분히 이해하지 못하고 있다. 최신 기술을 적용한 활동량 측정계를 사서 쓸 정도로 관심이 많은 사람들이 왜 불과 몇 개월만 지나면 더 이상 사용하지 않는지, 어떻게 하면 그들의 의욕을 불러일으킬 수 있는지에 대해 제대로 알지 못한다.

많은 디지털 헬스케어 회사들이 기가 막힌 최신 기술을 어떻게 이용할 수 있을까 하는 고민에서 시작해 제품을 개발한다. 그러다 보니 사람들에게 어떤 효용을 제공할 수 있을지, 사람들이 어떻게 지속적으로 이용할 수 있게 할지에 대해서는 고민이 없는 경우가 많다.

사람은 제품 개발자들이 기업 회의실에서 생각한 대로 움직이지 않는다. 이는 사람의 행동과 동기부여에 대한 지식 자체가 아직 부족하기 때문일 수도 있고 디지털 헬스케어 제품을 만드는 사람들이 그런 지식을 잘 알지 못하기 때문일 수도 있다. 많은 회사들이 노력하고 있음에도 아직 누구나 인정할 만한 성과를 거둔 디지털 헬스케어 회사가 많지 않은 점을 고려하면 지식 자체가 부족하기 때문일 가능성이 높아 보인다. 따라서 구글이 사람들이 건강할 때의 의료 정보를 얻기 위한 연구를 시작한 것처럼 사람들의 건강 행동을 둘러싼 요인들을 이해하기 위한 연구가 더 필요할 수 있겠다.

디지털 헬스케어가 사물인터넷의 한 종류라고 생각하는 회사나 사람들을 보게 된다. 사물인터넷은 센서와 알고리즘을 이용해 사용자의 취향을 알고 자동으로 움직이는 것을 목표로 하며 상당 부분 현재의 기술로 구현 가능하다. 하지만 디지털 헬스케어는 현재의 기술 수준에서는 사용자의 개입 없이는 그 목표를 달성할 수가 없다는 점에서 사물인터넷과 차이를 보인다. 사람이 움직여주어야만 한다는 점 때문에 디지털 헬스케어 업계는 테크놀로지뿐만 아니라 인간 행동에 대해 더 많은 이해를 해야 한다.

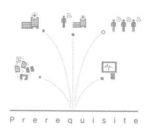

넘쳐나는 정보를
큐레이션할 주체가 필요하다

아직 핏비트와 같은 활동량 측정계를 이용하는 사람의 비율은 그렇게 높지 않다. 하지만 여러 개의 기기를 동시에 사용하면서 식이부터 수면 패턴까지 본인의 건강과 관련된 다양한 정보를 모두 기록하려고 사람들도 있다. 이렇게 자신에 대한 각종 정보를 시시콜콜히 기록하는 것을 자가측정이라고 한다. 이렇게 더 많은 정보를 알고자 하는 사람들도 있지만 일반인 입장에서는 하루에 몇 걸음을 걸었고 계단은 몇 개를 오르내렸는지 등 너무 많은 정보가 밀려들면 오히려 건강정보를 귀찮고 머리 아파 굳이 신경 쓰고 싶지 않은 존재로 생각해버릴 수도 있다. 또 활동량 수준을 넘어선 본격적인 의료 정보를 수집하기 시작하면 일반인들은 정보의 의미를 이해하지 못해 제대로 활용하지도 못할 것이다. 따라서 점점 더 많은 사람들이 각종 기기를 사용하게 되면 기기 자체도 중요하지만 이를 종합하고 의미 있는 형태로 사용자에게 전달하는 일이 중요해질 것이다.

이 분야를 선도하는 곳이 애플이다. 애플은 헬스킷 플랫폼을 발표할 때 헬스라는 건강정보 대시보드를 내놓은 바 있다. 플랫폼을 만든 회사가 외부 회사들이 자유롭게 개발하도록 놔두지 않고 직접 손을 대는 것은 플랫폼의 성장을 위해 바람직하지 않을 수도 있다. 하지만 역으로 생각하면 그만큼 건강 관련 정보를 정리해 일목요연하게 보여주는 것이 중요하다고 볼 수 있겠다.

이후에 애플이 스마트워치인 애플워치를 발표했을 때에도 건강정보 큐레이션 역할은 직접 담당하겠다는 의지를 보여주고 있다. 애플워치는 본격적인 의료용 센서는 탑재하지 않았고 피트니스 관련 센서만을 탑재했는데 이들 센서로부터 얻는 정보를 사용자가 쉽게 이용하도록 도와주는 장치를 잘 만들어두었다. 애플워치에는 두 개의 건강 관련 앱이 탑재되는데 액티비티Activity 앱과 워크아웃 Workout 앱이 그것이다.

액티비티 앱은 일상생활 중 활동 관리에 초점을 맞추고 있다. 3개의 활동 관리 링ring으로 구성되어 있으며 활동량이 늘어남에 따라 링이 길어지고, 목표를 달성하면 링이 완성된다. 덜 앉아 있도록 유도하는 '일어서기 링', 하루에 30분 이상 운동하도록 하는 '운동하기 링', 칼로리 소모량을 측정하는 '칼로리 소모 링'으로 구성된다.

워크아웃 앱은 본격적인 운동 관리에 초점을 맞추고 있으며 걷기, 뛰기, 사이클링 등과 같은 활동의 종류를 선택하고 칼로리, 시간, 거리 중에 달성하고 싶은 목표를 선택한 후 운동을 하면 기록

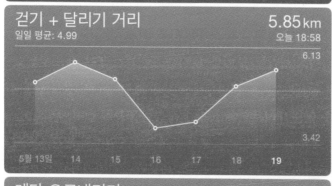

〈그림 6 - 1〉 애플의 헬스 앱(출처: 아이폰 화면 캡처)

을 남겨준다.

애플은 이들 앱을 사용하는 모습을 동영상으로 공개했다.[4] 기존의 헬스케어 앱에 비해 훨씬 직관적이고 완성도가 높아 보인다. 특히 사용자의 피트니스 활동을 액티비티와 워크아웃의 두 가지로 나누어 정리한 것은 별것 아닌 것 같아 보이지만, 활동량 측정계들이 사용자에게 무엇을 보여주는 것이 좋을지에 대해 그동안 우왕좌왕했던 것에 대해 애플 나름의 답을 제시한 것이라 볼 수 있다.

애플이 헬스, 액티비티, 워크아웃 앱을 내놓기 전부터 이미 건강정보를 큐레이션해주는 헬스케어 대시보드를 만들어내는 업체들이 있었다. 넛지Nudge가 대표적이다. 넛지라는 단어는 책 제목으로 유명한데 사람을 슬쩍 밀어서 어떤 행동을 취하도록 유도한다는 뜻이다. 이 앱을 통해 사용자가 더 건강해질 수 있도록 유도하겠다는 의미로 생각할 수 있다. 넛지는 핏비트나 조본 같은 활동량 측정계는 물론이고 맵마이피트니스 같은 피트니스 앱 정보를 통합해서 볼 수 있는 대시보드다. 이렇게 수집한 정보를 넛지 팩터Nudge Factor라는 하나의 숫자로 정리해서 보여준다.[5] 일종의 건강 성적표라고 할 수 있겠다. 이는 앞서 살펴본 애플의 접근방식과는 다르다. 간편하다는 장점이 있지만 모든 정보를 하나의 수치로 뭉뚱그린 데이터만으로 소비자가 더 많이 운동하기 위한 자극을 받을 수 있을지는 미지수다.

우리나라의 에이지바이오매틱스 회사는 건강관련 정보를 종합해서 생체 나이로 제시하는 서비스를 제공한다. 피트니스 센터에서 체력 테스트를 받거나 의료기관에서 건강검진을 받은 다음 측정 결과를 입력하면 생체 나이가 어느 정도인지를 알려준다. 넛지

〈그림 6 - 2〉 넛지 앱 화면(출처: 구글 플레이)

팩터의 경우, 변화를 추적할 수는 있지만 건강 수준이 어느 정도인
지를 직관적으로 파악하기 어렵다. 반면 에이지바이오매틱스가 제

시하는 생체 나이는 직관적으로 이해할 수 있어 일반인들에게 유용할 것으로 생각된다.

건강 관련 데이터의 범람은 일반 소비자뿐만 아니라 병원과 의사 입장에서도 부담이 될 것이다. 여러 회사들이 앞 다투어 구축하려는 헬스케어 플랫폼들은 전자의무기록을 통해 개인들이 사용

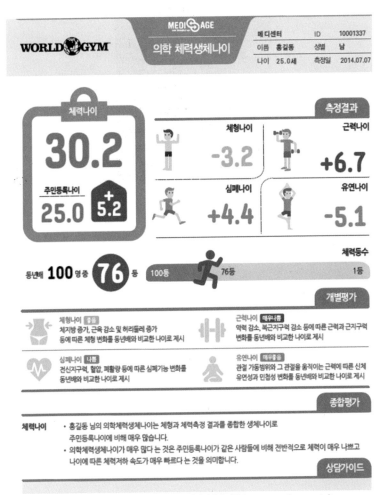

〈그림 6 - 3〉 에이지바이오매틱스 측정 결과(출처: 에이지바이오매틱스 www.mediage.co.kr)

하는 기기와 앱이 측정한 내용을 병원에 있는 의료진에게 전달하려고 하고 있다. 문제는 이미 의사들이 많은 데이터와 씨름하느라 바쁘다는 것이다.[6] 의사가 병원에서 전자의무기록을 열면 이때까지의 경과 기록이나 지난번 입원 당시 기록과 같은 수많은 기록들은 물론 각종 혈액 검사 결과, CT, MRI와 같은 영상 검사 결과, 조직 검사 결과와 마주해야 한다. 이런 상황에서 환자들이 집에서 핏비트나 다른 기기를 통해서 측정한 결과까지에 주의를 기울이기는 쉽지 않을 것이다.

따라서 병원에서도 수많은 정보를 전체적으로 요약하거나 중요한 것만을 선별해주는 정보의 큐레이션 및 이를 직관적인 형태로 보여주는 사용자 인터페이스가 중요해질 것이다. 예를 들어 활동량의 경우 환자가 매일매일 몇 걸음을 걸었는지를 일일이 신경 쓸 필요는 없다. 환자의 상태에 따라 일정 걸음 수 이상은 걸었는지, 건강에 무리가 될 정도로 심하게 활동한 것은 아닌지만 알 수 있으면 충분할 것이다.

어떻게 보면 현재의 전자의무기록에서도 일정 부분 이런 정보 큐레이션 작업이 이미 이루어지고 있다고도 볼 수 있다. 예를 들어 조직 검사에 대한 병리과 검사 결과, CT, MRI 등에 대한 영상 검사 결과 정보를 확인하고자 할 때 해당과 전문의가 판독한 세세한 결과를 다 볼 수도 있지만, 바쁘거나 그런 결과를 해석할 능력이 안 되는 의사의 경우에는 최종 결론만 볼 수도 있는 것이 여기에 해당한다고 할 수 있다.

현재 헬스케어 플랫폼 가운데 병원과의 연계에 가장 큰 공을 들이고 있는 헬스킷은 제작사인 애플이 디자인과 사용자 인터페이스에 강하다는 점이 병원에서의 건강 정보 큐레이션에 큰 도움이 될 것이다. 애플은 구글과는 달리 정보를 수집해 나름의 방식으로 종합하려는 방향으로 플랫폼을 만들어가고 있다. 이런 애플의 전략은 수많은 건강정보 속에서 신음하고 있는 소비자뿐만 아니라 정보의 홍수 속에서 바쁜 의료진에게도 도움이 될 수 있을 것 같다.

또 한 가지 생각해봐야 할 것은 활동량만 놓고 보았을 때 의사들이 이 정보를 꼭 알고 관리해야 하는가라는 점이다. 만약 필요하다고 한다면 의사는 환자가 담배를 피우는지, 술을 지나치게 마시지는 않는지를 관리해야 한다는 논리도 성립할 수 있다. 디지털 장비를 통해 뭔가 건강과 관련된 것을 측정할 수 있게 되었으며, 그것이 실제 건강과 관련이 있다는 이유로 의사의 관리가 필요하다고 보는 것은 너무 앞서 가는 것일 수 있다. 적절한 알고리즘을 이용해서 환자(혹은 이용자)가 스스로 관리하고 의사는 넓은 범위에서 활동량을 체크하는 정도면 충분할 것으로 보인다.

Prerequisite

의료비 지불방식이 바뀌어야 한다

미국은 물론 우리나라를 비롯한 많은 나라들이 치솟는 의료비 부담을 줄이기 위해 노력하고 있다. 이렇게 의료비가 상승하는 원인은 인구의 고령화와 신의료기술의 발달 등 여러 가지가 있지만, 일부에서는 의료비 지불 방식에서 그 원인을 찾기도 한다. 현재 우리나라와 미국 등 여러 나라에서는 환자가 검사를 받고 시술이나 수술을 받으면 그에 대한 비용을 병원에 지급하는 방식을 택하고 있다. 이를 행위별 수가제도라고 한다.

행위별 수가제도에서 의료기관은 의료비를 절감하기 위해 노력할 필요가 없다. 오히려 무엇인가 하나라도 더 많은 의료행위를 해야 돈을 벌 수가 있다. 따라서 의료행위의 양이 늘어날 가능성이 있다. 행위별 수가제도의 또 다른 문제는 의료기관이 환자가 아파야 돈을 벌 수 있다는 것이다. 환자가 아프지 않으면 검사나 시술을 할 필요가 없어지며 그렇게 되면 병원은 수익을 내지 못하는 것이다.

미국의 오바마 대통령은 더 많은 국민이 건강보험에 가입해 의료의 혜택을 보도록 하기 위해서 소위 오바마케어라고 불리는 법을 제정했다. 그런데 더 많은 사람들이 진료를 받게 되면 의료비가 늘어나게 된다. 그래서 사람들이 평소에 건강을 유지하도록 하고 아픈 사람들을 효율적으로 진료하도록 하는 방안을 마련했다.

오바마케어는 의료행위의 많은 부분을 결정하고 시행하는 의사와 의료기관이 의료비 절감을 위해 노력하도록 유도하고 있다. 그 중 하나가 책임의료조직 ACOAccountable Care Organization라고 하는 의료 전달 체계다. 책임의료조직은 의사, 병원 및 기타 다른 의료기관들이 자발적으로 그룹을 결성해 환자들에게 통합적인 고품질의 진료를 제공하는 것을 말한다. 통합 진료는 특히 만성질환자를 포함한 환자들이 제때에 필요한 진료를 받되, 불필요한 진료의 중복을 막도록 한다. 책임의료조직에 해당하는 의료기관 그룹이 고품질의 진료를 제공하면서 의료비를 절감하면 절감한 비용의 일부를 나누어가질 수 있다. 즉 책임의료조직에 포함된 의료기관들은 환자들이 진료받을 일이 없도록 하고, 진료를 받아야 하는 환자는 가능한 효율적으로 진료하는 것이 유리한 셈이다.

그런데 의료비 절감만을 강조하면 의료의 질이 떨어질 우려가 있다. 그래서 오바마케어에서는 진료 성과에 따라서 인센티브나 페널티를 부여하는 성과지불제도를 함께 도입했다. 성과지불제도는 의료의 질과 치료 성과를 평가해 우수한 의료기관에 대해 보상한다.

이와 같이 책임의료조직 및 성과지불제도가 확산되면 의료기관들은 환자들이 평소에 건강을 유지하도록 돕고 예전 같으면 의료기관에 입원해 있을 환자들을 가능하면 조기에 퇴원시키되 재입원이 필요 없을 정도로 이들을 잘 관리할 수 있는 시스템을 갖출 필요가 있다. 디지털 헬스케어가 바로 이런 필요를 충족시켜줄 수 있을 것이다. 즉 의료제도의 변화가 디지털 헬스케어의 발전을 재촉할 수 있다. 앞에서 GE가 만든 휴대용 초음파 브이스캔을 살펴보면서 보험회사의 심사가 힘들다는 이유 때문에 보험 적용을 받지 못했고 결국 의료기관에서 널리 이용되지 못했다는 점을 지적했다. 그런데 이 장비를 이용해 응급실을 방문한 심장질환 환자를 더 잘 진료해 의료비를 절감할 수 있다면 책임의료조직에 참여하는 의료기관이 기꺼이 구매할 가능성이 높아질 것이다.

진료에 도움을 줄 수 있는 데이터 분석 회사들 역시 기회를 맞이할 것으로 보인다. 현재까지 성과를 내고 있는 데이터 분석 서비스들은 주로 보험 청구를 도와주거나 병원 내 업무 프로세스를 개선하는 등 병원 경영과 관련된 경우가 많지만 성과지불제도가 확산되면서 의사들의 진료를 돕기 위한 임상 의사결정지원 시스템의 기회가 커질 것으로 보인다.

여기에 속하는 제품들은 특정 검사를 할 시기가 된 것을 알려주거나 의사가 놓치기 쉬운 것을 재확인하는 등 비교적 단순한 것이 많다. 예를 들어 당뇨병 환자를 진료할 때 정기적으로 당화 혈색소 혈액 검사를 하고 안과 검진을 받도록 해야 하는데 의료진이 이를 놓치는 경우 자동으로 알려준다. 이에 비해 앞서 소개한 앰비언트 클리니컬 애널리틱스는 한발 더 나아간 제품을 내놓고 있다. 지금까지 패혈성 쇼크 감지기 'Septic Shock Sniffer'와 인공호흡기 관런 폐손상 감지기 'Ventilator-Induced Lung Iinjury Sniffer'를 내놓았다. 환자에 대한 의무기록, 혈액 검사 결과 등 데이터를 분석해 환자의 생명에 치명적인 영향을 줄 수 있는 패혈성 쇼크와 인공호흡기 관련 폐손상 가능성을 예측해줌으로써 의료진이 미리 대처할 수 있게 해준다. 두 시스템 모두 FDA 승인을 받았다.

의료 지불제도 및 전달 체계의 변화로 말미암아 병원들이 환자를 건강하게 만들기 위해 노력하기 시작하면 디지털 헬스케어 업계는 새로운 전기를 맞이하게 될 것이다. 특히 기존 시스템에서 저렴하고 사용하기 편리하다는 이유로 오히려 보험회사의 외면을 받았던 제품들이 큰 기회를 잡게 될 것이다.

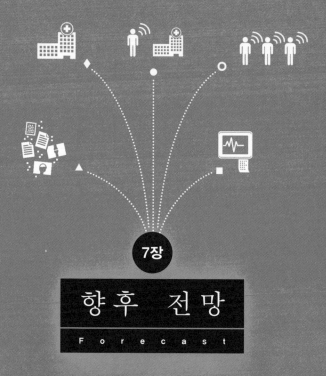

7장

향후 전망

Forecast

F o r e c a s t

지금까지는 이미 출시되었거나 출시되지 않았지만 구체적인 형태로 만들어져서 머지않아 출시될 제품들 위주로 다루었다. 이번 장에서는 향후 의료 현장에 큰 파급을 가져올 수 있는 미래형 제품들을 소개하고 디지털 헬스케어의 전망에 대해 살펴보겠다.

최적의 치료법을 제시해주는 IBM 왓슨

눈여겨봐야 할 미래형 제품 첫 번째는 세계적인 컴퓨터 회사인 IBM이 개발 중인 인공 지능 시스템 '왓슨'이다. IBM은 20여년 전부터 인공지능 시스템 개발을 위해 노력해왔다. 대표적인 것이 체스 세계 챔피언인 게리 카스파로프와 체스 대결을 벌였던 딥 블루다. 딥 블루는 1996년에 있었던 1차 대결에서는 졌지만 1997년의 2차 대결에서 승리함으로써 인공지능 시스템의 가능성을 보여주었다. 딥 블루는 일반적인 용도로 사용 가능한 인공지능 시스템이라기보다는 인공지능의 가능성을 보여주기 위해 체스에서 인간을 이기기 위한 목적으로 만들어졌기 때문에 이 승리 이후에 더 이상 개선되지는 않았다.

이후 IBM의 연구자들은 미국의 유명한 퀴즈 쇼인 제퍼디Jeopardy!에서 승리하기 위해 자연어(사람에게 자연스럽게 떠오르는, 특별히 구조화되지 않은 언어) 처리가 가능한 인공지능 시스템을 개발했다. 바로 왓슨이다. 그리고 왓슨은 2011년 기존에 이 퀴즈 쇼에서 승리했던 사람들을 이김으로써 그 목적을 달성했다.

한국 IBM연구소 이강윤 소장이 발표한 내용을 보면 왓슨이 검색엔진에 비해 어떤 능력을 갖췄는지 이해할 수 있다.[1]

"왓슨의 특징을 보면 구조화된 자료뿐 아니라 자연어로 기록된 구조화되지 않은 자료도 인식한다. 이 근거를 가지고 가설을 세우고 검증해서 답을 할 뿐만 아니라 사용자의 선택과 응답에 기반을 두어 계속 학습해나갈 수 있도록 만들어졌다. 더 정확히는 인지학습 시스템을 통해 우리 인간이 인식하고 추론하는 것이 어떤 관계에 있는지 학습할 수 있도록 했다. 하지만 아직도 검색엔진과 왓슨과 같은 인공지능 컴퓨터를 혼동하는 사람들이 많다.

쉽게 설명하자면 검색엔진은 핵심어가 있는 문서를 찾도록 사용자가 2~3개의 키워드를 넣으면 대중 인기도를 기준으로 문서를 뿌려주는 것이다. 결국에는 사용자가 이들 문서를 읽고 답변을 발견하도록 하는 것이다. 반면 왓슨은 사용자가 우리가 사용하는 언어로 질문하면, 이를 이해해 가능한 답변과 근거를 생성해 분석할 뿐만 아니라 신뢰도까지 계산한다. 그리고 최종적으로 근거와 함

〈그림 7 - 1〉 왓슨이 제퍼디 퀴즈 쇼에 출연한 모습(출처: IBM 왓슨 페이스북)

께 신뢰도를 포함한 답변을 사용자에게 제공한다. 그러면 사용자
는 이 답변을 가지고 판단하는 것이다."

　정리하자면 왓슨은 인간이 인간의 언어로 질문하는 걸 이해할 수
있으며 관련 분야의 엄청난 자료를 스스로 분석해 대답을 내놓을
수 있다. 또한 스스로 학습할 수 있기 때문에 생소한 분야라고 하더
라도 해당 분야 전문가를 통해 일정 기간 학습을 거치게 되면 신뢰
할 만한 답변을 내놓을 수 있다. IBM은 이렇게 우수한 분석 및 학
습 능력을 갖춘 왓슨을 다양한 분야에 활용하기 위해 노력하고 있
다. 그중 첫 번째가 바로 의료다.

　의료는 복잡한 지식에 바탕을 두기 때문에 이런 시스템을 적용
하기 어려울 것이라는 생각이 든다. 하지만 현대 의료를 규정짓는
가장 중요한 특징이 증거 기반 의료Evidence-based medicine라는 점을
감안하면 꼭 그런 것은 아니다. 증거 기반 의료는 환자를 진료할
때 지금까지의 연구 결과에 기반한 최선의 증거를 사용해야 한다

는 것이다. 하지만 하루가 다르게 다양한 연구 결과들이 발표되고 있기 때문에 의사들이 항상 최선의 의학적 증거에 바탕을 두고 진료하는 것은 생각만큼 쉽지 않다. 적지 않은 의사들이 의과대학을 다닐 때 배운 오래된 지식 혹은 본인의 경험에 바탕을 두고 진료하는 경우가 있다. 따라서 엄청난 양의 자료를 종합, 분석해서 신뢰도 높은 대답을 내놓을 수 있다는 왓슨의 특성을 생각한다면 증거 기반 의료에서 큰 성과를 낼 수 있을 것이라고 볼 수 있다.

퀴즈 쇼 제퍼디에서 우승한 직후인 2011년 5월 『포브스』가 보도한 바에 따르면2) 2009년 11월경부터 IBM 연구진은 왓슨에 의학 지식을 학습시키기 시작했다. 메릴랜드대학교의 영상의학자인 엘리엇 시걸 박사의 도움을 받아 왓슨을 학습시킬 의학 저널과 교과서를 선정했고 어떤 질문을 통해 왓슨을 학습시킬지를 정했다. 왓슨은 의학 논문들의 온라인 도서관이라 할 수 있는 메드라인 Medline과 펍메드PubMed 그리고 의학 교과서들을 읽고 의사 국가

〈그림 7 - 2〉 왓슨(출처: IBM 왓슨 페이스북)

시험 기출 문제로 테스트를 받았다. 당시 시걸 박사는 왓슨이 기초 의학 과정을 마치고 임상 의학 과정을 시작하기 전인 의대 2학년 가운데 가장 똑똑한 수준이라고 언급했다. 다음 단계로 왓슨에게 실제 환자 사례를 담은 의무기록을 학습시켜서 이미 알고 있는 진단, 시술, 치료, 결과에 대한 자료들과 연계할 수 있도록 할 예정이라고 했다. 기사 말미에는 향후 3~5년 후에 의사들이 파일럿 테스트를 해볼 수 있을 것이며 8~10년 이상 지난 후에야 보편적인 진단 도구로 사용하지 않겠는가 하고 전망했다.

이후 IBM은 2012년 3월 미국 내 유수의 암센터로 유명한 메모리얼 슬론 케터링 암센터Memorial Sloan Kettering Cancer Center와 계약을 맺고 이곳의 환자 기록 및 임상 연구 결과들을 왓슨에게 학습시키기로 했다.[3]

이후 2013년 2월까지 60만 5,000여 편의 의학적 증거, 200만여 페이지의 텍스트와 2만 5,000건의 환자 사례를 학습하고 1만 4,700 임상 시간 동안 의사들을 보조하면서 진단 정확도를 향상시켰다고 한다. 그러고는 2013년 2월 IBM과 메모리얼 슬론 케터링 암센터 그리고 보험회사인 웰포인트는 파트너십을 맺고 의료기관들이 환자 치료 방침을 결정한 것을 심사할 때 왓슨을 활용하도록 하는 사업을 시작하기로 했다. 불과 2년 전에 시걸 박사가 파일럿 테스트를 시행하는 데 3~5년이 걸릴 것으로 예측한 것과 비교해 보면 빠르게 진행된 것이다.

IBM은 향후 헬스케어에서 왓슨을 사용하는 상황에 대한 데모 동영상을 발표해 구체적으로 의사와 환자에게 어떻게 도움을 줄 수 있을지를 보여주었다.[4] 동영상에서는 외부병원에서 CT 및 조직 검사를 통해 폐암으로 확진된 환자가 종양내과 의사에게 의뢰되는 모습을 보여준다. 종양내과 의사가 환자를 만나기 전에 환자에 대한 정보를 왓슨에 입력하면 왓슨은 이를 기존에 학습한 정보들과 함께 분석한다. 몇 분 후에 왓슨은 담당 의사에게 이 환자에게 가능한 치료 옵션들을 신뢰도와 함께 제시하고 정보가 더 필요한 부분에 대해서는 환자 증상을 더 확인하거나 검사를 더 시행할 것을 권고하며 이 환자가 참여할 수 있는 임상시험에는 어떤 것이 있는지를 제시한다.

왓슨의 권고에 따라서 검사를 추가로 시행해 그 결과가 자동으로 전자의무기록에 입력되면 이를 추가로 분석해 더욱 신뢰도 높은 치료 옵션을 제시해줄 수 있다. 또 다음 외래를 기다리는 동안 새롭게 발생한 증상을 입력하면 치료 옵션을 수정해서 제시하기도 한다. 항암치료 시 머리가 빠지는 것을 피했으면 한다는 등 환자의 선호를 입력하면 그에 따른 치료 옵션을 제시해주기도 한다. 또한 왓슨이 제시한 내용의 의학적 증거를 알고 싶으면 바로 확인할 수 있게 되어 있다.

이 동영상에서 보여주는 내용 중에 기능적인 측면 이외에 주목할 만한 것이 몇 가지 있다. 첫 번째, 의사가 아이패드와 같은 태블릿을 이용하는 것처럼 보인다. 이는 따로 언급되지는 않았지만 왓슨이 클라우드 형태로 언제 어디서나 이용할 수 있다는 점을 보여준다. 즉 어떤 슈퍼컴퓨터와 같이 하드웨어 형태로 되어 있어서 왓슨을 이용하고자 하는 곳마다 설치해야 하는 것이 아니고 인터넷으로 연결될 수 있는 어느 곳에서나 사용할 수 있다는 것이다.

두 번째, 특정한 형식에 맞추어 정보를 입력하는 것이 아니라는 점이다. 환자의 첫 번째 외래 방문 전에는 의사의 의무기록과 검사 결과를 별도의 편집 없이 그대로 읽어낼 수 있었다. 그리고 두 번째 방문 시에는 의사가 하는 말을 그대로 이해할 수 있었다. 즉 의사가 왓슨을 이용하기 위해 별도로 무엇인가를 작성할 필요가 없어서 사용이 편리하고 업무 시간을 단축해줄 수 있다는 뜻이다. 비단 의료에서뿐만 아니라 어떤 업무를 편리하게 해준다고 하면서 개발된 툴이 오히려 옥상옥이 되어 기존 업무 과정을 복잡하게 만드는 경우가 많은데 왓슨은 적어도 이런 부담은 없는 셈이다.

정리하자면 왓슨은 의사의 의료적 의사 결정 과정을 돕는 시스템이라 할 수 있는데 이를 임상 의사결정지원 시스템Clinical Decision Support System이라고 한다. 접근할 수 있는 자료의 양이나 인공지능 학습 기능 등으로 볼 때 왓슨을 따라갈 만한 것이 나오기는 힘들 것 같다.

2013년 6월에는 왓슨을 이용한 연구 결과가 미국 임상 암학회 American Society of Clinical Oncology에서 발표되었다. 미국 임상 암학회는 세계 최대 규모의 암 학회로 암의 진단과 치료 분야를 선도하는 연구 결과들이 발표되는 자리이며 우리나라를 포함한 전 세계 유수의 종양 학자들이 참석한다.

여기서 발표된 논문은 「제퍼디! 퀴즈쇼를 넘어서: IBM 왓슨을 활용해서 종양학 의사 결정 향상시키기」이다.[5] 이 연구에서는 왓슨의 자연어 처리 능력과 기계 학습 능력을 평가했다.

연구진은 폐암을 대상으로 해 왓슨에게 525개의 실제 환자 사례와 420개의 가상 사례를 학습시켰다. 연구 결과를 보면 왓슨에게 반복적으로 학습시켰을 때 환자 사례에서 중요한 요소들을 추출해내는 능력인 자연어 처리 능력과 적합한 치료 방법을 제시하는 능력인 기계 학습 능력 모두 향상되는 것으로 나왔다. 300개의 사례를 가지고 왓슨을 반복적으로 테스트했을 때 정확한 치료 방침을 내놓는 능력은 40퍼센트에서 77퍼센트까지 상승했다. 77퍼센트 정도의 정확성이라면 그다지 뛰어나다고 할 수는 없겠지만 반복적인 학습에 따라서 정확도가 빠르게 올라가는 것으로 보아 충분한 학습 과정을 거친다면 앞으로 정확성이 매우 높아질 것으로 생각되었다.

2014년 미국 임상 암학회에서는 더 많은 연구 결과들이 발표되었다. 이번에는 그동안 꾸준히 왓슨과 협업해왔던 메모리얼 슬론 케터링 암센터는 물론 또 다른 유수의 암센터인 엠디 앤더슨 암센터에서도 발표했다.

메모리얼 슬론 케터링 암센터에서는 2013년 연구를 더욱 확장한 연구 결과를 발표했다. 「IBM 왓슨을 활용한 종양학의 다음 단계: 다른 암으로 확장시키기」라는 연구다.[6] 대장암, 직장암, 방광암, 췌장암, 신장암, 난소암, 자궁경부암, 자궁내막암에 대한 학습 모델을 만들어 왓슨을 학습시켰고 반복적으로 학습시켜서 정확한 치료 방침을 내놓는 비율을 조사했다. 왓슨을 반복적으로 학습시켰더니 정확도가 90~100퍼센트까지 높아졌다는 결과가 나왔다. 그 결과는 〈표 7-1〉과 같이 정리할 수 있다. 다만 2013년 연구 결과와 마찬가지로 동일한 환자 사례를 반복적으로 테스트한 결과라는 점에서 다소 한계가 있다. 동일한 환자 사례를 반복 교육시킨 후 새로운 환자 사례를 통해 평가해야 왓슨의 진정한 능력을 평가할 수 있을 것이다.

	1차 테스트	2차 테스트	3차 테스트
대장암	68	81	98
직장암	61	88	96
방광암	24	75	91
췌장암	5	91	94
신장암	12	87	91
난소암	41	97	95
자궁경부암	6	100	100
자궁내막암	12	83	89

〈표 7 - 1〉 암의 부위에 따른 진단 정확도(%)

메모리얼 슬론 케터링 암센터는 「메모리얼 슬론 케터링 지역 네트워크 병원에서의 IBM 왓슨 파일럿 프로그램」이라는 또 다른 연구 결과도 발표했다.[7] 메모리얼 슬론 케터링 암센터 네트워크 병원의 종양 의사들에게 왓슨이 유방암과 대장/직장암 환자에게 적절한 치료법을 제시하는 능력을 평가하도록 하고 왓슨 시스템을 사용해본 경험에 대한 피드백을 받았다. 불과 6명만이 참여했기 때문에 한계가 있지만 사용자들은 적절한 암 치료 옵션을 선택하는데 왓슨이 도움이 되었다고 평가했다. 그러나 왓슨이 기존 자료로부터 데이터를 바로 수집하지 못해서 환자 데이터 입력에 너무 많은 시간이 소요되었다는 지적이 있었다. 즉 데모 동영상 내용과는 달리 아직은 왓슨이 전자의무기록에 기록된 내용을 바로 읽어낼 수 없으며 의사가 어떤 양식에 입력한 것을 읽어내는 것으로 보인다. 왓슨의 가장 큰 장점이 자연어 처리라는 점을 생각하면 아직 한계가 뚜렷한 셈이다.

한편 엠디 앤더슨 암센터에서는 백혈병에 대한 연구 결과를 발표했다. 「IBM 왓슨을 활용한 엠디 앤더슨 암센터의 종양학 전문가

조언 시스템」이라는 초록에 따르면 왓슨에게 400개의 백혈병 사례를 교육시킨 후 왓슨이 적절한 치료법을 제시하는 능력을 평가했을 때 정확도는 82.6퍼센트에 달했다고 했다.[8]

2014년 미국 임상 암학회에서 발표된 연구 결과들을 가지고 생각해보면 아직 왓슨은 자연어 처리 능력이 기대에 미치지 못하며 우수한 학습 능력이 있지만 학습 후에 새로운 환자 사례에 적용할 수 있는 능력은 충분히 검증되지 않았다고 할 수 있겠다.

위의 연구 발표 이후 상황을 보면 메모리얼 슬론 케터링 암센터에서는 폐암, 유방암, 대장 · 직장암에 대한 왓슨 버전을 베타 테스트하고 있으며 엠디 앤더슨 암센터에서는 2014년 여름부터 백혈병 버전을 사용해 신규 전임의들에게 백혈병 치료에 대한 조언을 제공하는 데 왓슨을 이용할 계획을 발표했다.

이후 IBM은 애플 및 세계적인 의료기관인 메이요 클리닉과의 파트너십을 발표했다. 애플과의 협업의 경우 음성 인식 정보 처리 기술인 시리Siri와의 시너지 때문에 주목을 받고 있다. 앞서 언급한 데모 동영상을 보면 왓슨이 음성 정보를 처리하는 모습을 보여주고 있지만 아직은 그런 능력을 갖추지 못한 것으로 추정되는데 시리의 음성 정보 처리 기능을 더함으로써 자연어 처리 능력을 한층 강화할 수 있을 것이다.

메이요 클리닉과는 임상시험 연구와 관련된 협업을 하는 것으로 발표했다. 메이요 클리닉 내에서만 항상 8,000개 이상의 임상시험이 진행되고 있고 전 세계적으로는 17만 개 이상의 임상시험이 진행되고 있는 상황에서 왓슨을 통해 환자에게 가장 적절한 임상시험을 찾아주고 참여할 수 있도록 하겠다는 것이다. 병력, 검사 결과 등 임상시험마다 참여 가능한 조건이 모두 다르다. 따라서 어떤 환자가 있을 때 적합한 임상시험을 찾기는 생각보다 쉽지 않다. 또한 한 병원 내에서 8,000개 이상의 임상시험이 진행되고 있다면 개개의 임상시험을 모두 파악한다는 것은 사실상 불가능할 것이다. 왓슨을 이용해 이러한 어려운 점을 극복하고자 하는 것이다.

2015년 4월 13일에는 왓슨을 의료에 본격적으로 활용하기 위한 플랫폼인 왓슨 헬스 클라우드를 출시한다고 발표했다. 왓슨 헬스는 여러 파트너들과의 협력을 통해서 암 진단과 치료에서 보여준 왓슨의 능력을 다양한 질병에 적용하겠다는 것으로 볼 수 있다. IBM은 웨어러블을 비롯한 각종 센서를 통해서 한 개인이 평생 100만 기가바이트 규모의 데이터를 만들어낼 것으로 보이나 아직은 이들 데이터가 파편화되어 있고 쉽게 공유될 수 없다고 지적하면서 IBM 왓슨과 같은 플랫폼을 통해 개인별 맞춤 치료를 위한 통찰력을 제공할 수 있다고 지적한다.

IBM은 이를 위해서 IBM 왓슨 헬스라는 전담 사업부를 설치했다. 사업 역량을 강화하기 위해 헬스킷과 리서치킷이라는 훌륭한 플랫폼을 가지고 있는 애플 및 의료기기 회사로 유명한 존슨앤존슨, 메드트로닉과 파트너십을 맺었으며 헬스케어 데이터 분석에 강점이 있는 익스플로리스Explorys와 파이텔Phytel 회사를 인수하기도 했다. 구체적으로는 애플과의 협력을 통해 애플의 헬스킷과 리서치킷에 대한 클라우드 플랫폼과 분석 도구를 제공한다고 한다. 존슨앤존슨과의 협력을 통해서는 관절이나 척추 수술 전후에 대한 코칭 서비스와 만성질환관리를 위한 건강 앱 사업을 할 것이며 메드트로닉과는 당뇨병 관리에 대한 개인별 맞춤 관리 서비스를 제

공할 것이라고 한다.[9]

이렇게 암이라고 하는 특정 질환에 대한 진단 및 치료 알고리즘을 제공하는 데서 시작해서 의료 정보 분석 플랫폼으로 발전시키면서 보다 많은 파트너들과의 협력을 통해 질병의 진단, 치료 및 관리 전 부분에 걸쳐서 큰 변화를 불러올 것으로 예상된다.

IBM이 이렇게 왓슨을 다양한 방면에서 활용하기 위한 시도를 하는 것은 궁극적으로는 이윤을 창출하기 위해서일 것이다. 왓슨의 연구 부서를 이끌고 있는 마이클 캐러식에 따르면 아직 왓슨의 암 관련 프로젝트들은 수익을 내지는 못하고 있으며 IBM의 기대만큼 빠르게 시장에 출시되고 있지도 못하다. 2014년 1월에 『월스트리트 저널』이 입수한 자료에 따르면 IBM은 왓슨 관련 사업이 2018년까지 10억 달러의 매출을 달성할 것으로 전망했으나 실제로는 전망치에 뒤처지고 있다고 한다.

현재까지 왓슨이 수익을 창출하고 있는 유일한 분야는 웰포인트 보험회사에서의 활용이다. 의료기관에서 어떤 치료 혹은 시술을 시행하기에 앞서 접수하는 승인 요청을 처리하는 과정에 활용하고 있다고 한다. 미국에서는 보험회사마다, 보험 가입자마다 보험 가입 조건이 다양해서 어떤 검사 혹은 치료를 받기로 결정되면 의료기관이 보험회사에 승인 요청을 하며 승인을 받은 다음에 진행하는 경우가 있다. 이 역시 의료 지식과 환자 관련 정보, 보험 가입 조건이라는 많은 정보를 처리해서 적절한 답을 구하는 것이니만큼 왓슨의 장점을 살리는 일이라 생각된다.

의료보험 승인 이외의 프로젝트에서 수익을 내지 못하고 있는 것과 관련해서 컨설팅 회사인 맥킨지 산하 의료기관 솔루션 제공조직인 오브젝티브 헬스Objective Health의 전직 CEO이자 헬스케어 데이터 분석 회사인 익스플로리스의 이사회 멤버인 러셀 리치몬드는 이런 의견을 내놓았다.

"헬스케어 분야에서 우수한 데이터 처리에 기반한 제품들은 비용을 절감하거나 업무 효율성을 향상시킬 때 성공했으며 의사들이 개별 환자에 대해 하는 일을 개선할 때에는 성공하지 못했다. 비용 조절 및 효율성 향상과 관련된 제품들은 직접적으로 수익을 창출해주며 미국 헬스케어 산업을 새롭게 쓰고 있는 오바마케어에서 권장하는 부분이기도 하다. 왓슨을 활용해서 최적의 암치료법을 찾아주는 것이 어떻게 수익을 낼 수 있을지는 불확실하다."

이와 관련해서 엠디 앤더슨 암센터의 유전체 의학교수이자 왓슨 프로젝트 책임자인 린다 친Lynda Chin은 현재 진행 중인 것과 같은 왓슨의 암 관련 프로젝트가 종양의학 의사들과 지역에서 암환자를 진료하는 의사들에게 큰 도움이 될 것이라고 전망하면서 이런 의견을 내놓았다.10)

"의사들은 서류 작업 부담과 수익을 올려야 하는 부담에 눌려 최신 의학 정보를 따라가기 어려울 수 있다. 의사가 본인의 지식만으로 환자에 대한 의료적 결정을 내리지 못한다면 다른 의사에게 의뢰하는 것이 맞는데 그렇게 되면 의사나 병원의 수익성이 영향을 받게 된다."

즉 특정 암 환자들만 보는 최고의 전문가들은 왓슨을 이용한다고 해서 수익에 도움을 받지는 못하겠지만 지역 사회에서 다양한 암환자를 보는 의사들은 최고의 전문가들에게 환자를 뺏기지 않기 위해서라도(그럼으로써 수익을 잃지 않기 위해서라도) 왓슨을 이용할 수 있지 않겠느냐는 의견을 내놓은 것이다.

아직은 왓슨도 여러 가지 한계를 가지고 있다. 지금까지 살펴본 것처럼 아직은 의사가 특정 양식에 정보를 기록해주어야 하는 등 자연어 처리 능력이 충분하지 못하다. 또한 처음으로 의학 학습을 시킨 지 약 5년, 메모리얼 슬론 케터링 암센터와 본격적으로 협업한 지 약 2년 반이 지났음에도 아직까지 동일한 환자 사례를 반복적으로 학습시킨 결과가 나오는 정도인 것을 보면 새로운 질병에 대해서 사용하기 위해서는 상당한 시간과 작업이 소요될 것으로 보인다.

하지만 그동안 왓슨이 보여준 뛰어난 학습 능력과 컴퓨터 기술의 발달 속도를 생각해볼 때 그리 머지않은 미래에 암 치료 방침 결정에 상당한 도움을 줄 수 있으리라 생각한다. 이렇게 왓슨이 계속해서 진화한다면 과연 의사를 대체하게 될까? 왓슨의 현재 능력을 고려하면 독자적으로 진료할 수 있기까지는 오랜 시간이 걸릴 것으로 생각된다. 하지만 지금보다 한 단계만 더 발전해도 의사가 환자를 진료하면서 최적의 치료 방침을 얻는 데 도움이 될 것으로 보인다.

F o r e c a s t

일반인을 먼저 사로잡아야 할 구글글래스

구글글래스는 의료용으로 개발된 제품은 아니다. 출시 당시 주목을 받았지만 아직 뚜렷하게 자리를 잡지 못한 이 제품은 의료 현장에서의 사용 가능성 때문에 주목받고 있기 때문에 여기서 다루려고 한다.

구글글래스는 2013년 초에 정식 제품이 아닌 개발자를 위한 프로토콜로 발표되었다. 손을 쓰지 않고 머리의 움직임이나 말로 조절할 수 있다는 점, 시선과 디스플레이가 같은 방향으로 움직인다는 장점 때문에 웨어러블 분야의 차세대 아이템으로 주목받았다. 정식으로 출시되지 않았고 의료용으로 개발된 것 또한 아니지만 여러 선도적인 의사들이 그 장점에 주목하면서 의료 현장에 접목하기 위한 시도가 이루어졌다. 대표적인 경우들을 살펴보겠다.

- 수술현장에서의 활용

수술현장에서 의료진은 무균 수술복에 장갑을 낀 채로 수술하게 된다. 따라서 주시하고 있는 수술 장면 이외의 것을 확인하기가 어렵다. 또 전신마취 수술 중에는 마취과 의사가 상주해 환자의 생체 징후Vital Sign(혈압, 맥박, 산소 포화도 등)를 모니터링하고 관리하지만, 수면내시경 등 수면 상태에서 진행하는 시술의 경우에는 별도로 환자의 생체 징후를 관리해주는 인력이 상주하지 않아서 시술자가 수시로 확인해야 하는 경우가 많다.

스탠퍼드대학교 의과대학은 바이털메디컬VitalMedicals이라는 구글글래스 앱 제조사와 공동으로 의사가 시술 도중에 구글글래스를 사용해 환자의 생체 징후를 확인할 수 있도록 해주는 앱이 진료 현장에 얼마나 도움이 되는지를 보는 연구를 했다. 연구 결과, 시술자가 환자에게서 발생하는 문제를 발견하는 속도가 빨라졌다. 또

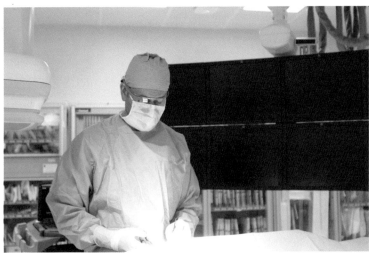

〈그림 7 - 3〉 스탠퍼드대학교 의과대학과 바이털메디컬스의 협업으로 개발한 앱을 테스트하는 모습(출처: 바이털메디컬스www.medicalmedicals)

한 생체 징후를 표시해주는 감시 장비를 확인하는 빈도를 줄여주면서 시술에 대한 집중도가 높아진 것으로 나타났다.[11]

생체 징후뿐만 아니라 다양한 환자 관련 정보를 구글글래스에 띄워서 확인할 수도 있다. 수술 집도 의사가 수술 중에 CT나 MRI를 확인해야 하는 경우가 있는데 보통 환자 옆을 잠시 떠나거나 고개를 돌려 컴퓨터 모니터를 통해 영상 이미지를 확인한다. 그런데 구글글래스를 사용하면 수술 필드에 집중하면서도 환자에 대한 중요 정보를 바로 확인할 수 있다.

인디애나대학 병원의 폴 쇼텍 박사는 구글글래스를 착용한 상태에서 수술을 하면서 그 내용을 라스베이거스에서 열린 미국 탈장학회의 연차 총회 자리에 모인 600여 명의 의사들에게 전송했고 수술 중에 음성 인식 기능을 이용해 MRI와 엑스레이 사진을 구글글래스로 불러와서 확인하는 모습을 보여주었다.[12]

구글글래스를 사용하면 수술 장면을 실시간으로 전송해서 레지던트 혹은 의과대학생을 교육하거나 다른 의사에게 자문을 구할 수 있다. 의학 드라마를 보면 수술현장 2층에 일종의 관람실이 있어서 의과대학생이나 레지던트들이 천재 외과의사의 수술 장면을 보면서 경탄하고 배우는 모습이 나온다. 하지만 현실에서 그런 관람실은 없으며 설사 있다고 해도 그렇게 먼 곳에서 수술 장면을 관찰하기는 어렵다. 또한 수술현장에 들어간다고 해도 집도의사 뒤에서 혹은 옆에서 수술 장면을 제대로 보고 배우기는 쉽지 않다. 이때 구글글래스는 집도 의사가 보는 장면을 그대로 실시간 영상 전송을 할 수 있기 때문에 이런 한계를 넘어설 수 있다.

오하이오주립대학의 정형외과 의사인 크리스토퍼 캐딩은 구글글래스와 구글의 메신저인 행아웃을 이용해서 정형외과 조교수와 의과대학 2학년 학생들에게 수술 장면을 전송한 바 있다. 다양한 매체에서 이 소식을 다루었는데 ABC 방송의 '굿모닝아메리카'라는 공중파 메인 프로그램에 이 장면이 소개되기도 했다.[13]

또 스탠퍼드대학교 병원에서는 심장외과 레지던트 수련에 구글글래스를 이용한다고 발표하기도 했다. 위의 경우와는 반대인데 레지던트가 구글글래스를 끼고 수술을 하면 지도 의사가 이를 보면서 수술을 지도하는 식으로 활용했다고 한다.[14]

- 응급상황에서의 활용

응급상황에서 현장에 있는 응급구조사가 낀 구글글래스를 통해 먼 거리에 있는 응급의학 전문의가 상황을 확인하고 필요한 처치를 지시할 수 있다.

메덱스MedEx라는 엠뷸런스 서비스 업체는 구글글래스 앱을 개발하는 프리스틴Pristine회사와의 협력을 통해 응급상황에서 사용하기 위한 앱을 만들었다. 시카고의 한 병원과 파트너십을 맺어 병원에 있는 응급의학 전문의가 현장에 있는 응급구조사의 구글글래스를 통해서 전송되는 정보를 보고 적절한 처치를 지시하거나 조언하는 시범 프로그램을 운영하였다.[15] 메덱스와 구글은 이 서비스를 출시하기 위해 시카고 보건 당국과 협상을 벌였으며 2014년 11월에 드디어 허가를 받았다. 메덱스는 이 서비스 개발에 25만 달러를 투자했고 와이파이 핫스팟 기능을 갖춘 앰뷸런스를 10대 더 갖출 계획이라고 한다.[16] 국내에서는 명지병원이 응급상황에서 구글글래스를 사용하는 시연을 한 바 있다.[17]

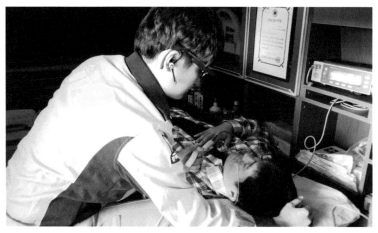

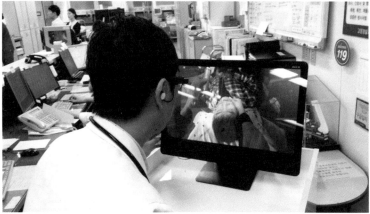

〈그림 7 - 4〉 명지병원이 응급상황에서 구글글래스를 시연하는 모습(출처: 명지병원 www.kdmc.or.kr)

- 원격진료에서의 활용

로드아일랜드병원은 프리스틴 회사가 개발한 구글글래스 실시간 영상 전송 기술을 이용해서 응급실에 내원한 환자에 대해 원거리에 있는 피부과 의사와 실시간으로 상의하는 파일럿 프로그램을 운영했다.

– 의무기록 받아쓰기

많은 의료기관이 종이 차트가 아닌 전자의무기록을 사용하면서 의사가 진료할 때 환자를 마주 보는 시간보다 모니터 화면을 쳐다보고 자판으로 정보를 입력하는 시간이 길어져 환자와 공감하고 의사소통하는 것이 힘들어지고 있다.

구글 앱 개발 회사인 어그메딕스Augmedix는 의사가 환자와 주고받는 말과 구글글래스에 보이는 정보를 손쉽게 의무 기록으로 입력할 수 있는 앱을 개발했다. 디그니티 헬스 병원은 이 앱을 외래 진료에 활용하는 파일럿 프로그램을 시작했다. 이 병원의 최고 정보 책임자이자 가정의학과 의사인 데이비드 런드퀴스트에 따르면 이전에는 의사들이 진료 후에 컴퓨터에 의무기록을 입력하는 데 2시간씩 걸렸는데 이제는 15분이면 할 수 있다고 한다. 또한 의무기록을 정리하는 데 신경을 쓰는 대신에 환자가 이야기하는 것에 대해 생각할 수 있게 되었다고 한다.18)

〈그림 7 - 5〉 구글글래스와 어그메딕스가 개발한 앱을 이용해 환자 진료를 하는 모습(출처: 어그메딕스 www.augmedix.com)

- 진료 편의 증가

구글글래스를 이용함으로써 환자에 대한 정보를 빠르게 확인할 수 있다. 베스 이스라엘 병원은 구글글래스를 통해 응급실 병실 바깥에 부착된 QR 코드를 스캔하면 그 환자에 대한 정보가 글래스에 뜨도록 하는 앱을 자체 개발했다. 이 앱은 새로운 환자들이 계속해서 밀려들지만 환자를 파악할 시간이 없는 응급실에서 담당 의사가 빠르게 환자를 파악하고 진료할 수 있도록 도와주게 된다. 파일럿 프로그램에 참여한 스티브 홍 박사는 구글글래스를 사용해서 진료한 경험에 대해 이렇게 말했다.

"긴급 호출을 받고 응급실에서 심한 뇌출혈 환자를 보게 되었다. 뇌출혈이 있으면 빨리 혈압을 낮추어 뇌출혈이 진행하는 것을 막는 것이 중요하다. 환자는 자신이 특정 혈압약에 대해 심한 알레르기가 있다고 이야기했지만 어떤 약인지는 몰랐는데, 이 정보는 모두 그 환자의 전자의무기록에 기록되어 있었다. 상태가 좋지 않은 환자에게서 드물지 않게 발생하는 일인데, 나는 환자 곁을 떠나 컴퓨터가 있는 곳으로 가는 대신에 구글글래스를 사용해서 재빨리 환자의 알레르기와 현재 복용 중인 약물을 확인할 수 있다. 확인해 보니 환자는 항응고제(피가 굳는 것을 막아주는 약)까지 복용하고 있어서 빠르게 그 효과를 되돌릴 필요도 있었다. 환자 곁에서 이런 정보를 확인했기 때문에 재빨리 고혈압 약물을 투여하고 항응고제에 대한 길항제(어떤 약물의 효과를 낮추어주는 약물)를 투여할 수 있었다. 만약 그 과정이 늦어졌다면 영구적인 장애가 남거나 사망했을 수도 있었을 것이다."

베스 이스라엘 병원은 3개월간의 파일럿 프로그램을 거쳤으며

이후 응급실에서 진료하는 의사 중 원하는 사람은 모두 이 시스템을 사용할 수 있도록 했다.[19]

이렇게 많은 회사, 병원, 의사들이 구글글래스에 관심을 두고 의료 현장에서 이를 활용하기 위해 노력하고 있다. 하지만 구글글래스의 전망에 대해서는 부정적인 의견도 나오고 있다. 구글글래스를 쓴 모습이 우스꽝스럽다거나 카메라 사용에 따른 프라이버시 침해에 대한 지적, 그리고 하드웨어 성능과 관련해 프로세서의 성능이 떨어지거나 배터리 수명이 짧다는 지적이 나오기도 했다.[20]

급기야 2014년 11월경부터는 구글글래스에 대한 관심이 식고 있다는 이야기까지 나오기 시작했다.[21] 여러 보도 내용을 보면 통신사인 로이터가 접촉한 16개의 구글글래스 앱 개발 회사 가운데 9개가 개발을 중단했다고 한다.[22] 또 구글벤처스를 포함해서 여러 벤처 캐피털들이 '글래스 콜렉티브Glass collective'라는 이름으로 구글글래스 관련 앱을 개발하는 회사에 투자하기 위한 펀드를 결성했으나 인터넷 홈페이지가 없어지는 등 사실상 활동을 중단한 것으로 추정되기도 했다.

2015년 1월에 구글은 1월 19일로 기존의 구글글래스 시범판이라 할 수 있는 익스플로러 에디션 판매를 중단하며, 이와 함께 구글글래스는 (연구 단계의 제품을 만드는) 구글 X를 '졸업해서' 더 이상 실험 단계가 아닌 본격적인 제품으로 거듭나기 위한 단계를 거칠 것이라고 발표했다.[23]

이후 2014년 4분기 실적을 발표하면서 구글의 최고 재무 책임자는 구글글래스에 대해 이렇게 언급했다.

"달리 이야기하자면, 팀이 난관을 잘 헤쳐가지 못하고 있지만 여전히 희망이 있다고 생각할 때, 구글글래스에서 그랬던 것처럼, 잠시 숨을 돌리고 전략을 새롭게 세우도록 할 수도 있다. 그리고 프로젝트가 기대했던 전망을 보여주지 못할 때는 힘든 결정을 내리게 될 수도 있다. 프로젝트 자체를 취소하는 결정을 내리게 될 수도 있다. 구글에서는 (프로젝트 운영과 관련해) 항상 그런 일이 있었다.[24]"

아직 구글글래스를 완전히 접는다는 말은 아니지만, 회사에서 어떤 제품에 대해 '전략을 새롭게 세운다'는 이야기를 하는 것은 그다지 긍정적인 메시지가 아닌 경우가 많은 것이 사실이다.

구글글래스의 전망에 대해서 생각해보면 스마트폰처럼 일반인들이 자유롭게 사용하는 제품이 되기 전에는 의료기관에서 널리 사용하기 어려울 것이라고 본다. 그 이유는 구글글래스를 병원이 구매해서 의료진에게 나누어줄 가능성이 낮으며 의사가 자비로 구매할 가능성도 크지 않기 때문이다. 구글글래스는 환자 안전 혹은 의사의 업무 생산성을 높이는 데 도움이 될 수 있겠지만 병원의 이익을 높여줄 가능성은 높지 않아서 병원 차원에서 구매하기는 쉽지 않다. 스마트폰이나 태블릿 PC를 진료에 활용하는 병원들이 있기는 하지만 병원에서 사서 지급하기보다는 의료진이 평소에 사용하던 장비를 가져와서 사용하는 경우가 많은 것과 비슷할 것으로 생각한다.

구글글래스는 2014년 4월에 판매되었을 때 가격이 1,500달러 정도로 손쉽게 구매할 정도는 아니었다. 이 정도 가격의 제품을 병원에서 사용하기 위한 목적으로 자비를 들여 구매하는 의사는 많지 않을 것 같다. 스마트폰이 나오기 이전에 PDA폰이 출시되었을 때 이를 진료에 활용할 수 있었지만 신기술에 관심이 많은 일부 의사들을 제외하고는 자비로 사서 쓴 경우가 별로 없었다는 것으로 미루어 짐작할 수 있다.

또 한 가지 생각해보아야 할 것은 의사들이 최신 기술 도입에 익숙할 것 같지만 의료기기에 대해서만 그럴 뿐 스마트 장비에 대해서는 일반인들과 별다를 것이 없다는 점이다. 분당서울대병원은 개원 당시인 2003년에 직원들에게 PDA폰을 지급하고 병원 전자 의무기록의 내용을 확인할 수 있도록 했는데 예상보다 적은 의료진들만이 이를 사용했다. PDA폰이 지금의 스마트폰보다 사용하기가 불편하다는 점 등 여러 가지 이유가 있겠지만 이는 일반인들이 쉽게 사용할 만한 장비가 아니면 다수 의사들 역시 수용하지 않을 것이라는 점을 보여준다.

이상의 내용을 정리해보자면, 구글글래스가 의료에서 확실한 효용이 있는 것은 사실이다. 하지만 여러 가지 이슈 때문에 구글글래스가 대중화되지 못한다면 의료 현장에 널리 보급될 가능성은 높지 않아 보인다. 따라서 스마트폰처럼 일반 대중들이 자연스럽게 수용하게 되어 의사들이 개인적으로 사용하기 위해 구글글래스와 같은 스마트글래스를 사게 되어야 이를 병원에 가져와서 쓸 수 있게 될 것이다. 즉 의료에서 구글글래스 활용의 관건은 의사들이 스마트글래스를 어떻게 받아들일 것인가 하는 것보다는 일반인들이 어떻게 받아들일 것인가가 되는 셈이다.

Forecast

디지털 헬스케어는 어디로 갈 것인가

- 우리나라의 디지털 헬스케어

지금까지 디지털 헬스케어 업체들의 전략과 트렌드 및 이슈 등을 자세히 살펴보았다. 이 과정에서 가장 눈에 띄는 사실은 업체들이 대부분 미국 회사이거나 미국 시장을 바탕으로 사업하고 있다는 것이다. 우리나라 업체도 몇 군데 소개했지만 회사의 개수나 벤처캐피털들의 투자 규모로 보았을 때 미국 업체들을 따라갈 만한 규모의 회사는 보이지 않는다.

이렇게 디지털 헬스케어는 미국에서 빠르게 성장하는 반면 우리나라에서는 아직 미미한 수준이다. 그 원인으로 원격진료가 허용되지 않기 때문이라거나 식약처의 규제가 심하기 때문이라는 지적이 있다. 그런데 잘 살펴보면 디지털 헬스케어가 발달하지 않은 곳은 우리나라뿐이 아니다. 만약 규제가 문제라면 미국 이외에도 디지털 헬스케어가 활발하게 이용되고 있는 국가들이 더 나와야 할 텐데 그렇지 못한 것이다.

그 이유는 이 책의 서론 '왜 지금 디지털 헬스케어인가'에서 다루었던 디지털 헬스케어의 성장 요인에서 찾을 수 있다. 기억을 되살려보면 디지털 헬스케어의 성장을 이끄는 가장 중요한 요인은 스마트폰의 보급, 의료비 증가, 의료 이용의 불편함 세 가지였다. 이 중 스마트폰의 보급은 선진국 및 중진국에서 공통적으로 일어나고 있는 현상이지만 의료비 증가와 의료의 접근성 문제는 미국에서 가장 두드러지는 현상이다. 의료비의 경우 GDP에서 차지하는 비율 및 절대적인 액수 모두 미국에서 가장 크기 때문에 디지털 헬스케어가 의료비를 절감해줄 수 있다면 미국이 가장 큰 수혜를 누릴 수 있어 그만큼 큰 시장이 생겨날 여지가 있다.

또한 의료의 접근성에서도 미국에서는 다른 선진국들과는 달리 1차 진료망이 잘 구축되지 않아서 평소에 손쉽게 진료를 받기 어렵다. 따라서 미국은 의료의 접근성과 관련해서도 개선될 여지가 크다. 이렇게 의료비 증가와 의료의 접근성 문제를 놓고 생각해보면 디지털 헬스케어 업체 입장에서는 미국 시장에 집중적으로 투자할 유인이 존재한다.

반면 우리나라는 IT 산업이 발달했고 스마트폰이 많이 보급되었다는 장점이 있지만 GDP 대비 의료비 비중이 7.6퍼센트로 OECD 평균인 9.3퍼센트보다 크게 낮을 정도로 의료비 부담이 적다. 그리고 웬만한 곳에서는 집이나 회사 근처에서 전문의 진료를 손쉽게 받을 수 있을 수 있을 정도로 의료의 접근성이 좋다. 즉 미국의 경우 의료 시스템이 개선될 여지가 많은 반면 우리나라는 (적어도 의료소비자의 입장에서는) 그럴 여지가 크지 않기 때문에 디지털 헬스케어 시장이 발달하기 힘들다고 할 수 있다.

서론에서 이들 핵심 요인이 부족하더라도 보험가입자가 장기간 보험에 가입하고 의료 전달 체계가 잘 갖추어지는 부가적인 상황 요인을 모두 만족시키는 경우, 디지털 헬스케어가 확산될 여지가 있다고 언급한 바 있다. 우리나라는 모든 국민이 국민건강보험에 가입하기 때문에 보험 가입과 관련한 요인은 해당된다. 하지만 1차 의료기관에서 평소의 건강을 관리 받고 심각한 질병이 발생하는 경우 1차 진료 의사의 의뢰를 받아 대형 병원에서 진료받도록 하는 의료 전달 체계가 작동하지 않고 있다. 디지털 헬스케어와 1차 의료기관의 주치의를 연계해 환자의 건강을 관리할 수 있는 시스템이 갖추어져 있지 않은 것이다. 따라서 상황요인을 생각해봐도 우리나라에서는 디지털 헬스케어가 성장할 여지가 적다.

우리나라에서 디지털 헬스케어의 발전과 관련해서 규제는 부차적인 문제다. 근본적으로는 시장이 발달될 여건 자체가 마련되지 않았기 때문에 발전이 힘들다고 보는 게 맞다. 따라서 번뜩이는 아이디어와 기술을 가지고 디지털 헬스케어에 뛰어들고자 하는 국내 회사들은 정부가 규제를 풀어주기를 기다리기보다는 시장의 성장 가능성이 적은 우리나라를 떠나서 미국 등 향후 성장 전망이 큰 나라를 주 시장으로 삼는 것이 바람직하다고 할 수 있겠다.

- 디지털 헬스케어 업계의 분투

지금까지 살펴본 것처럼 많은 회사들이 다양한 종류의 디지털 헬스케어 기기 혹은 서비스를 내놓고 있으며 다른 업체들과 협력 혹은 경쟁을 통해 시장을 차지하기 위해 노력하고 있다. 그럼 이제 앞서 사용했던 것과 같은 분류기준을 적용해서 분야별로 향후 전망을 생각해보겠다. 디지털 헬스케어는 1, 2, 3차 예방으로 분류할 수 있으며 1차 예방은 평소에 건강을 유지하고 질병이 생기는 것을 예방하며, 당뇨병이나 고혈압이 있는 과체중 환자가 생활습관 관리를 하는 것도 포함한다. 2차 예방은 질병에 걸리기 얼마 전 혹은 걸린 후 최대한 빨리 알아내서 치료에 들어가는 것을 의미하며, 3차 예방은 기존에 있는 질병을 잘 치료해서 이로 인한 문제가 커지는 것을 막는 것을 의미한다.

1차 예방 분야의 회사들은 주로 체중 감량이나 운동량 증가를 통해 건강을 향상시키겠다는 목표를 가지고 있다. 하지만 이 분야의 회사들은 신기술에 관심 많은 초기 사용자와 주류 시장의 일반 소비자 사이의 간극이라고 할 수 있는 캐즘을 넘어서지 못하고 있는 곳이 많다. 예전부터 활동량 측정계가 본격적으로 자리 잡는 시기가 곧 도래하리라는 전망이 나오고 있지만 아직까지 실현되지 않고 있다는 것에서 알 수 있다.[25]

다수의 업체들은 앞으로도 캐즘을 넘어 주류 시장으로 진입하지 못할 가능성이 높다. 그 이유는 피트니스 밴드와 같은 1차 예방 제품을 기꺼이 사용하고자 하는 사람들은 이미 끌어들였지만 앞으로 개척해야 하는 시장은 쉽게 넘어오지 않을 가능성이 높기 때문이다. 다이어트 산업의 주 고객은 다이어트가 필요 없는 사람들이라는 말이 있는 것처럼 현재까지 1차 예방 제품을 주로 이용하는 사람들은 1차 예방이 필요 없는 사람들 중에 건강에 관심이 많거나, 새로운 IT 제품에 관심이 많은 사람들일 가능성이 있다. 이 제품들의 주 대상이 되는 다이어트가 필요한 사람들은 의지부족 등 과체중이 된 심리적 혹은 행동의 원인이 있을 텐데 이들이 의지를 통해 그 원인을 이겨내고 서비스를 지속적으로 이용하기는 쉽지 않아 보인다.

피트니스 밴드의 선두주자인 핏비트가 최근 주식시장 상장 준비를 위해 제출한 서류는 1차 예방 분야의 현실을 잘 보여준다. 서류에 따르면 총 활동 사용자 수Total paid active users PAUs가 총 등록 사용자 수Total registered users의 절반 정도밖에 미치지 못하는 것으로 나왔다. 한 분석가는 활동 사용자 수의 변동을 바탕으로 사용자 탈락률을 추정하기도 했는데 2014년 첫 3분기 동안 핏비트를 구매한 사람의 70퍼센트 이상이 2014년 내에 더 이상 사용하지 않은 것으로 분석했다. 또, 총 등록 사용자 수 대비 누적 판매 대수의 비율이 1.09밖에 되지 않아 재구매율이 높지 않은 것으로 추정되는데 향후 시장이 포화되는 경우 핏비트의 실적이 큰 영향을 받을 수 있다고 지적하기도 했다.26)

1차 예방 분야는 세 가지 분야 중에서 가장 먼 미래에 발생할 위험을 줄이기 위해 현재의 행동을 바꾸는 것이기 때문에 사람들로 하여금 지속적으로 사용하도록 하는 것이 쉽지 않다고 할 수 있다. 따라서 이 분야에서는 동기부여와 행동 변화에 대한 폭넓은 이해가 필요하다. 단순히 좋은 센서를 장착한 멋진 기기를 만드는 데 그치는 다수의 회사들은 한계에 부딪힐 것이며 사용자 개개인에 맞추어 지속적으로 건강 행동을 독려할 수 있는 시스템을 만들어내는 어려운 숙제를 잘 해결해내는 일부 회사들만이 이 분야에서 성공을 거둘 것이다.

2차 예방에 해당하는 분야는 아직 초기 단계에 그치고 있다. 현재의 의학 지식은 일단 질병이 발생한 다음을 다루고 있기 때문에 그전 혹은 직후에 어떤 일이 생기는지에 대한 이해가 부족하기 때문이다. 이러한 이해 없이 2차 예방 영역에서 할 수 있는 것은 매우 적다. 따라서 애플의 리서치킷이나 구글의 베이스라인 스터디를 통해 오랜 기간에 걸쳐 의학지식이 축적된 후에야 본격적으로 발전할 수 있을 것이다. 2차 예방 분야는 세 가지 분야 가운데 가장 오랜 시간이 지난 후에야 성과를 낼 수 있을 것이다. 하지만 질병이 생기는 것을 막거나 적절한 대처를 준비할 수 있게 해준다는 점에서 큰 파급력이 있을 것이기 때문에 그 기반이 마련되기만 하면 의료의 판도를 바꿀 수 있을 것이다.

마지막으로 3차 예방은 치료 의학을 의미한다고 할 수 있다. 블루스타를 이용해서 당뇨병을 관리하거나 마이스피루를 이용해서 천식을 관리하는 것 등이 여기에 해당한다. IBM 왓슨을 이용해서 최적의 암 치료 방침을 알게 되는 것도 마찬가지다. 이 분야는 기존 의학 지식이 많이 축적되어 있고, 상대적으로 동기부여가 잘 되어 있는 환자들을 대상으로 하기 때문에 향후 상당기간 디지털 헬스케어 시장의 주류가 될 것이다.

이 분야의 발전으로 디지털 헬스케어가 의료기관 혹은 의사의 역할을 상당부분 대체할 가능성을 점치는 사람들도 있다. 하지만 앞서 살펴본 것처럼 의료 장비 혹은 서비스는 환자가 품질 혹은 효용을 정확하게 알기 어려운 신용재이기 때문에 소비자의 신뢰를 쌓는 데 오랜 시간이 걸린다. 디지털 헬스케어가 기존 의료에서 신뢰를 받고 있는 의료기관과 의사를 뛰어넘는 것은 결코 쉽지 않다.

따라서 향후 상당 기간 의료기관 혹은 의사를 대체하기보다는 이를 보완하는 역할을 수행하게 될 것이다. 디지털 헬스케어 업체들은 의료기관과 의사와 연계하는 방안을 강구하는 것이 필요하다.

헬스케어의 특성상 획기적인 제품이 나와서 기존 시장을 순식간에 뒤집기보다는 우선 기존 시스템에 편입되는 과정을 거쳐야 한다고 볼 수 있다. 이 과정에서 예상보다 많은 시간이 소요될 수 있다는 점을 잊어서는 안 된다. 디지털 헬스케어가 병원 혹은 의사의 보완재가 될 것이라고 했지만 이에 대한 기존 의료계의 태도가 바뀌는 데 얼마나 시간이 걸릴지 모른다. 의료의 또 다른 축인 보험 회사의 태도 또한 이슈가 될 것이다. 앞서 살펴본 바와 같이 보험 회사는 기본적으로 새로운 기술에 호의적이지 않으며 매우 보수적이다. 따라서 디지털 헬스케어 제품들이 본격적으로 보험 적용을 받기 시작하는 데에도 상당한 시간이 걸릴 수 있다.

이 책에서 서로 다른 관점에서 수차례 다룬 얼라이브코를 다시 한 번 살펴보자. 얼라이브코를 비롯한 디지털 헬스케어 업체들은 대부분이 스타트업이기 때문에 어느 정도의 성과를 내고 있는지 알기 힘들다. 얼라이브코같이 많은 사람들이 칭송하는 서비스는 막연히 잘 되겠거니 하고 생각하는 경우가 많다.

그런데 지난 2월에 얼라이브코의 내부를 짐작할 수 있는 자료 한 가지가 공개되었다. 얼라이브코가 FDA의 승인을 받아 내놓은 앱에 문제가 발생해 FDA로부터 리콜 명령을 받았는데 리콜 명령서에 iOS용 얼라이브코 심전도 앱의 실질 사용자 수가 공개된 것이다. 이 명령서에 따르면 실질 사용자 수는 불과 5,600명인 것으로 나왔다.[27] 물론 이는 문제가 생긴 앱 버전 사용자 수이기는 하지만 2014년 말에서 2015년 초에 걸쳐서 앱에 여러 가지 진단 기능이 추가되는 등 획기적으로 개선되었고 이 기능이 사용자에게 매우 유용하리라는 점을 감안하면 다수의 사용자가 최신 버전의 앱을 쓰고 있었다고 봐도 무방하다. 안드로이드 사용자들이 빠져 있고 장비 구매 후 더 이상 쓰지 않는 사람도 있을 것이기 때문에 총 판매 대수는 이보다 많을 것이다. 전체 구매자의 10~30퍼센트 만이 현재까지 사용하고 있다고 가정하면 지금까지 얼라이브 심전도 기기 판매량은 1만 8,000~6만 개 정도라고 추정할 수 있다. 얼라이브코가 매우 각광받은 디지털 헬스케어 제품임을 감안하면 판매량이 적은 편이다.

얼라이브코가 3차 예방 분야 가운데 심방세동이라고 하는 매우 특수한 분야에 특화된 제품이라는 점을 감안해야겠지만 3차 예방 분야는 가능성은 높지만 아직 가야 할 길이 멀다고 할 수 있다. 장기적으로 큰 성과를 거둘 수 있겠지만 많은 회사들이 그 기간을 견뎌내지 못하고 '죽음의 계곡'에 빠질 것이며 적지 않은 디지털 헬스케어 투자자들이 쓴 맛을 볼 가능성이 있다.

정리하자면, 지금까지 디지털 헬스케어의 성장을 견인해온 1차 예방 분야는 한계에 직면하고 있으며 사람의 동기부여 등과 같은 결정적인 돌파구가 마련되지 않는 한 크게 성장하지는 못할 것이다. 현재 3차 예방 분야의 제품들이 다양하게 나오고 있는데 기존 의료를 대체하기보다는 보완하는 방식으로 활용될 것이며 의료 현장에서 본격적으로 활용하는 데에는 상당한 시간이 소요될 것이다. 그리고 아직은 먼 미래의 이야기지만 3차 예방 시장이 성장하는 동안 꾸준히 준비하는 회사들은 질병의 발생을 막는 2차 예방을 통해 의료의 판도를 바꿀 수 있을 것이다.

- 보험회사의 생존전략

디지털 헬스케어 장비의 수준이 더 발전하면 병원에 가지 않고도 집에서 간단한 장비를 이용해서 몸의 이상을 찾아낼 수 있는 시대가 올 것이다. 또 유전자 분석 기술이 발전하면서 개인들의 유전자를 분석해주는 회사들이 생겨나고 있는데 이들이 더 발전하면 암을 비롯해 많은 질병이 발생할 확률을 알 수 있게 될 것이다.

그렇다면 병원을 찾지 않고도 만성질환을 발견하거나 미래에 어떤 암이 생길 확률이 높다는 사실을 알게 된 사람은 어떻게 행동할까? 담배와 술을 끊고 세 끼를 현미밥만 먹으며 매일 만 보를 걷는 등 건강하게 살기 위해 노력하는 사람도 있을 것이고 모든 걸 운명에 맡긴 채 자포자기하는 사람도 있을 것이다. 어떤 사람들은 암보험 등 각종 건강보험에 가입하기 위해 보험회사로 달려갈지도 모른다.

이때 보험회사는 보험 가입에 앞서 나이와 성별 등 기본적인 정보와 기존에 병원에서 진료를 받은 적이 있는지 등의 의료 정보를 수집할 것이다. 그런데 집에서 디지털 의료기기를 사용한 검사 결과는 그 사람이 먼저 이야기하지 않는 한 보험회사가 알아낼 방법이 없다. 병원에서 진료받은 결과와는 달리 그런 검사를 받은 적이 없다고 해버리면 그만이다. 이렇게 개인과 보험회사가 알고 있는 정보에 차이가 있는 것을 정보의 비대칭성이라고 한다.

이렇게 질병을 숨기거나 질병에 걸릴 위험이 큰 사람들이 보험에 가입할 때 보험회사는 이들의 위험 수준을 모르기 때문에 실제 위험보다 적은 보험료를 받게 될 것이다. 시간이 흐르면 이들이 병에 걸리면서 예상보다 많은 보험금을 지급해야 할 것이다. 이때 보험회사는 보험료를 올려 손해를 벌충해야 하는데 누구의 건강 위험이 큰지를 알 수 없기 때문에 모든 가입자의 보험료를 올리게 될 것이다. 이렇게 되면 건강 위험이 낮은 보험 가입자들 중에 불만을 품고 보험을 해지하는 사람들이 나오게 된다.

이런 일이 반복되면 더 많은 건강한 사람들이 보험을 해지하게 되고 보험 가입자 중에는 질병이 생길 가능성이 높은 사람들만 점점 더 남게 된다. 보험료를 올릴 때마다 평균보다 건강한 사람들이 보험을 빠져나가기 때문에 보험회사들은 점점 위험이 큰 사람들만 떠안게 되는 악순환에 빠지게 된다. 이렇게 되면 도산하는 보험회사들이 속출하게 될 것이다. 개인들이 자신의 건강을 스스로 관리할 수 있게 해준다는 디지털 헬스케어가 엉뚱하게 보험회사를 희생양으로 삼게 되는 셈이다.

이 시나리오대로 진행된다면 보험회사들에 큰 위기가 찾아오겠지만 이들이 지켜보고만 있지는 않을 것이다. 사활이 걸린 문제이기 때문에 가진 역량을 모두 동원해 자신들에게 유리한 방향으로 판을 이끌기 위해 노력할 것이다. 보험 가입자의 위험을 얼마나 정확하게 평가하는지가 관건이기 때문에 지금처럼 보험 가입 전에 혈압 재고 간단한 피검사 하는 정도를 넘어서 복잡한 건강검진을 요구하게 될 수 있다.

혹은 애플의 헬스킷과 같은 헬스케어 플랫폼을 이용하려 할 수도 있다. 보험회사가 헬스킷에 저장된 개인별 건강정보에 접근할 수 있다면 개인의 건강 위험을 정확히 평가할 수 있어 정보의 비대

칭성을 극복할 수 있다. 물론 플랫폼에 저장한 건강정보는 개인의 것이기 때문에 보험회사가 원한다고 마음대로 접근할 수는 없다. 앞서 살펴본 오스카 보험회사가 피트니스 밴드인 미스핏을 나누어 주고 활동량 목표를 달성한 사람들에게 인센티브를 지급하는 것처럼 경제적 인센티브를 제공한다든지 하는 식으로 헬스킷 정보에 접근할 기회를 노릴 가능성이 높다.

이와 관련해 2014년 8월에 애플이 유나이티드 헬스와 휴매나 보험회사와 협의를 진행 중이라는 이야기가 나왔지만 아직까지 구체적인 내용은 알려지지 않고 있는데[28] 헬스킷 사용자들이 예민하게 받아들일 만한 논의가 이루어지고 있을 가능성이 있어 보인다. 이렇게 개인의 건강정보를 한 군데 쌓아두고 보험회사가 여기에 접근할 수 있게 되면 보험회사는 개인의 건강 위험에 따라 의료보험료를 청구하게 되어 손해를 보지 않게 될 것이며 소비자가 이해하기 힘든 복잡한 알고리즘을 내세워 오히려 더 많은 수익을 거두게 될 가능성도 있다. 만약 프라이버시 때문에 보험회사가 직접 헬스킷의 정보에 접근하는 것이 힘들다면 보험회사를 대신해서 수집된 건강 정보를 분석해서 위험 정도를 평가해주는 공공기관을 설립하려고 할 수도 있다.

또한 보험회사들은 피트니스 밴드를 배포해 가입자의 위험을 평가하는 것을 넘어서서 가입자들의 건강을 향상시키기 위해 운동 프로그램을 제공하고 식단을 관리하는 등 웰니스 프로그램을 본격적으로 운영해 의료비를 절감하기 위한 노력을 이어갈 것이다. 물론 이 과정에서 얻게 되는 정확한 건강 정보는 놓칠 수 없는 귀중한 자산이 될 것이다.

– 의료기관과 의사의 역할의 변화

디지털 헬스케어가 성장하게 되면 현재까지 의료 시스템을 주도하고 있는 의료기관과 의사들 역시 영향을 받게 될 것이다. '청진기가 사라진다'는 책 제목이 이야기하는 것도 청진기로 상징되는 기존의 의료 시스템이 타격을 받을 수 있다는 것이다.

하지만 상당기간 큰 변화는 없을 가능성이 높다. 상당 기간 디지털 헬스케어는 3차 예방에 해당하며 현대의학이 하는 것과 크게 다르지 않은 치료의학을 더 잘 구현하는 데 머무를 가능성이 높기 때문이다. 그리고 그 과정에서 의료기관 및 의사의 역할을 보완하는 식으로 발전할 것이다. 의사를 배제한 치료의학 제품은 적어도 향후 수년간은 시장에서 설 자리를 찾기 어려울 것이다.

다만 집에서 디지털 기기를 사용해 혈압이나 혈당을 관리하게 되면 이들 만성질환 환자들이 병원을 찾을 일은 줄어들 것이다. 의사의 진료 없이 환자가 직접 사용하는 기기만으로 만성질환을 관리하는 일은 없겠지만, 병원을 찾는 횟수는 줄어들 게 된다. 이렇게 되면 이들 질병에 대한 의존도가 높은 의료기관과 의사는 영향을 받을 것이다.

장기적으로 병원의 역할은 CT나 MRI와 같은 복잡한 검사나 질병을 치료하기 위한 시술 및 수술과 같이 디지털 헬스케어가 맡기 어려운 복잡하고 위험한 일에 집중하는 형태로 변해갈 것이다. 또 디지털 기기를 활발하게 사용해 환자들이 병원에 오래 입원할 필요가 없게 되면 병원들이 가진 병상이 자산이 아니고 부채가 될 수 있다. 우리나라를 선도하는 대형병원들은 외국의 유수 병원에 비해서 지나치게 많은 병상을 가지고 있다. 지금까지는 병상 수와 병원의 명성이 비례했지만 앞으로는 지나치게 많은 병상을 채우기 어려워지면서 이것이 병원 경영에 대한 부담으로 작용할 가능성이 높다.

또한 병원은 복잡한 검사와 시술 및 수술을 하는 것 외에도 새로운 지식을 창조하는 역할에 집중하게 될 것이다. 장기적으로 디지털 헬스케어는 의학 지식이 발달하는 만큼 발전할 것이다. 특히 질병이 발생하는 것을 사전에 막는 예방의학으로 진화하기 위해서는 의학 지식의 축적이 절대적으로 필요하다. 애플이 리서치킷을 통해 병원들이 참여할 수 있는 연구 플랫폼을 조성한 것처럼 디지털 헬스케어 기술만으로 새로운 의학 지식 창출 과정을 대체할 수는 없을 것이다.

의사의 역할 또한 서서히 변해갈 것이다. 디지털 의료기기 혹은 질병 관리 서비스도 영향을 미치겠지만 IBM 왓슨과 같은 인공 지능 및 알고리즘의 발전이 가장 큰 변화를 가져올 것이다. 그렇다면 의사의 역할은 어떻게 변하게 될까? 병원이 디지털 헬스케어가 쉽게 대체하기 어려운 복잡한 검사, 시술, 수술, 연구에 집중하게 되는 것처럼 의사도 디지털 헬스케어가 알고리즘을 이용해서 쉽게 대체하기 어려운 영역을 맡게 될 것이다.

연구 결과에 바탕을 둔 증거 기반 의료에서 인공 지능과 알고리즘이 경쟁 우위를 가질 것이라는 점은 자명하다. 그러나 환자를 진료하는 과정은 알고리즘만으로 설명되지는 않는다. 공감 능력이 뛰어난 의사는 환자 본인도 생각하지 못한 정보를 얻어내기도 하며 관찰 능력이 뛰어난 의사는 환자가 진료실에 걸어 들어오는 모습만으로 많은 진단을 내리기도 한다. 또한 생각보다 많은 질환에서 의학적 증거가 충분히 구축되지 않았다는 점도 무시할 수 없다. 연구가 많이 이루어지지 못한 희귀병은 물론이고 연구가 많이 이루어진 흔한 질환에서도 증거가 확실히 정립되지 않아 의사들 간에 의견이 엇갈리는 경우가 적지 않다. 이런 경우에는 결국 의사의 경험과 직관에 의존할 수밖에 없을 것이다. 앞서 병원의 역할이 새로운 의학 지식 창출에 집중하게 될 것이라고 했는데 그럴수록 의사를 대체할 수 있는 알고리즘의 힘이 강력해질 수 있다는 점은 자못 역설적이다.

또한 디지털 기기가 발달한다고 해도 환자나 보호자가 그 내용과 의미를 온전히 이해하기는 어려울 수 있기 때문에 의사는 의료 정보를 취합해서 선별하고 전달하는 역할을 담당하게 될 것이다. 진행성 암환자에게 언제까지 항암 치료를 할 것인지와 같은 개인의 선택 문제와 윤리 문제는 계속해서 일어날 텐데 그 과정에서 환자와 보호자가 올바른 선택을 하도록 돕는 일 역시 의사가 맡게 될 것이다.

지금까지 살펴본 환자를 직접 진료하는 영역에 비해서 환자를 직접 상대하지 않고 검사를 하며 그 결과를 해석하는 영상의학, 핵의학, 병리학은 디지털 헬스케어의 영향을 더 빨리 더 광범위하게 받게 될 가능성이 높다. 이 분야에서는 패턴을 읽어내는 기술이 의사의 역할을 대신할 가능성이 높다.

그중에서도 의사가 판독하는 대상이 처음부터 디지털로 만들어지는 영상의학과 핵의학이 아날로그로 만들어진 것을 디지털로 옮겨야 하는 병리학에 비해 더 큰 위협을 받게 될 것이다. 영상의학의 경우 과거 인건비가 비싼 미국의 영상의학과 전문의를 저렴한

인도 의사로 대체한다는 이야기가 있었으나 찻잔 속의 태풍으로 그친 적이 있다. 지역에 따른 질병 빈도의 차이와 수련받는 수준의 차이 등으로 현실화되지 않은 것이다. 하지만 IBM 왓슨과 같은 인공지능 시스템이 더 발전하면 사람보다 뛰어난 수준으로 패턴을 인식할 수 있게 될 것이다. 그렇게 되면 실수 없이 아주 드문 질환까지도 진단할 수 있게 되어 웬만한 영상의학과 의사의 수준을 뛰어넘는 판독 능력을 보여줄 수 있을 것이다. 인공지능이 최종 진단까지 내릴 수 있게 되기까지는 오랜 시간이 걸릴 것으로 보이나 CT나 MRI에서 정상이 아닌 부분을 선별해주어 영상의학과 의사의 업무 능률을 높여주기만 해도 상당수의 영상의학과 의사가 필요 없게 될 것이다. 점점 더 많은 영상의학과 의사들이 영상을 판독하기보다는 각종 장비를 이용해 환자의 몸에 직접 치료 행위를 하는 중재적 시술을 담당하게 될 것이다.

그렇다면 미래의 의료 현장에서 활동하게 될 지금의 의과대학생들은 어떤 교육을 받아야 할까? 지금처럼 지식 하나하나를 외우는 것은 도움이 되지 못할 것이며 인공지능과 의학적 의사 결정 알고리즘이 만들어지는 원리 그리고 이를 진료에 활용하는 방법을 배우는 것이 필요할 것이다. 하지만 지금 의학 교육을 담당하는 교수진 가운데 이에 대한 교육을 할 수 있는 능력을 갖춘 것은 고사하고 이런 종류의 교육이 필요할 수 있다는 점을 인지하는 분들이 별로 없는 현실에서 미래 의사들이 적절한 교육을 받을 수 있을지 걱정된다.

또한 의학 지식 이외에 커뮤니케이션과 의료 윤리에 대한 훈련을 더 많이 받아야 할 것이다. 이들 분야는 아직까지 충분한 교육이 이루어지지 못하고 있지만 의학계에서도 점차 관심이 높아지고 있기 때문에 조금 더 준비한다면 의대생들의 미래 준비에 큰 도움이 될 것이다.

디지털 헬스케어 미래의 디딤돌이 되길…

최근의 디지털 헬스케어에 대한 논의를 보면 2000년 6월 성공적으로 마무리된 인간 게놈 프로젝트 생각이 난다. 이때 인간 유전자 서열을 밝혀냄으로써 머지않아 암을 정복할 수 있을 것이고 개인별 맞춤 치료가 가능할 것이라는 관측이 나왔다.

그런데 15년이 지난 지금의 상황은 어떤가? 암을 일으키는 유전자가 밝혀지고 있으며 그중 일부를 치료의 대상으로 삼은 표적 항암 치료제가 진료 현장에서 많이 사용되고 있다. 하지만 현재 멀지 않은 미래에 암을 정복할 수 있으리라고 말하는 사람은 없다. 그리고 유전자를 분석해 환자마다 다른 종류의 혈압약이나 당뇨약을 서로 다른 용량으로 쓰는 일은 아직 일어나지 않고 있다. 유전자에 대해 더 많은 것을 알게 되면서 오히려 질병의 원인 가운데 유전자로 설명되지 않는 부분이 많다는 점이 밝혀지고 있기도 하다.

인간 게놈 프로젝트가 2000년대 의학 발전을 이끄는 중요한 요인이었다는 것은 누구나 동의하는 사실이다. 하지만 암 정복이나 개인별 맞춤진료와 같은 약속이 실현되는 데에는 생각보다 많은 시간이 걸리고 있으며 약속 중 일부는 결코 지켜지지 못할지도 모른다. 이렇게 인간 게놈 프로젝트를 마무리지었을 때의 기대와

2015년의 현실 간의 간극은 매우 크다. 여기서 우리가 알 수 있는 것은 장기적인 방향성을 예측하는 것은 어렵지 않지만 그것이 구체적으로 어떤 모습으로 전개될지를 예측하는 것은 매우 어렵다는 점이다.

디지털 헬스케어 역시 마찬가지일 것이라고 생각한다. 디지털 헬스케어가 미래 의료에서 큰 부분을 차지하리라는 것은 분명하지만 그 가능성이 실현되는 과정은 쉽지만은 않을 것이다. 이것이 바로 이 책의 머리말에서부터 책 끝에 이르기까지 일관되게 제시하는 메시지다. 독자들이 디지털 헬스케어의 미래를 내다보고 각자의 분야에서 노력하면서 의료제도와 의학 지식의 특성에서 비롯되는 장애물을 넘어서는 데 이 책이 작은 도움이 된다면 기쁘겠다.

| 미주 |

머리말, 서문, 1장

1. '옷이 곧 의사인 시대 온다' http://www.newsis.com/article/view.
   htm?cID=&ar_id=NISX20150510_0013652915

2. 'Fitbit starts first global campaign' http://adage.com/article/cmo –
   strategy/fitbit – starts – global – campaign/295858/

3. '구글 스마트워치는 왜 안 팔리는 걸까' http://kr.wsj.com/
   posts/2015/02/12/구글-스마트워치는-왜-안-팔리는-걸까

4. 'Inside wearables' http://endeavourpartners.net/assets/Endeavour-
   Partners-Wearables-White-Paper-20141.pdf

5. '전상민 포스텍 교수, 심근경색 5분만에 진단할 수 있는 기술 개발' http://
   m.etnews.com/20150508000127?obj=Tzo4OiJzdGRDbGFzcyI6
   Mjp7czo3OiJyZWZlcmVyIjtzOjIxOiJodHRwOi8vbS5mYWNlYm9
   vay5jb20iO3M6NzoiZm9yd2FyZCI7czoxMzoid2ViHRvIG1vYm-
   -lsZSI7fQ%3D%3D

6. 'Report: Two insurers to pay $100 monthly fee for WellDoc' http://
   mobihealthnews.com/18255/report – two – insurers – to – pay –
   100 – monthly –fee –for – welldoc/

7. '건강 관리해주는 스마트 깔창 · 방석 화제' http://www.yonhapnews.co.kr/
   economy/2014/12/28/0303000000AKR20141228030500017.HTML

8. '"제품 없어도 아이디어만 있으면 투자"…美IoT제조벤처, 크라우드펀
   딩 타고 날 때' http://www.hankyung.com/news/app/newsview.
   php?aid=2015012115091

9. 썰카디아헬스 회사 홈페이지의 핵심 기술소개 http://cyrcadiahealth.com/
   core – technology/

10. 'Apple promised an expansive health app, so why can't I track
    menstruation?' http://www.theverge.com/2014/9/25/6844021/
    apple – promised – an – expansive – health – app – so – why – cant –
    i – track

11. 'New FDA clearance will bring Sense4Baby into the home' http://mobihealthnews.com/42062/new-fda-clearance-will-bring-sense4baby-into-the-home/

12. 'Sproutling raises $4M for wearable sleep sensor for babies' http://mobihealthnews.com/40433/sproutling-raises-4m-for-wearable-sleep-sensor-fdr-babies/

13. '아기 건강 체크하는 '스마트 공갈 젖꼭지' 등장' http://m.insight.co.kr/view.php?ArtNo=17389

14. '새로운 가족 힐세리온을 소개합니다!' http://blog.softbank.co.kr/?p=2668

15. '힐세리온, 벤처캐피털서 40억 투자금 재유치' http://www.thebell.co.kr/front/free/contents/news/article_view.asp?key=201407230100040720002523

16. 'Abbott receives European approval to launch the freestyle libre system-glucose monitoring without fingersticks' http://diatribe.org/issues/69/new-now-next/1

17. 'Abbott's freestyle libre-transforming glucose monitoring through utter simplicity, fingersticks aside!' http://diatribe.org/abbott-freestyle-libre-transforming-glucose-monitoring-through-utter-simplicity-fingersticks

18. 'Manufacturing a non-invasive, glucose-monitoring device' http://www.onlinetmd.com/tmd0814-pain-free-glucose-measuring-device.aspx

19. 'How to make a werable gadget the Fitbit way' http://www.cnet.com/news/how-to-make-a-wearable-gadget-the-fitbit-way/

20. 'Jawbone launches an ecosystem for Up, lets other apps tap into your fitness data' http://www.theverge.com/2013/4/30/4283626/jawbone-bodymedia-acquisition-up-platform-api-fitness-data-share

21. 'Is Fitbit's opt-out drawing the battle lines against Healthkit?' http://mobihealthnews.com/37249/is-fitbits-opt-out-drawing-the-battle-lines-against-healthkit/

22. 'Report: Apple to drop Fitbit from its retail stores' http://
   mobihealthnews.com/37429/report‑apple‑to‑drop‑fitbit‑
   from=its‑retail‑stores/

23. 'Jawbone Launches Healthkit‑enalbed 'Up' app featuring
   personalized fitness advice' http://www.macrumors.
   com/2014/09/29/jawbone‑healthkit‑enabled‑up‑app/

24. 'Up opens up' http://jawbone.com/blog/up‑opens‑up/

25. '헬스케어 웨어러블 스타트업 '와이브레인', 35억 투자 유치' http://www.
   venturesquare.net/548014

26. 'Glooko gets $16.5 million from Canaan partners, Medtronic' http://
   mobihealthnews.com/41327/glooko‑gets‑16‑5‑million‑from‑
   canaan‑partners‑medtronic/

2장

1. 'Exclusive: two Apple medical trials shed light on how Healthkit will
   work' http://www.reuters.com/article/2014/09/15/us‑apple‑health‑
   idUSKBN0HA0Y720140915

2. 'Exclusive: Apple's health tech takes early lead among top hospitals'
   http://www.reuters.com/article/2015/02/05/us‑apple‑hospitals‑
   exclusive‑idUSKBN0L90G920150205

3. '앱 개발사에 비친 애플과 구글의 헬스케어 전략' http://www.zdnet.co.kr/
   news/news_view.asp?artice_id=20140708144038

4. 'Google unveils Google Fit, a fitness platform for developers' http://
   mobihealthnews.com/34430/google‑unveils‑google‑fit‑a‑
   fitness‑platform‑for‑developers/

5. 'First look at Simband, Samsung's health‑tracking wearable of the
   future' http://mashable.com/2014/11/12/samsungs‑simband/

6. '앱 개발사에 비친 애플과 구글의 헬스케어 전략' http://www.zdnet.co.kr/
   news/news_view.asp?artice_id=20140708144038

7. 'Boehringer Ingelheim, Propeller Health team up for sensor‑enabled
   inhaler pilot' http://mobihealthnews.com/36942/boehringer‑

ingelheim‐propeller‐health‐team‐up‐for‐sensor‐enabled‐inhaler‐pilot/

8. 'Roche, Qualcomm partner to monitor patients on blood thinners' http://mobihealthnews.com/40102/roche‐qualcomm‐parter‐to‐moniter‐patients‐on‐blood‐thinners/

9. 'Novartis, Walgreens tap Qualcomm Life for clinical trials, rewards program, respectively' http://mobihealthnews.com/39525/novartis‐walgreens‐tap‐qualcomm‐life‐for‐clinical‐trials‐rewards‐program‐respectively/

10. 'Tory Burch for Fitbit accessories collection now available for pre‐sale' http://blog.fitbit.com/tory‐burch‐for‐fitbit‐accessories‐collection‐now‐available‐for‐pre‐sale/

11. 'Swarovski Shine collection' http://blog.misfit.com/?p=1379

12. '이재용 부회장이 언더아머 입은 것은 '웨어러블 기기 협력' 전략적 포석인 듯' http://news.chosun.com/site/data/html_dir/2014/07/17/2014071700421.html

13. 'Under Armour acquires MapMyFitness for $150M' http://mobihealthnews.com/27387/under‐armour‐acquires‐mapmyfitness‐for‐150m/

14. ''스마트 슈트' 무한진화…제일모직 '패커블 슈트' 출시' http://www.hankyung.com/news/app/newsview.php?aid=2015031200851

15. 'Health startup Noom receives NIH grant to study smartphone tech in eating disorder treatment' http://techcrunch.com/2013/10/22/health-startup-noom-receives-nih-grant-to-study-smartphone-tech-in-eating-disorder-treatment/

16. ''눔 코치', 미국 CDC 당뇨예방 프로그램 공식 승인' http://m.yakup.com/index.html?m=n&mode=view&cat=&nid=178669

17. '모바일 헬스케어 '눔(Noom)' 심부전 재입원 예방을 위한 프로그램 개발' http://platum.kr/archives/37553?fb_action_ids=10155408629250403&fb_action_types=og.likes

18. '[Startup's story #187] 투자유치, 인재영입 그리고 'One Noom' …눔 정

세주 대표' http://platum.kr/archives/36772

19. 'Mayo: Fitbit data predicts surgical recovery time' http://mobihealthnews.com/25126/mayo‐fitbit‐data‐predicts‐surgical‐recovery‐time/

20. 'Why Intel and the Michael J. Fox foundation are teaming up to create wearable tech for Parkinson's' http://www.fastcompany.com/3034433/why‐intel‐and‐the‐michael‐j‐fox‐foundation‐are‐teaming‐up‐to‐create‐wearable‐tech‐for‐parkin?partner=rss

21. 'Wearable technology is breakthrough for Parkinson's' http://www.israel21c.org/headlines/wearable-technology-is-breakthrough-for-parkinsons/

22. 'Google, biogen seek reasons for advance of multiple sclerosis' http://www.bloomberg.com/news/articles/2015-01-27/google-biogen-seek-reasons-for-advance-of-multiple-sclerosis

23. 'Biogen straps Fitbits onto MS patients' wrists' http://www.bloomberg.com/bw/articles/2014‐12‐23/biogen‐straps‐fitbits‐onto‐ms‐patients‐wrists

추가하는 것 'In‐depth: How activity trackers are finding their way into the clinic' http://mobihealthnews.com/35373/in‐depth‐how‐activity‐trackers‐are‐finding‐their‐way‐into‐the‐clinic/

24. Wearable tracker for Parkinson's disease gets FDA nod http://mobihealthnews.com/36435/wearable‐tracker‐for‐parkinsons‐disease‐gets‐fda‐nod/

3장

1. 'Mayo clinic builds 'Better' app to expand its name with consumers' http://www.startribune.com/mayo-clinic-builds-better-app-to-expand-its-name-with-consumers/255420461/

2. 'Mayo clinic CIO explains switch from Cerner to Epic' http://www.healthcareitnews.com/news/mayo-clinic-cio-moving-cerner-epic/

3. 메이요 클리닉 벤처스 홈페이지의 사업 개발 소개 http://ventures.

mayoclinic.org/business – development.php

4. 'The rise of hospital – backed venture capital funds' http://www.
beckershospitalreview.com/healthcare-information-technology/
the-rise-of-hospital-backed-venture-capital-funds.html

5. 'Validic raises another $12.5M for health integration platform, Kaiser
buys in' http://venturebeat.com/2015/04/28/validic – raises –
another – 12 – 5m – for – health – integration – platform – kaiser –
buys – in/

6. 'ER doctors use Google glass and QR code to identify patients' http://
arstechnica.com/information – technology/2014/03/er – doctors –
use – google – glass – and – qr – codes – to – identify – patients/

7. 'OpenNotes study finds better outcomes, more engagement' http://
mobihealthnews.com/18642/opennotes – study – finds – better –
outcomes – more – engagement/

8. 'Beth Israel pilot to let patients add notes to medical records' http://
mobihealthnews.com/39989/beth – israel – pilot – to – let – patients –
add – notes – to – medical – records

9. 'Exclusive: Apple prepares Healthkit rollout amid tangled regulatory
web' http://www.reuters.com/article/2014/08/12/us – apple –
healthcare – exclusive – idUSKBN0GC09K20140812

10. '분당서울대병원 EMR 시스템 "세계 최고 수준"' http://www.thedoc.co.kr/
news/articleView.html?idxno=3220

11. 'GlowCaps now sold through CVS, new randomized control trial
launches' http://mobihealthnews.com/20750/glowcaps – now –
sold – through – cvs – new – randomized – control – trial – launches/

12. 'Slideshow: 8 pillboxes that connect to your phone' http://
mobihealthnews.com/20795/slideshow – 8 – pillboxes – that –
connect – to – your – phone/

13. 'MediSafe raises $6M for medication adherence app, relocates to
Boston' http://mobihealthnews.com/39650/medisafe – raises – 6m –
for – medication – adherence – app – relocates – to – boston/

14. 'AiCure clinical trial seeks to validate smartphone camera-enabled medication adherence' http://mobihealthnews.com/38512/aicure-clinical-trial-seeks-to-validate-medication-adherence/

15. 에이큐어 홈페이지 https://www.aicure.com/solutions.php

16. 'Biogen straps Fitbits onto MS patients' Wrists' http://www.bloomberg.com/bw/articles/2014-12-23/biogen-straps-fitbits-onto-ms-patients-wrists

17. 'Invokana CarePath' http://www.invokanacarepath.com/about-invokana-carepath.html

18. '정신과 환자들도 삶의 질 개선돼야' http://health.chosun.co.kr/site/data/html_dir/2006/02/21/2006022156006.html

19. '한국릴리, 웰니스wellness 콜센터 오픈' http://www.newswire.co.kr/newsRead.php?no=342197

20. 'Wearable tech is plugging into health insurance' http://www.forbes.com/sites/parmyolson/2014/06/19/wearable-tech-health-insurance/

21. 'Employer gets $280K insurance discount for using Fitbits' http://mobihealthnews.com/34847/employer-gets-280k-insurance-discount-for-using-fitbits/

22. 'HumanaVitality finally goes mobile with iOS, Android apps' http://mobihealthnews.com/35488/humanavitality-finally-goes-mobile-with-ios-android-apps/

23. 'Insurance startup Oscar pays members for using Misfit Flash activity trackers' http://mobihealthnews.com/38839/insurance-startup-oscar-pays-members-for-using-misfit-flash-activity-trackers/

24. 'The state of usage based insurance' http://www.gpsbusinessnews.com/The-State-of-Usage-Based-Insurance_a4732.html

25. 'The future is now for usage-based auto insurance' http://www.insurancejournal.com/magazines/features/2013/10/21/308181.htm

26. '공단. U헬스 · 의료영리화 '발톱' 숨기고 있나?' http://www.monews.

co.kr/news/articleView.html?idxno=80302

27. FDA 규정 공고 http://www.intouchhealth.com/downloads/FDA-MDSS-Ruling-2011-3321.pdf

28. 의료기기 데이터 시스템, 의료 영상 저장기기 및 의료 영상 커뮤니케이션 기기에 대한 규제 지침 http://www.fda.gov/downloads/MedicalDevices/.../UCM263366.pdf

29. 'mHealth FDA guidance' http://www.healthaffairs.org/healthpolicybriefs/brief.php?brief_id=104

30. 모바일 메디컬 앱에 대한 규제 지침 http://www.fda.gov/downloads/MedicalDevices/.../UCM263366.pdf

31. 웰니스 기기에 대한 규제 지침 초안 http://www.fda.gov/downloads/medicaldevices/deviceregulationandguidance/guidancedocuments/ucm429674.pdf

32. 액세서리 기기에 대한 규제 지침 초안 http://www.fda.gov/downloads/medicaldevices/deviceregulationandguidance/guidancedocuments/ucm429672.pdf

33. 'FDA approves Dexcom's CGM accessory app days after relevant draft guidance' http://mobihealthnews.com/39973/fda-approves-dexcoms-cgm-accessory-app-days-after-relevant-draft-guidance/

34. FDASIA 헬스 IT 보고서 http://www.fda.gov/downloads/AboutFDA/CentersOffices/OfficeofMedicalProductsandTobacco/CDRH/CDRHReports/UCM391521.pdf

35. 'Not much new in FDASIA report, Congress still champing at the bit' http://mobihealthnews.com/31739/not-much-new-in-fdasia-report-congress-still-champing-at-the-bit/

36. '심박수 체크 기능 탑재한 '갤럭시S5' 삼성 봐주기 논란' http://www.sisamediin.com/news/articleView.html?idxno=2569

37. '갤럭시노트4, 혈중 산소포화도 측정 의료기기?...식약처 제정공고안 보니' http://m.ahatv.co.kr/news/articleView.html?idxno=296799

38. '스마트워치 · 혈당조절앱 등 의료기기 규제장벽 사라진다' http://news.mt.co.kr/mtview.php?no=2015050613453929758

39. '[쟁점진단] 건강관리서비스법 개정논란 점화' http://www.naeil.com/news_view/?id_art=61195

40. 건강생활서비스법 제정(안)에 대한 검토 보고서, http://www.kiri.or.kr/pdf/%EC%A0%84%EB%AC%B8%EC%9E%90%EB%A3%8C/KIRI_20121203_161832.pdf

41. '원격의료로 의료 접근성 높이고 만성질환자의 건강관리 강화' http://www.mw.go.kr/front_new/al/sal0301vw.jsp?PAR_MENU_ID=04&MENU_ID=0403&page=1&CONT_SEQ=317310

42. 'Analysis Of Teladoc Use Seems To Indicate Expanded Access To Care For Patients Without Prior Connection To A Provider' http://content.healthaffairs.org/content/33/2/258.short

43. '미국 원격진료 실시 이유 "의사 만나기 힘들어서"' http://www.monews.co.kr/news/articleView.html?idxno=61881

5장

1. 'Smartphone, Finger Prick, 15 Minutes, Diagnosis – Done!' http://engineering.columbia.edu/smartphone-finger-prick-15-minutes-diagnosis%E2%80%94done-0

2. 'HIV 등 성병, 15분이면 스마트폰으로 검사 완료' http://www.asiae.co.kr/news/view.htm?idxno=2015020907273805931

3. 'Screening for HIV: a review of the evidence for the U.S. Preventive Services Task Force' http://annals.org/article.aspx?articleid=718529

4. 'List of countries by HIV/AIDS adult prevalence rate' https://en.wikipedia.org/?title=List_of_countries_by_HIV/AIDS_adult_prevalence_rate

5. 'Electronic Medical Records, Nurse Staffing, and Nurse-Sensitive Patient Outcomes: Evidence from California Hospitals, 1998 – 2007' http://www.researchgate.net/profile/Michael_Furukawa/publication/43200449_Electronic_medical_records_nurse_staffing_and_nurse-sensitive_patient_outcomes_evidence_from_California_hospitals_1998-2007/links/00b7d5389308546593000000.pdf

6. 'Humana: Engaged Vitality users had lower costs, fewer absences'

http://mobihealthnews.com/32786/humana-engaged-vitality-users-had-lower-costs-fewer-absences/

7. Workplace Wellness Programs Study http://www.rand.org/pubs/research_reports/RR254.html

8. 'Researchers fail to find savings with home telemonitoring among older adults' http://www.fiercehealthit.com/story/researchers-fail-find-savings-home-telemonitoring-among-older-adults/2015-02-02

9. 'Study: Telehealth not cost effective for chronic patients' http://www.fiercehealthit.com/story/telehealth-not-cost-effective-chronic-patients/2013-03-22

10. 'All 19 Sleep HealthCenters clinics close abruptly' http://www.boston.com/whitecoatnotes/2013/01/25/all-sleep-healthcenters-clinics-close-abruptly/etWEa95wd6kNoNSgLaMuzH/story.html

11. 'Insurers push clinic sleep testing into homes' http://www.bostonglobe.com/lifestyle/health-wellness/2013/02/02/insurers-push-sleep-testing-from-clinics-homes-saving-money/E7OomPKTbEeNu5QPYChZfO/story.html

12. '[테크인사이드 #13] 잠 못 드는 밤, '프라센'이 재워드립니다' http://besuccess.com/2014/11/techinside13/

13. 'A novel application for the detection of an irregular pulse using an iPhone 4S in patients with atrial fibrillation' http://alfalliance.org/AF_APP_HEART_RHYTHM.pdf

14. 'Physician review of the iPhone AliveCor ECG heart monitor, the clinical reality of the device' http://www.imedicalapps.com/2013/03/physician-review-iphone-alivecor-ecg-heart-monitor/

15. '남성치료제 희비, '발기약은 커지는데 조루약은 작아지고'' http://www.edaily.co.kr/news/NewsRead.edy?newsid=02617446606290312&SCD=JC21&DCD=A00302

16. 'Frequency of Blood Glucose Monitoring in Relation to Glycemic Control in Patients With Type 2 Diabetes' http://care.diabetesjournals.org/content/24/6/979.full.pdf+htm

17. 'Vulnerabilities of patients recovering from an exacerbation of chronic heart failure' http://www.ahjonline.com/article/S0002-8703(05)00756-8/pdf

18. "'초저가'췌장암 조기 발견기기 만든 15세 천재소년' http://news.chosun.com/site/data/html_dir/2013/02/18/2013021801140.html?Dep0=twitter&d=2013021801140

19. 'Why Biotech Whiz Kid Jack Andraka Is Not On The Forbes 30 Under 30 List' http://www.forbes.com/sites/matthewherper/2014/01/08/why-biotech-whiz-kid-jack-andraka-is-not-on-the-forbes-30-under-30-list/

20. 'Embrace medical-quality smartwatch predicts seizures' http://www.gizmag.com/embrace-smartwatch-epilepsy-seizure-detection/35037/

21. 'A Next-Level Smartwatch That Detects Seizures' http://www.wired.com/2014/12/next-level-smartwatch-predicts-seizures/

22. '삼성전자, '뇌졸중 예고모자' 개발···IoT헬스케어 박차' http://news.mt.co.kr/mtview.php?no=2015012315282499835

23. '줌인삼성 14편_뇌졸중을 예고하는 모자팀' http://www.youtube.com/watch?v=rdCITaRmAFQ

6장

1. 'Google's New Moonshot Project: the Human Body' http://www.wsj.com/articles/google-to-collect-data-to-define-healthy-human-1406246214

2. 'Apple announces researchkit available today to medical researches' https://www.apple.com/pr/library/2015/04/14Apple-Announces-ResearchKit-Available-Today-to-Medical-Researchers.html

3. 'Thousands Have Already Signed Up for Apple's ResearchKit' http://www.bloomberg.com/news/articles/2015-03-11/apple-researchkit-sees-thousands-sign-up-amid-bias-criticism

4. 'Apple Watch-Health and Fitness' https://www.youtube.com/watch?v=CPpMeRCG1WQ

5. 'Nudge Is A Dashboard For All Your Fitness Wearables And Apps' http://techcrunch.com/2014/08/17/nudge-is-a-dashboard-for-all-your-fitness-wearables-and-apps/

6. 'Guess what? Doctors don't care about your Fitbit data' http://venturebeat.com/2014/08/15/guess-what-doctors-dont-care-about-your-fitbit-data/

7장

1. '[기획]헬스케어 분야에서 IBM 왓슨의 역할은?' http://www.docdocdoc.co.kr/news/newsview.php?newscd=2014111900024

2. 'IBM's Watson Now A Second-Year Med Student' http://www.forbes.com/sites/bruceupbin/2011/05/25/ibms-watson-now-a-second-year-med-student/

3. 'IBM's Watson Gets Its First Piece Of Business In Healthcare' http://www.forbes.com/sites/bruceupbin/2013/02/08/ibms-watson-gets-its-first-piece-of-business-in-healthcare/

4. 'IBM Watson Demo Oncology Diagnosis and Treatment 8min' https://www.youtube.com/watch?v=hbqDknMc_Bo

5. 'Beyoond Jeopardy!: Harnessing IBM's Watson to improve oncology decision making' http://meetinglibrary.asco.org/content/117672-132

6. 'Next steps for IBM Watson Oncology: Scalability to additional malignancies' http://meetinglibrary.asco.org/content/132209-144

7. 'Piloting IBM Watson oncology within Memorial Sloan Kettering's regional network' http://meetinglibrary.asco.org/content/132522-144

8. 'MD Anderson's Oncology expert advisor power by IBM Watson: a web-based cognitive clinical decision support tool' http://meetinglibrary.asco.org/content/134497-144

9. 'IBM and Partners to Transform Personal Health with Watson and Open Cloud' http://www-03.ibm.com/press/us/en/pressrelease/46580.wss

10. 'IBM Aims to Make Medical Expertise a Commodity' http://www.technologyreview.com/news/529021/ibm-aims-to-make-medical-expertise-a-commodity/

11. 'Google Glass makes doctors better surgeons, Stanford study shows' http://venturebeat.com/2014/09/16/docs – performed – surgery – better – wearing – google – glass – stanford – study – shows/

12. 'IU Health first in Indiana to use Google Glass in surgery' http://iuhealth.org/newsroom/detail/iu – health – first – in – indiana – to – use – google – glass – in – surgery/

13. 'Google Glass Assists Surgeons and Medical Students at Ohio State University' http://abcnews.go.com/Technology/google-glass-assists-surgeons-medical-students-ohio-state/story?id=20109218

14. 'Stanford University trains surgical residents with Google Glass' http://mobihealthnews.com/35341/stanford – university – trains – surgical – residents – with – google – glass/

15. 'Chicago medics test Google Glass in the field' http://www.ems1.com/ems – products/communications/articles/1948877 – Chicago – medics – test – Google – Glass – in – the – field/

16. 'Google Glass – equipped ambulances roll out in Chicago' http://mobihealthnews.com/40594/google – glass – equipped – ambulances – roll – out – in – chicago/

17. '119대원의 구글글래스 영상, 1초 만에 응급실로' http://news.chosun.com/site/data/html_dir/2014/10/20/2014102000117.html?Dep0=twitter&d=2014102000117

18. 'How Google Glass automates patient documentation for Dignity Health' http://blogs.wsj.com/cio/2014/06/16/how – google – glass – automates – patient – documentation – for – dignity – health/

19. 'ER doctors use Google Glass and QR codes to identify patients' http://arstechnica.com/information – technology/2014/03/er – doctors – use – google – glass – and – qr – codes – to – identify – patients/

20. 'Google Glass Is Dead; Long Live Smart Glasses' http://www.

technologyreview.com/featuredstory/532691/google‒glass‒is‒dead‒long‒live‒smart‒glasses/

21. 'Consumer startups abandon Google Glass, healthcare companies weigh alternatives' http://mobihealthnews.com/38322/consumer‒startups‒abandon‒google‒glass‒healthcare‒companies‒weigh‒alternatives/

22. 'Google Glass future clouded as some early believers lose faith' http://www.reuters.com/article/2014/11/15/us-google-glass-insight-idUSKCN0IY18E20141115

23. 'Google Moving Google Glass Program Out Of Google X Labs' http://www.tomshardware.com/news/google‒glass‒graduation‒labs‒wearable,28408.html

24. 'Google CFO Calls Glass A Case Where The Company Needed To "Pause" And "Reset"' http://techcrunch.com/2015/01/29/google-glass-patrick-pichette/#.itxaig:iFn0

25. 'Winter Is Coming For Wearables' http://techcrunch.com/2015/01/26/winter‒is‒coming‒for‒wearables/

26. 'Deconstructing the Fitbit S-1' http://rockhealth.com/2015/05/deconstructing‒fitbit‒s‒1/

27. 'Class 3 Device Recall AliveECG App Version 2.1.2 used with AliveCor Heart Monitor' https://www.accessdata.fda.gov/scripts/cdrh/cfdocs/cfRES/res.cfm?id=133315

28. 'Wear This Device So the Boss Knows You're Losing Weight' http://www.bloomberg.com/news/articles/2014-08-21/wear-this-device-so-the-boss-knows-you-re-losing-weight

의료, 미래를 만나다 –디지털 헬스케어의 모든 것

초판 1쇄 발행 2015년 6월 30일
초판 3쇄 발행 2017년 7월 18일

지은이 김치원
펴낸이 안현주

경영총괄 장치혁 **기획** 김우성(방배 gf 소아 청소년과 원장)
편집 이상실 **디자인** 표지 twoes 본문 dalakbang
마케팅영업팀장 안현영

펴낸곳 클라우드나인　　**출판등록** 2013년 12월 12일(제2013-101호)
주소 우) 121-898 서울시 마포구 월드컵북로 4길 82(동교동) 신흥빌딩 6층
전화 02-332-8939　**팩스** 02-6008-8938
이메일 c9book@naver.com

값 17,000원
ISBN 979-11-86269-08-4 03320